Peter Strasser
Was ist Glück?

Peter Strasser

Was ist Glück?

Über das Gefühl, lebendig zu sein

Wilhelm Fink

Bibliografische Information der Deutschen Nationalbibliothek

Die Deutsche Nationalbibliothek verzeichnet diese Publikation in der
Deutschen Nationalbibliografie; detaillierte bibliografische Daten sind im
Internet über http://dnb.d-nb.de abrufbar.

© 2011 Wilhelm Fink Verlag, München
Wilhelm Fink GmbH & Co. Verlags-KG, Jühenplatz 1,
D-33098 Paderborn

Internet: www.fink.de

Einbandgestaltung: Evelyn Ziegler, München
Herstellung: Ferdinand Schöningh GmbH & Co KG, Paderborn

ISBN 978-3-7705-5142-2

INHALT

BEGRIFFSNOTIZ

Nach altägyptischem Glauben ist jeder Garten ein Vorgarten zum ewigen. Ein Anschlussort, eine Rezeptorstelle für das jenseitige Land. Nichts an ihm ist geschlossen, alles wird zur Schwelle. Die fleißigen kleinen Menschen sind eingeteilt in riesige Dienstleistungsblöcke, Unzählige, die nur für die Einhaltung der Bestattungsriten zuständig sind, für die Wacht und Pflege der unermesslich langen Totensäle. Denn Dasein heißt sein Leben vom Tod her aufzäumen. Und es sind nur schmale sonnige Landzungen, die aus dem Totenreich hervorragen und von den Lebenden bewohnt werden.

(Botho Strauß: *Der Untenstehende auf Zehenspitzen*[1])

Im Folgenden werden Glück und das Gefühl, lebendig zu sein, in einen engen Zusammenhang gerückt. Beansprucht wird, dass Leben und Lebendigkeit nicht dasselbe sind. Leben ist ein biologischer Modus, Lebendigkeit hingegen der Ausdruck dessen, dass unser Dasein und die es umhüllende Welt („meine Welt") als lebendig erfahren werden, das heißt, als die Verkörperung von Werten, deren Fülle, eingebunden in Sitte, Vorurteil und Zeit, dennoch auf einen zeitlosen Horizont der Erfüllung vorausdeutet.

Daran knüpfen sich Begriffe, die traditionell der religiösen Sphäre zugerechnet werden, obwohl ihr Ursprung seit jeher alltäglicher Natur ist. Sie wurzeln in unserer Lebendigkeitserfahrung. Die Rede ist von Begriffen wie Schöpfung, Geschöpf, Ehrfurcht, Gnade und Erlösung. Für diese Begriffe werden im Laufe der Epochen unterschiedliche Bilder gefunden, zeitgebundene Mythen, die als solche zeitlos bedeutend nur sind, weil die sich in der Welt verkörpernde, stets uneingelöste Wertfülle die endlichen Dinge zum Vorschein von etwas Absolutem werden lässt: so, wie die Vorgärten sehnsüchtig und träumerisch den ewigen Garten verheißen. Die Dinge deuten auf ein Dahinter, einen letzten Ort als ihren *Erfüllungsort*.

Es ist die bedeutungsstiftende Lebendigkeit, die unsere spätmoderne Unruhe selbst noch mit den altägyptischen Besorgnissen und Besorgungen verbindet. Zwar wäre es falsch zu sagen, dass wir unser Dasein vom Tod her aufzäumen; aber indem wir es vom Leben her aufzäumen, verlieren wir zusehends das Gefühl dafür, lebendig zu sein. Wir schälen uns aus unserer altmenschlichen Geschöpflichkeit heraus, doch wir erneuern uns nicht, während wir vorgeben, die ganze Wirrnis, ja Wirrsal aus Schöpfung und Erlösungsdrang endgültig abgetan zu haben. Stattdessen nimmt unser Glück die Fahlheit jener Totenmasken an, deren Züge zu einer lachenden Grimasse aufgeschminkt wurden. Glücklich die Bewohner der schmalen sonnigen Landzungen, die aus dem Totenreich hervorragen ...

VORSPIEL
AM AMAZONAS

1. DAS GLÜCK, VOR DEM MIR GRAUT

Wir halten diese Wahrheiten für ausgemacht, dass alle Menschen gleich erschaffen wurden, dass sie von ihrem Schöpfer mit gewissen unveräußerlichen Rechten begabt wurden, worunter Leben, Freiheit und das Streben nach Glückseligkeit sind.
(Unabhängigkeitserklärung der Vereinigten Staaten von Amerika, 4. Juli 1776)

In der Unabhängigkeitserklärung steht, dass wir das Recht haben, nach Glück zu streben – aber nicht, es zu finden. In Darfur sterben die Kinder. In Amerika suchen Menschen verzweifelt nach Arbeit. Ich habe Macht, eine sinnvolle Arbeit, einen Sohn, der mich liebt, drei anständige Mahlzeiten am Tag und ein klimatisiertes Haus. Wieso sollte ich Anspruch auf mehr haben?
(Rusty Sabich, Chief Justice am Berufungsgericht in Kindle County[2])

Meine Großmutter, die eine lebenskluge, durch und durch praktisch denkende Frau war, hatte schon früh erkannt, dass ich zur Grübelei neigte. Sie ermahnte mich daher, nicht in der Stube hocken zu bleiben, meinen Kopf in irgendeinem Buch vergraben, sondern ins Freie zu gehen, an die frische Luft, um mich körperlich zu betätigen, und zwar mit der Begründung: „Wer zu viel nachdenkt, wird bloß unglücklich." Nun, ich bin wie alle Grübler ihrem Rat nur scheinbar gefolgt, bin an die frische Luft gegangen, um dort im Freien herumzuspazieren und in Ruhe weiterzugrübeln zu können.

Meine Großmutter wollte bloß eines: dass ich ein glücklicher Mensch werde. Da sie aus Verhältnissen kam und durch Zeitläufe geschoben worden war – ein zu Bauern abgeschobenes Kind sehr armer Leute, das die Not, Angst und Brutalität zweier Weltkriege überlebt hatte –, hatte sie die denkbar schlichteste Vorstellung vom glücklichen Leben. Man hatte sein Ein- und Auskommen, seine Familie, man benahm sich anständig und dachte nicht zu viel über Dinge nach, an denen man ohnehin nichts ändern konnte.

Diese Vorstellung vom Glück habe ich stets respektiert. Im Grunde halte ich sie für die schönste, sie ist nur den Engeln unter uns vorbehalten. Ich selbst habe mir (Ergebnis meiner ungesunden Grübelei und meiner nicht-engelhaften Persönlichkeit) angewöhnt, Glück und

Unglück als Zustände zu denken, die – wie Theodor W. Adorno gesagt hätte – durcheinander vermittelt sind. Aber, und darüber möchte ich mich im Nachfolgenden ein wenig verbreitern, es kommt auf die Art und Weise des Durcheinander-vermittelt-Seins an. Denn es gibt ein Glück, das uns im Leben mitreißt und bezaubert, weil es uns eine Vorstellung vom *richtigen*, vom *lebendigen* Leben schenkt, und ein anderes Glück, das bloß eine Maske dafür zu bilden scheint, dass hinter der lachenden Betriebsamkeit, der Wohlfühlgrimasse die Lieblosigkeit rumort, der existenzielle Tod. Ich habe mir also angewöhnt, zwischen den glücklich Unglücklichen und den unglücklich Glücklichen zu unterscheiden.

Ich kenne unglücklich Glückliche mehr als genug. Jeder kennt sie. Man ist ja, mehr oder minder, immer auch selbst einer, falls man noch nicht die Segel gestrichen hat. Denn dazu gehören die mehr oder minder Erfolgreichen und die, die sich – wie man sagt – „nichts draus machen" (woraus auch immer sie sich nichts machen): die Karrieristen, die es laufend schaffen, Karriere zu machen; diejenigen, die einem, kaum dass man ihnen über den Weg läuft, des Langen und Breiten erzählen, was ihnen schon wieder alles gelungen ist (und ihnen scheint immer alles zu gelingen); und dann jene, die immerfort lustig sind und dabei lachen und einem immerfort aufmunternd zunicken, weil ihr Credo lautet, dass lustig sein „einfach dazugehört" (das Leben ist zu kurz, um Trübsal zu blasen); und dann auch die regelrecht ambitioniert, die begeistert Geselligen, die um nichts im Leben nach Arbeitsschluss die Gelegenheit verpassen möchten, mit anderen „abzuhängen" und/oder einen „draufzumachen".

Das alles sind Verhaltensmuster, die uns mittlerweile dermaßen gewöhnlich, ja abgedroschen vorkommen, dass man geneigt ist zu fragen: Na und? Was soll daran nicht stimmen? Was könnte es sein, das all diese quecksilbrigen Zeitgenossen zu unglücklich Glücklichen macht – außer vielleicht ein hochmütig moralistischer Blick von oben auf die Basisregeln unserer Gesellschaft? Aber nein, so ist es nicht. Denn natürlich sind Karriere, Erfolg und Geselligkeit an sich keine tadelnswerten Zustände. Nein, was einen großen Teil der üblichen Betriebsamkeit in ein eigentümlich zweideutiges Licht rückt, ist der Umstand, dass die Betriebsamen häufig zu tun scheinen, was sie tun, um sich nicht fragen zu müssen, ob ihr Glück – um es so plakativ wie möglich auszudrücken – auch das *wahre* Glück sei. Ja, schon die Frage würden sie als Zumutung, Affront oder sinnloses Geschwätz empfinden. Man hat Erfolg oder nicht, Freunde oder keine, ist glücklich oder unglücklich, und damit basta!

Die Frage nach dem wahren Glück hingegen wird als Einmischung in die Privatsphäre empfunden. Denn man selbst ist es, der allein darüber bestimmt, was einen glücklich macht und was nicht, und erst recht, ob man glücklich ist oder nicht. Aber alle diese Menschen, die so reden und handeln, sind zugleich Teilnehmer einer Kultur, nämlich der unseren, für die der Unterschied zwischen dem Angenehmen, dem Gewollten, dem der jeweiligen Neigung Entsprechenden und dem Wahren, Richtigen und Guten fundamental ist. Die *Entdeckung* dieses Unterschieds, könnte man sagen, ist für unsere Kultur und die Verfassung des Bewusstseins ihrer Angehörigen – unser aller Bewusstseinsverfassung – grundlegend.

Unserem Glück kann ein Moment der Unwahrhaftigkeit innewohnen, weil es uns von uns selbst entfremdet. Wir tun, was „man" tun sollte, um als erfolgreich zu gelten, und dabei übertönen wir jene Stimme in uns, welche die Richtung des Weges andeuten möchte, der für uns der richtige – der gute Weg – wäre. Menschen, die ihr Leben gegen ihre Stimme des guten Wegs leben, sind in aller Regel aktivistisch damit beschäftigt, durch Karrieremachen oder Geselligsein das Gefühl der Entfremdung, das sie in stillen Stunden beschleicht, abzudrängen. Das ist ihre Form des Unglücks, das bisweilen dadurch auffällig wird, dass sich ihr Lachen anhört, als ob es dazu diente, einen tiefliegenden Schmerz zu kaschieren – und ist es nicht ein tiefer Schmerz? Der Schmerz über die Leblosigkeit, die all dem selbstversessenen Treiben innewohnt, das dich doch letzten Endes fremd und tot vor dich hinführt, so, als seist du es gar nicht selbst, sondern irgendein von außen in dich eingedrungener Inkubus, der böse Geist des „Man", der durch dich hindurch sich deiner bediente wie einer Aufziehpuppe?

Der glücklich Unglückliche hingegen ist nicht einer, der keinen Erfolg haben dürfte, keine Karriere anstreben sollte, dem Geselligkeit zuwider sein müsste. Auch sein Gehirn produziert Glückshormone, auch er hat seine Freuden und Orgasmen. Was er mit allen Menschen teilt, ist, banal gesagt, sein Menschsein, und das heißt, mit Sigmund Freud gesprochen, der in diesem Fall recht gehabt haben dürfte: Er teilt mit allen das durchschnittliche Unglück. Denn es kann kein vernünftiger Zweifel daran bestehen, dass die Menschen unseres Kulturkreises dazu neigen, in irgendeiner Form eher unglücklich als glücklich zu sein. Glück ist die Ausnahme, was nicht bedeutet, dass das Unglück, das uns tagaus, tagein begleitet, sich sonderlich bemerkbar machen würde. Man gewöhnt sich an Unfreundlichkeit, Abweisung, Misslingen, Langeweile, Stress, Nervosität,

Scheinheiligkeit etc. pp. Man bemerkt am Ende kaum noch das buß-
gürtelartige Korsett der „Selbstzwangapparatur", die notwendig ist,
um sozial angemessen zu funktionieren – jedenfalls bemerkt man es
so lange nicht, bis unerklärliche Zwangshandlungen, allerlei Süchte
und schließlich ein Burnout das eigene Leben aus seiner Bahn zu
werfen drohen.

Das alles teilt der glücklich Unglückliche mit allen. Darüber hinaus jedoch lebt in ihm eine Sehnsucht. Ich habe sie die *Sehnsucht in
uns allen* genannt, weil sie in uns allen lebt, aber nicht derart, dass sie
in unser aller Leben, in unser aller Erleben und Fühlen thematisch
werden könnte.[3] Diese Sehnsucht erwächst aus dem Unterschied zwischen dem Glück und dem wahren Glück, der Liebe und der wahren
Liebe, ja, dem Leben und dem wahren Leben. Für viele von uns ist
das Leben eine Art Tod. Sie fühlen sich nicht wirklich lebendig, es
mangelt ihnen, auch wenn es ihnen an nichts zu mangeln scheint,
doch am Grundlegenden. Denn sie leben in einem Schattenreich, in
dem sich alle Farben, auch und gerade die buntesten, grau anfühlen,
alle Gefühle einander ähneln, alle Erfahrungen die überflüssige Wie-
derholung von Erfahrungen zu sein scheinen. Der glücklich Unglückliche sehnt sich nach dem wahren Leben und deshalb strebt er,
was immer sein profanes Wirken und Werken sein mag, nach Dingen, denen der Sehnsuchtslose begriffslos, fühllos gegenübersteht.
Der glücklich Unglückliche möchte spüren, dass sein Alltag Teil einer
Liturgie ist, in deren Rahmen noch die banalen, die einfachen Dinge
seines Lebens von einer Tiefe und Höhe beseelt werden, die religiöse
Zeiten als das Werk der Schöpfung verehrten.

Wer an dem Wort Anstoß nimmt – „Schöpfung" –, dem ist einerseits leicht zu helfen. Er muss das Wort ja nicht in den Mund nehmen. Andererseits weiß man nicht recht, wie man ihm ausdeutschen
könnte, wonach sich der glücklich Unglückliche sehnt. Sagen wir, er
sehnt sich danach, lebendig zu sein, und er fühlt, dass seine Sehnsucht nur dann einen Ort der Erfüllung haben kann (wenn auch
nicht in diesem Tal des Jammers), sofern es wahr ist, dass noch die
Schneeflocke, die auf der warmen Hand rasch dahinschmilzt, Teil einer umfassenderen Lebendigkeit ist, der wir mit Ehrfurcht begegnen
sollten. Denn es ist das Glück, das aus dieser Lebendigkeit erwächst,
auf das sich die Sehnsucht in uns allen richtet.

Doch hier endet unsere Geschichte nicht, hier beginnt sie erst …

***

Als John Stuart Mill, einer der großen liberalen Denker der Neuzeit, seine Ethik unter dem Titel *Utilitarismus* 1861 der Öffentlichkeit vorlegte, da musste er sich von den Konservativen und Klerikalen anhören, dass er ein „pig-philosopher" sei, ein Moralist für Schweine. Denn Mill verteidigte, im Anschluss an antike Denkschulen, die Meinung, dass das grundlegende Ziel, nach dem alle Menschen strebten, das Glück sei. Deshalb, argumentierte Mill, sei jene Moral die vorzugswürdige, welche eine Gesellschaft befördere, die sich an Regeln orientiere, deren Befolgung so viele Menschen wie möglich vor so viel Leid wie möglich bewahre und so glücklich wie möglich werden lasse.

Darauf erwiderten die Konservativen und Klerikalen: Die Schweine strebten nach Glück, der Mensch hingegen strebe nach dem Höheren, nach dem Guten, Wahren und Schönen, nach dem Sinn des Lebens, nach Gott. Kaum auszudenken, wie die Kommentare über den Sprachwissenschaftler und Völkerkundler Daniel Everett ausgefallen wären, hätte er sein Buch über die Pirahã, einen kaum 400 Köpfe umfassenden Indianerstamm im brasilianischen Amazonasgebiet, zu Mills Zeit *Das glücklichste Volk* genannt.[4]

Nun, im Original heißt das Buch auch anders: *Don't sleep, There are snakes*. Denn die Pirahã schlafen immer nur kurz, sogar nachts, wegen der Schlangen und anderer gefährlicher Tiere, die ihre Schlafplätze im Freien heimsuchen. Bloß die Regenzeit verbringen sie in ihren einfachen, aus Stämmen, Zweigen und Blättern errichteten Hütten. Das Leben dieses kleinen Volkes ist derart einfach, dass selbst die Phantasie eines Jean-Jacques Rousseau vermutlich nicht ausgereicht hätte, um damit die Vorstellung eines dauerhaften Glücks zu verbinden. Bei den Pirahã handelt es sich um sesshafte Jäger und Sammler, die jede komplizierte Technik ignorieren. Entsprechend simpel sind ihre Jagdwerkzeuge und Haushaltsgeräte. Nicht weniger simpel ist auch die soziale Organisation. Es gibt keinen Häuptling, keine ausgebildete Familienhierarchie. Die Kinder werden bis zum vierten Lebensjahr gesäugt, dann müssen sie sich in der Gemeinschaft mehr oder minder selbständig bewähren.

Was den Sex betrifft, so hätte jene Konservativen und Klerikalen, die Mill als Schweinephilosophen denunzierten, glatt der Schlag getroffen. Die Pirahã lieben sexuelle Spielereien, wobei ihnen die Dorfhunde bisweilen als Vorbild dienen. Promiskuität ist unter den jungen Leuten die Regel. Werden Ehen geschlossen, sind Seitensprünge keine Katastrophe. Ebenso wenig wird aus der dauerhaften Trennung von Ehepartnern ein Drama gemacht. Die „Scheidung" findet häufig statt, nachdem einer der Partner sich mit seiner neuen Liebe für mehrere Tage in die Büsche des Urwalds geschlagen hat. Freilich ist das Leben kein Honiglecken. Zwar beträgt die durchschnittliche Arbeitszeit in der Woche einen Bruchteil dessen, was wir „Zivilisierte" zu arbeiten gewohnt sind. Aber die Lebenserwartung ist nur halb so hoch wie bei uns. Es gibt für die meisten Krankheiten keine wirksame Medizin, der Dschungel ist voller Gefahren und Seuchen. Frauen bekommen ihre Kinder ohne speziellen Beistand. Kann eine Geburt nicht auf normalem Wege erfolgen, geht die Mutter samt ihrem Kind elend zugrunde, ohne dass ihr jemand zu Hilfe eilt. Es gibt nichts zu helfen, wer sterben muss, der stirbt. Der Tod ist keine große Sache.

Und das soll das glücklichste Volk sein? Schenkt man den Psychologen des Department of Brain und Cognitive Sciences am Massachusetts Institute of Technology (MIT) Glauben, dann ist es so. Die Wissenschaftler haben gemessen, wie viel Zeit ein durchschnittlicher Pirahã mit Lächeln und Lachen verbringt – im Vergleich zu einem typischen Nordamerikaner. Die Siegespalme des Glücks trugen haushoch die Pirahã davon.

Diesem Ergebnis liefert Everett, der seit den späten 1970ern viele Jahre seines Lebens bei den Pirahã verbrachte, inhaltliche Argumente nach. Eines davon lautet: Er habe kein einziges Mal von irgendeinem Pirahã gehört, dass er sich Sorgen mache, was nicht zuletzt damit zu tun habe, dass in der Pirahã-Sprache gar kein Wort für „Sorge" existiere ... Würde eine solche Behauptung nicht am Ende eines völkerkundlichen Werkes aufgestellt, von dem es immer wieder heißt, es sei ein wunderbarer, ja zutiefst verstörender Erfahrungsbericht, dann läge es immerhin nahe, skeptisch zu fragen: Wie sollte einer denn sagen können, er mache sich Sorgen, wenn ihm schon das Wort dazu fehlt?

Und in der Tat: Die Frage berührt einen zentralen Punkt. Daniel L. Everett, Jahrgang 1951, wurde im Auftrag des Summer Institute of Linguistics mit Hauptsitz in Dallas, USA, zu den Pirahã geschickt, um deren Sprache zu studieren. Da das Summer Institute von evangelikalen Kreisen unterhalten wird, steckt hinter dessen Forschungstätigkeit, die sich besonders um indigene Sprachen verdient machte, ein missionarischer Auftrag: Verbreitung des Evangeliums unter den heute noch lebenden Naturvölkern. Everett kam mit seiner Frau, ebenfalls Missionarin, und seinen drei Kindern zu den Pirahã.

Er traf auf ein Volk, von dessen Sprache es heißt, sie sei mit keiner anderen verwandt. Zu erlernen ist sie für den Außenstehenden, auch wenn er sprachwissenschaftlich geschult ist, nur mit großen Schwierigkeiten. Denn um Wörter und Sätze zu bilden, werden bloß drei Vokale und acht Konsonanten, darunter ein Kehllaut, verwendet; dafür ist die Tonhöhe für die Bedeutung des Ausgesprochenen mitentscheidend. Neben anderen Eigenheiten fehlen laut Everett der Pirahã-Sprache Merkmale, die seit Noam Chomskys bahnbrechenden Werken das sprachwissenschaftliche Dogma befestigten, tiefliegende grammatische Strukturen seien im Gehirn genetisch verankert und daher universal. Everetts kontroverse Ergebnisse – es gibt demnach keine „Universalgrammatik" – lösten einen zum Teil erbitterten Streit aus, dessen Ironie darin besteht, dass es außer Everett, seiner Familie und einigen Missionaren kaum einen Nicht-Pirahã gibt, der die Sprache dieses Volkes beherrscht.

Für Everetts persönliches Lebensdrama war jedoch von größerer Bedeutung, dass Sprache und Erfahrung der Pirahã ein dichtes Ganzes bilden. Dadurch nimmt ein Pirahã die Welt anders wahr als – zum Beispiel – ein Mensch des westlichen Kulturkreises. So wenig die Pirahã-Sprache komplexe Zeitformen zulässt, so sehr weigern sich die Pirahã, über Dinge nachzudenken, die nicht unmittelbar Selbsterlebtes wiedergeben oder aber von einer anderen Person Erlebtes, das diese einem Pirahã erzählt, der es daraufhin seinen Zuhörern weitererzählt.

Die Welt der Pirahã ist also, entsprechend Everett, radikal geschlossen. Eine „tote" Vergangenheit fehlt. Auch die Zukunft hat kaum Bedeutung. Die Pirahã kennen weder ein Wort für „heute" noch für „morgen". Stattdessen kultivieren sie die Gegenwart und lassen bloß gelten, was zum Leben hier und jetzt dienlich ist. Dazu passt, dass den Pirahã alles Abstrakte fernliegt, nicht nur haben sie keine allgemeinen Farbbegriffe, sie weigern sich auch, mit Zahlen zu operieren.

Dass daraus eine uns schwer begreifliche Sorglosigkeit erwächst, betont Everett immer wieder, zumal sich bei den Pirahã das Leben in der Gegenwart mit einem liebenswürdigen, zur Zufriedenheit und zum Wohlbefinden neigenden Charakter verbindet. Kein Wunder, dass diese Leute mit Jesus und seiner Religion nichts anzufangen wissen. Nachdem Everett unter großen Mühen eine Übertragung des Evangeliums nach Lukas angefertigt hatte, wurde ihm von den Pirahã eines Tages beschieden, man wolle seinen Jesus nicht, zumal diesen Mann ohnehin niemand persönlich zu kennen scheine.

Überhaupt glauben die Pirahã weder an einen Gott noch an ein Jenseits, noch ein Leben nach dem Tod. Ihr Inventar an Übernatürlichem beschränkt sich auf einen kruden Glauben an gute und böse Geister, die aus dem Dschungel kommen und im Übrigen von den Pirahã selbst dargestellt werden, um ihre eigenen Leute zu unterhalten, häufig am Abend vor langen Nächten, in denen viel getanzt, gelacht und der Liebe gefrönt wird. Auch Everett wurde zum Mittanzen bewogen. Irgendwann verlor er seinen Glauben. Er rang mit sich. Es half nichts. Nach Jahren innerer Entfremdung vom Christentum offenbarte er sich seiner glaubenseifrigen Familie, die daraufhin zerbrach. In einem Interview, das die Zeitschrift *The Guardian* am 10. November 2008 publizierte, erteilt er dem Konzept des Missionierens eine Absage: „Was sollte denn der Überzeugungsgrund für eine Religion sein? Sie sollte friedliche, lebenstüchtige, sich geborgen fühlende Menschen hervorbringen, die mit Gott und der Welt im Einklang sind. Diesen Effekt habe ich selten gesehen. Als ich mich bei den Pirahã befand, stellte ich fest, dass sie alle Vorzüge hatten, die ich ihnen predigen wollte. Sie waren diejenigen, die das Leben praktizierten, welches zu lehren ich gekommen war, bloß glaubten sie nicht an den Himmel und die Hölle.“[5]

In demselben Gespräch wehrt sich Everett gegen Vorwürfe, wonach er ein Bild der Pirahã verbreite, das diese Menschen so darstellte, wie es die Missionare im 19. Jahrhundert getan hätten: als „Primitive“. Nein, sagt Everett, denn diese Menschen seien uns in vieler Hinsicht überlegen: „Es ist ungesund, zu viel über die Zukunft zu grübeln oder der Vergangenheit nachzutrauern. Die Pirahã lehrten mich die entscheidende Lektion: Für den Augenblick zu leben, ist eine weise Art des Lebens (*a sophisticated way to live*).“

Merkwürdigerweise, und vermutlich aus Gründen der Political Correctness, findet sich in den Reaktionen auf Everett nirgendwo John Stuart Mills Argument. Es gibt handfeste Formen des Glücks – Mill hätte sie als „animalisch“ bezeichnet (warum auch nicht, ist es etwa beschämend, dass wir grundlegende Bedürfnisse mit den Tieren teilen?) –, und dann gibt es aber auch noch jenes vielfältige Glück, das aus unserer geistigen und ästhetischen Beschäftigung mit der Welt erwächst. Wer sind wir? Woher kommen wir? Wohin gehen wir? Das sind unsere höchsten, unsere tiefsten Fragen. Sie bereiten uns allerlei Sorgen, doch die Beschäftigung mit ihnen, ob in Wissenschaft, Kunst oder Philosophie, gewährt uns ein subtiles Glück, von dem die Pirahã keine Ahnung haben. Wir – lautet Mills Argument – kennen beide Arten des Glücks, „niedere“ und „höhere“, die Pirahã hingegen nur eine. Wir sind in der Lage, einen Vergleich anzustellen, die Pirahã nicht.

Wie einst die *Traurigen Tropen* von Claude Lévi-Strauss, so legt Everetts Bekenntnis heute Zeugnis darüber ab, was wir verloren haben. Wenn dieses Bekenntnis, das auf den ersten Blick so sympathisch anmutet, dennoch einen Schwachpunkt hat, dann Folgenden: Es verhält sich ungerecht gegenüber unserer eigenen Kultur. Anders kann ich mir nicht erklären, dass mich die Vorstellung, auf das Glück der Pirahã festgelegt zu werden, nicht mit Sehnsucht, sondern mit Grauen erfüllt. Was müsste ich nicht alles opfern, um dieses Glücks teilhaftig zu werden!? Viel zu viel, nämlich meine Art, menschlich zu sein.

***

Meine Art, menschlich zu sein: Das ist eine insofern missverständliche Wendung, als sie den Gedanken nahelegen könnte, es gäbe eben verschiedene „Arten", menschlich zu sein, die einander mehr oder minder unverbindlich gegenüberstünden – ein Gedanke, der in den Menschlichkeitsrelativismus führt. Dessen logische Konsequenz besteht darin, dass sich keine der verschiedenen möglichen Arten, sein Menschsein unter bestimmten Bedingungen zu realisieren, wichtiger nehmen dürfte als die anderen. In punkto Menschlichkeit wären sozusagen alle Varianten gleichberechtigt.

Tatsächlich scheint genau dies die Ansicht jener kulturtheoretischen Fraktion zu sein, die seit jeher darum besorgt ist, die heute noch lebenden „Naturvölker" vor dem diskriminierenden Etikett der Primitivität zu bewahren. Denn hinter einer solchen Etikettierung steckt gewöhnlich eine Praxis, die auf Enteignung, Unterdrückung, Ausrottung und bestenfalls eine wohlwollende Ghettoisierung durch jene hinausläuft, die für sich selbst beanspruchen, „zivilisiert" zu sein. Everett ist nun aber, soweit das aus seinem Bekenntnis ersichtlich wird, kein Anhänger des Kulturrelativismus. Er gehört zu denen, die den Spieß sozusagen umdrehen. Schenken wir seiner Sicht der Dinge Glauben, dann ist in unserer Kultur etwas schiefgelaufen. Wir sind keine glücklichen „Pragmatisten" mehr, weil wir uns zu sehr mit unserer Vergangenheit und Zukunft und außerdem mit abstrakten Dingen beschäftigen. Demnach hätte Martin Heidegger unsere Misere sogar philosophisch überhöht, indem er das menschliche Dasein als ein sich sorgendes Sein definierte, ja, das sechste Kapitel seines Werkes *Sein und Zeit* mit bombastischem Ernst übertitelte: „Die Sorge als Sein des Daseins".

Meine eigene Sicht dieser Dinge ist dem Relativismus nicht minder abgeneigt, nur denke ich, dass Everetts *Pragmatismus des Glücks* auf einer grundlegenden Verkennung der menschlichen Situation beruht. Insofern fühle ich mich Heidegger, und vor allem Hegel, näher. Die menschliche Situation schließt eine Phänomenologie des Bewusstseins in sich, die mehr oder weniger ausgereifte Stufen des Erkennens und Erfahrens umfasst. Nichts ist an der Art und Weise, wie die Pirahã die Welt sehen und ihr Leben darin einrichten, grundsätzlich zu bemängeln. Sie sind, wie sie sind. Aber ihre Lebensart unterliegt Beschränkungen, die ihnen natürlich sind, während dieselben Beschränkungen für uns, wollten wir sie übernehmen, *ganz und gar unnatürlich wären.*

Das hat nicht einfach damit zu tun, dass wir in einer anderen, noch dazu unnatürlichen Lebenswelt verwurzelt wären, sondern damit, dass in unserer Lebenswelt gewisse Grenzen des Denkens und Erlebens, die dem Pirahã vorgegeben sind – und die er nicht als seine Grenzen kennt und anerkennt –, von uns als solche erkannt und *überschritten* wurden. Unser Denken und Fühlen erfolgt von einer Bewusstseinswarte aus, die den Wirklichkeitsbereich der Pirahã als einen Sonderfall einschließt. Unser eigenes Denken und Erleben der Wirklichkeit ist demgegenüber wesentlich tiefreichender und abstrakter, was im Sinne Hegels bedeutet, dass unsere Bewusstseinsverfassung die der Pirahã „aufhebt", und zwar im dialektischen Doppelsinn des Wortes: Sie anerkennt deren relative Eigenberechtigung, indem sie, auf einem höheren Erkenntnisniveau angesiedelt, zugleich deren Beschränktheit demonstriert und erklärt. Einen Teil dieser erklärenden Demonstration liefert Everett selbst, indem er das Fehlen jeglichen Interesses an dem, was nicht der Gegenwart geschuldet ist, auf den „Pragmatismus" der Pirahã, der ihnen ein möglichst sorgenfreies und glückliches Leben ermöglicht, zurückführt.

Da wir um die Beschränktheit der Pirahã-Welt *wissen*, müssten wir uns selbst Gewalt antun, um *ihre* Unbesorgtheit und *ihr* Glück als das unsere in Anspruch nehmen zu können. Um unsere Sorgen, unsere Instabilität und unsere Quellen des Leids loszuwerden, wäre es notwendig, dass wir den größten Teil dessen, worin für uns der Wert unserer Zivilisation liegt, vergessen: all das geschichtliche Wissen, all die wissenschaftlichen Einblicke in die Struktur des Universums und des Lebens, all unsere ästhetischen Fähigkeiten, die uns den Genuss nicht nur der abendländischen, sondern auch der Kunstwerke aus dem Bereich anderer Kulturen ermöglichen, all unsere mathematischen Einsichten, all unsere ethischen Prinzipien, die ganze Philosophie und, last but not least, unser weitgespanntes Ahnen, was die ewigen Fragen des Woher und Wohin, der Schöpfung und des Absoluten betrifft …

Freilich, solange wir die sind, die wir sind, wäre dieses Vergessen keines, das auf den leichten Flügeln des Schlafes zu uns käme. Es wäre eines im vollen Bewusstsein dessen, was wir zu verlieren haben. Und das ist nun aber auch schon der entscheidende Punkt: Was wäre, wenn wir wüssten, dass wir all jene Sorgen und Leiden, all jenes Unglück von uns abstreifen könnten, das uns dadurch erwachsen ist, dass wir eine Welt (nicht bloß eine Welt der Fakten, sondern auch der Werte, Abstraktionen, Ahnungen) entdeckten, die unseren Vorfahren unbekannt war – immer vorausgesetzt, wir wären bereit, uns auf eine Bewusstseinsstufe zurückzubegeben, der ebenjene Welt nicht zugänglich ist? Und was wäre, wenn wir für diesen Verlust, der ja den Verlust auch all des Negativen einschlösse, das mit unserer Konstitution verbunden ist, durch ein Glück belohnt würden, eine Sorglosigkeit, die für uns im Nebel eines – wie wir wohl erkennen – überwundenen Bewusstseinszustandes dahinschwand?

Ich denke, dass die Antwort eindeutig sein müsste. Sie würde sich auf eine Transformation stützen, und zwar auf eine *Transformation nach unten*. Denn es geht hier nicht darum, ob wir dem zustimmen würden, dass uns der eine oder andere Wissensbestandteil, die eine oder Fähigkeit entzogen würde. Es ginge vielmehr darum, dass wir eine ganze Welt verlören – unsere Welt. Wir würden die Frage nach der Struktur unseres Universums, einschließlich aller darin eingelagerten mathematischen Probleme, ebenso wenig mehr verstehen, wie wir in der Lage wären, eine Kantate von Bach oder ein Bild von Vermeer zu genießen. Wir wären ebenso wenig imstande zu begreifen, was es bedeutet, dass alle Menschen gleich sind, wie wir die Frage nach der wahren Liebe oder dem Sinn des Lebens begriffen. Denn diese Fragen unterstellen bereits eine komplexe Form dessen, was die idealistische Tradition das *unglückliche Bewusstsein* nannte: nämlich das Bewusstsein des Auseinanderklaffens zwischen dem Wirklichen und dem Wahren; das Bewusstsein eines ontologischen Bruchs, eines Risses, der durch das ganze Sein geht und sich dem Moment verdankt, in dem das Subjekt zu realisieren beginnt, dass die Welt immer nur als die „Welt eines Subjekts", als „meine Welt" (wer immer ich bin), in Erscheinung zu treten vermag, niemals jedoch an und für sich.

Ich sage mit Absicht: sich dem Moment *verdankt*, in dem das Subjekt den ontologischen Riss und damit die Subjekt-Objekt-Trennung zu realisieren beginnt. Denn die Fähigkeit, zwischen dem Wirklichen und dem Wahren zu unterscheiden, verdankt sich dem unglücklichen Bewusstsein. Dieses durch welche Form des Glücks auch immer zu ersetzen – es sei denn durch eine Transformation nach oben: durch die Erlösung vom Mangel des Endlichen –, erfüllt uns mit Grauen. Nicht nur dass wir keinen Sinn mehr für die Frage nach dem wahren Glück hätten, wir hätten uns auch selbst verloren. Zum Verlust unserer Welteröffnungsmächtigkeit – „meine Welt" –, ob es sich nun um Fakten, Abstraktionen, Werte oder Ahnungen handelt, träte hinzu, dass wir unserer Identität in dem Maße beraubt worden wären, in dem uns unser unglückliches Bewusstsein abhanden gekommen wäre. Wir wären nicht mehr die, die wir waren, was uns nur dann nicht mit dem Grauen des Identitätsverlusts erfüllen würde, wenn wir zugleich wüssten, wer wir gewesen waren, und so immerhin die Möglichkeit hätten, nach dorthin wieder zurückzukehren. Doch diese Möglichkeit stünde uns dann nicht mehr offen, und dafür könnte uns keine wie immer geartete Form der Sorglosigkeit oder des Glücks entschädigen.

In der Transformation nach unten würden wir ausgelöscht, zwar nicht körperlich, aber geistig. Es geht hier also keineswegs darum, auf unsere Kultur derart zu verzichten, dass wir, auf unser zukünftiges Glück vorausblickend, unseren Kulturverzicht gegen das für uns zu Gewinnende abwägen und dann rational entscheiden könnten. Es geht vielmehr darum, ob wir als die, die wir sind, überhaupt noch weiter existieren wollen oder eine Existenz vorziehen möchten, in der wir nicht mehr in der Lage wären zu verstehen, wer wir einmal waren.

Teil I
DIE UNGLÜCKLICH GLÜCKLICHEN

2. Der Denker auf der Erbse

Es ist noch nicht lange her, da sah ich den Philosophen Peter Sloterdijk wieder einmal im Fernsehen. Ich weiß nicht, wovon eigentlich die Rede war, aber das machte mir wenig aus. Denn wenn ich auch nicht wusste, worüber Sloterdijk sprach, so sagte er das, was er zu sagen hatte, doch in seiner unnachahmlichen Art. Er dachte schnaufend, als ob es gälte, einen Berg zu bewegen. Er war eine Präsenz, während seine Worte ein Versprechen zu beinhalten schienen: Gleich würde gesagt werden, worauf alle hier, in diesem immerfort am Rande des Untergangs dahinsiechenden Abendland, schon immer gewartet hatten. Eine Wortoffenbarung stand unmittelbar bevor. Und dann kam es. Sloterdijk sagte – und er sagte es naturgemäß mit viel mehr Tiefsinn, als ich imstande bin, es hier wiederzugeben –, er sagte also, heute sei niemand, jedenfalls niemand mit Verstand und Gefühl, in der Lage, ernsthaft daran zu zweifeln, dass es so nicht weitergehen könne.

Hätte ich mich bei dieser Aussage in meinem professionellen philosophischen Normalzustand befunden, wäre mir nichts aufgefallen. Denn dass es so nicht weitergehen könne, ist eine Sentenz, die, falls sie nicht gerade mit dem ganzen Schwergewichtigkeitspathos eines Hochleistungsdenkers vorgetragen wird, zu den allerabgedroschensten Gemeinplätzen heutiger Geistesmenschen zählt. Ich befand mich aber gerade in einem Zustand niederrangiger Geistigkeit, und zwar aus sentimentalisch privaten Gründen. Nur soviel: Je älter ich werde, desto deutlicher wird mir die Tragik, die darin liegt, dass wir mit den Menschen, die wir lieben, nicht ewig beisammen sein können. Und da ich im Moment noch von schwerer Krankheit und Schmerz verschont bin, kann ich nicht umhin zu wollen, dass der Tag, den ich heute leben darf, auch wenn er so manches Ärgernis und etliche Ödnis beinhaltet, sich wieder und wieder wiederholt. Kurz: Ich kann von den Dingen des Lebens nicht genug kriegen. Weit davon entfernt zu glauben, dass es so nicht weitergehen könne, möchte ich im Gegenteil, dass es immer so weitergeht. Und in meinen trübseligen Momenten gründet meine Trübsal nicht unwesentlich darin, dass ich weiß, dass es so nicht weitergehen wird.

Ich versuche also, in der Zeit, die mir wie jedem endlichen Wesen meines Alters im günstigen Fall bleibt, ein Leben zu führen, von dem ich hoffe, dass es ein einigermaßen gutes, ein im Großen und Ganzen erfülltes Leben ist, und zwar besonders dort, wo es sich um die Routinen des Alltags dreht und jene zumeist unscheinbaren Situationen, die man mit anderen zusammen verlebt, vor allem mit jenen, deren Zuneigung und Gegenwart man nicht missen möchte. Aus dieser Perspektive betrachtet – und ich weiß, dass es auch andere Perspektiven gibt –, kommt mir die Aussage, dass es so nicht weitergehen könne, dumm, arrogant und opportunistisch vor.

Opportunistisch deshalb, weil sie nachplappert, was die Leithammel der jeweils aktuellen Epochenkritik und der jeweils bestehenden Akutverhältnisse vorblöken. Arrogant, weil sie so tut, als dürfte man das eigene Wohlbefinden deshalb ignorieren oder gar missachten, weil es viele Unglückliche rund um uns herum gibt. Und dumm ist die Aussage, wonach es so nicht weitergehen könne, weil sie eine Redensart der Misslaunigkeit selbstgefällig dazu benützt, um jede klug und einfühlsam differenzierende Analyse der gegenwärtigen Verhältnisse abzublocken und durch allerlei Klischees des Modernitätspessimismus zu ersetzen.

Nun höre ich aber schon den Einwand: Wie kann man sein eigenes Streben nach Wohlbefinden, seine höchstpersönliche Idee vom guten Leben gegen einen Reflexionszusammenhang und einen Sensibilitätshintergrund stellen, die beide, weitab vom Topos „Trautes Heim, Glück allein", auf die sozialen Makroverhältnisse reagieren? Ich gestehe, dass ich diese Frage nur allzu gut verstehe. Denn ich bin darauf trainiert, auch noch bei der Betrachtung intimer Angelegenheiten des Lebens gleichsam über meinen eigenen Gartenzaun hinauszublicken. Es war Theodor W. Adorno, der sagte: Es gibt kein richtiges Leben im falschen. Derselbe Adorno genoss es dann freilich, mit Lotte Tobisch – das hat sie mir selbst erzählt – auf der Alm zu sitzen, ein Glas Milch zu trinken, übers Tal hin und in die untergehende Sonne zu schauen und dabei zu sagen: Das ist aber schön!

Lotte Tobisch, einst „Teddy" Adornos adelige Wiener Muse, hatte wohl nicht den Eindruck, dass an der Zufriedenheit Adornos etwas brüchig oder unecht gewesen sei, was indessen hätte der Fall sein müssen angesichts des Umstandes, dass man sich auch noch auf der schönsten Sonnenuntergangsalm mitten im schlechten Leben befindet. Ich will mich hier nicht über Adorno lustig, sondern bloß darauf aufmerksam machen, dass selbst den tiefsinnigsten und sensibelsten Geistern ein Moment der Unglaubwürdigkeit anhaftet, wenn sie, einerseits zum Genuss schlichter menschlicher Freuden fähig, diese andererseits dann ihrem Publikum verderben wollen, indem sie versichern, noch im harmlosesten Vergnügen stecke der Wurm der Apokalypse, das Grauen des Holocaust, der Untergang des Abendlandes. Ich muss gestehen, dass ich, indem ich mir die großen Vordenker zum Vorbild nahm, keineswegs immer frei gewesen bin von dieser Haltung, die mich heute als intellektuelle Bigotterie befremdet.

Kein Zweifel, die Welt ist voller Grauen. Das ist nicht schwer zu begreifen, auch wenn man mit einem Glas Milch in der Hand auf einer friedlichen Alm sitzt und dem Kuhglockengebimmel lauscht. Man muss sich bloß gedanklich an die Orte des Grauens begeben. Man braucht sie nicht eigens aufzuzählen, jeder kennt sie. Freilich, dass die Welt *an sich* ein grauenvoller Ort sein sollte – *das* zu realisieren tun wir uns schwer, und wir machen dabei keine besonders gute Figur, nachdem wir uns Jahrtausende lang bemüht haben, uns hierorts einigermaßen sicher und wohnlich einzurichten.

Weder lassen wir uns von dem dauernden Fressen und Gefressenwerden, dem ewigen Darben und Siechen, das zur Evolution des Lebens gehört wie das Amen zum Gebet, in unseren banalen Alltagsverrichtungen stören; noch verschwenden wir einen Gedanken an die Vorgänge in unseren Schlachthäusern, während wir uns als Gourmets gebärden. Dennoch: Dass das Grauen, das Böse, die Todsünde in unsere Welt eingesenkt sind und folglich nur der Weltuntergang die Lösung des Weltproblems sein könnte – dabei handelt es sich um ein Motiv, das uns aus der Antike wohlvertraut ist, zumal unserer eigenen, der christlichen.

Jesus selbst hatte seinen Jüngern das Ende der Welt noch innerhalb der eigenen Generation in Aussicht gestellt. Wäre das Leben damals ein Osterspaziergang gewesen, hätte die apokalyptische Prophezeiung vermutlich keinerlei Wirkung gehabt. Sie wäre als Schrulle eines Schwarzsehers erschienen, Jesus hätte am Kreuz sein Ende gefunden und die Sache damit ihr Bewenden gehabt. Doch wie wir wissen, kam es ganz anders. Obwohl die Welt bis heute steht (oder besser gesagt: sich dreht), ist die Weltuntergangstradition zu einer der wirkmächtigsten unserer Kultur geworden. Und man geht kein besonderes Wagnis ein, wenn man behauptet, dass die Rede davon, dass es so nicht weitergehen könne, sich ebenjener jahrtausendealten apokalyptischen Fixierung verdankt.

Nur sind in unseren verweltlichten Gesellschaften an die Stelle der religiösen Endzeitpropheten zunehmend die sogenannten freischwebenden Intellektuellen getreten, die das Gefühl des Untergangs nähren. Ihre Zahl ist Legion. Persönlich stand ich in meinen Studentenjahren stark unter dem Einfluss von Adorno und Max Horkheimer –

den Häuptern der tonangebenden „Frankfurter Schule" –, später dann, als ich schon ein wenig abgebrühter war, gesellten sich brillante und eitle Weltverächter wie Erwin Chargaff oder Günther Anders dazu. Letzterer sprach, um seine Sache auf den Punkt zu bringen, gleich von der „Antiquiertheit des Menschen", während Oswald Spengler, dessen Wirkung bis heute andauert, immerhin nur den Untergang des Abendlandes für unvermeidlich gehalten hatte. Die Globalisierung, ja Anthropologisierung der Untergangsphantasien mochte daran gelegen haben, dass nach 1945, nach Nazidiktatur und Auschwitz, nach Hiroshima und Nagasaki, seit Stalin, Mao und Vietnam, die Aussichtslosigkeit der menschlichen Lage universell geworden schien. Heidegger prägte dazu den Satz, der darauf hinauslief, dass nun auch der menschliche Geist, am reinsten verkörpert in der Philosophie, wirkungslos geworden sei: „Nur noch ein Gott kann uns retten!"[6]

Aber wie damals, in den 1970er Jahren, jeder Halbgebildete bereits wusste – hatte es uns doch, im fernen Anschluss an Nietzsche über zwei Weltkriege hinweg, der atheistische Existenzialismus eingehämmert –: Gott war tot. Kurzum, so konnte es auf gar keinen Fall weitergehen, Rettung war nirgendwo in Sicht, auch nicht von oberster Stelle, ja von dort her schon gar nicht. Was die deutsche Crème de la crème der Tristesse betrifft, so war es dann, seit 1980, vor allem Botho Strauß, der mit Metaphern wie *Rumor* und, später noch, mit der suggestiven Formel vom *Anschwellenden Bocksgesang* die Leitparolen des Wohlstandspessimismus auf höchstem Niveau ausgab, und zwar als ein Dichter und Denker, der sich wieder dezidiert zur politischen, aber mehr noch zur intellektuellen Rechten bekannte.[7]

Soweit es uns Österreicher betrifft, dürfen wir von den Verdrossenheitsharlekinaden eines Thomas Bernhard getrost absehen. Denn „naturgemäß" war für diesen selbsternannten Übertreibungskünstler, den sein Heimatland bald ins Herz schloss wie seinerzeit den vielbesungenen Kometen, das ganze postnazistische Österreich eine einzige faschistische Verkommenheit, angeführt nicht von den ewig Gestrigen, sondern akkurat von den moderat fortschrittlichen, sozialpartnerschaftlich gesinnten Sozialdemokraten.

Schön, dagegen ließ sich auch nichts machen, es sei denn, man hieß Peter Handke. Anfangs attackierte der junge Dichter die Gruppe 47, jene Vereinigung deutscher Autoren, die sich 1947 zusammengetan hatten, um gegen das nicht-engagierte, reine Künstlertum einen antifaschistischen, durch und durch sozialkritischen Realismus zu setzen. Dieser sogenannte „Realismus", dozierte Handke – der sich seinerseits polemisch als Bewohner des Elfenbeinturms outete –, sei unterdessen zu einer Machart verkommen. In seinem Essay *Die Literatur ist romantisch* beschrieb Handke 1967, was ihn an der „engagierten" Haltung abstieß. Als Modell knöpfte er sich einen Vortrag des damals vielgerühmten Schriftstellers Peter Weiss vor. Weiss hatte seinen Vortrag auf einer Tagung mit dem bezeichnend oberlehrerhaften Titel *Der Schriftsteller in der Wohlstandsgesellschaft* gehalten. Handke sezierte die darin enthaltene Attitüde mit wenigen Sätzen gnadenlos:

„Lange Zeit hatte er [Peter Weiss] innerhalb der Tür gelebt, hatte sich nur um sich selber gekümmert, war sich selber genug gewesen, sometimes making love with someone. Dann aber war er vor die Tür getreten und hatte bemerkt, dass es außer ihm noch Menschen gab. Er war nicht allein auf der Welt. While he was making love inside the door, starben draußen Tausende am Krieg, an Unterdrückung, Hunger, Armut: an gesellschaftlichen Verhältnissen. Da erkannte er, dass er etwas ‚unternehmen' müsste. Er engagierte sich. Und er engagierte sich als Schriftsteller."[8]

Rückblickend betrachtet mag Handkes cooler Hohn einigermaßen ungerecht anmuten. Doch zugleich spiegelte er die Stimmung einer Generation wider, die nach Luft schnappte. Wir lernten im germanistischen Seminar, dass die immanente Interpretation literarischer Werke ausgespielt habe. Diese sei, so lehrte man uns, hoffnungslos naiv. Außerdem sei sie ideologisch, weil sie so tue, als ob das Kunstwerk eine Insel für sich wäre, unabhängig von den gesellschaftlichen Rahmenbedingungen, die den Künstler zuinnerst formten. Der Germanist auf der Höhe der Zeit war Soziologe und Strukturalist.

Die neue Lehre war leicht zu verstehen, spielend zu handhaben und unübertrefflich, was ihr kritisches Potenzial betraf. Ganze Epochen ließen sich im Handstreich entlarven, relativieren, erledigen. Was mich anging, so hatte ich mich der Mode durchaus angepasst und dabei aber insgeheim – jedenfalls kommt es mir heute so vor – mit der Gegenseite sympathisiert. Möge doch das Kunstwerk sein, was es nicht sein durfte: eine Insel für sich, ein wie immer mitfühlender Gegenentwurf zum alltäglichen Grau-in-Grau, letzten Endes der Schönheit und dem Absoluten zugetan!

***

Ich will die Empfindlichen und Überempfindlichen, von denen ich bisher sprach, ob engagiert oder engagiert nicht-engagiert, als „Denker auf der Erbse" bezeichnen. Damit paraphrasiere ich das Märchen von Christian Andersen, das sich die *Prinzessin auf der Erbse* betitelt und 1837 zum ersten Mal erschien. Angeblich wollte sich Andersen über die Empfindlichkeit der höheren Stände, namentlich des Adels, mokieren, der sich von den Bedürfnissen des einfachen Volkes vollkommen entfremdet hatte. Die Beliebtheit des Märchens bei den Kindern wurzelt jedoch in einem ganz anderen Gefühlsboden. Kinder scheinen intuitiv zu verstehen, dass eine prinzessinnenhafte Sensibilität nichts Schlechtes ist; sie gehört eben zu einem edlen Wesen, das kraft seiner feinen Natur seismografisch auf geringste Störungen und Hindernisse reagiert. Der Gegensatz dazu ist die Dickhäutigkeit, wie sie sich unter den derben Charakteren findet, die im Kampf des Lebens und Überlebens Schwielen wie Jahresringe ansetzen, statt dünnhäutig nach innen und dabei auf das Echo der andrängenden Außenwelt zu horchen.

Bekanntlich handelt Andersens Märchen davon, dass ein Prinz überall nach einer geeigneten Prinzessin als Gemahlin sucht. Vergebens. Um eine Kandidatin, die schließlich unter ungünstigen Umständen auftaucht, zu testen, entschließt sich die Mutter des Prinzen, eine Erbse auf den Boden des Bettes zu legen, in dem die angebliche Prinzessin die Nacht verbringen soll; auf die Erbse werden zwanzig Matratzen und außerdem zwanzig Eiderdaunendecken gelegt. Als sich das Fräulein am nächsten Morgen beschwert, dass sie ganz braun und blau am Körper sei, weil sie die ganze Nacht unter etwas furchtbar Hartem gelitten habe, da ist alles klar: Das muss eine *wirkliche* Prinzessin sein!

Darin liegt eine besondere Pointe dieser kleinen Geschichte: Als nämlich der heiratslustige Prinz durch die Welt reiste, um eine Gemahlin zu finden, da traf er immer wieder Prinzessinnen, aber eben keine wirkliche. Analog dazu ließe sich sagen, es gibt Denker und wirkliche Denker. Karl Popper zum Beispiel, der weltbekannte österreichische Philosoph, war ein Denker; aber war er auch ein wirklicher Denker? Er behauptete, verglichen mit allen historisch bekannten Gesellschaften in der besten aller möglichen zu leben, nämlich in einer liberalen Demokratie. Deshalb zeigte er den Kritikern der westlichen Nachkriegsgesellschaft die kalte Schulter, weswegen er sich umgekehrt deren Verachtung zuzog, bis hin zu Botho Strauß.

Demnach war Popper kein wirklicher Denker wie etwa Martin Heidegger, der von der Demokratie nach 1945 behauptete, sie sei ganz unter die Herrschaft der Technik und des vermassten Durchschnitts geraten – der Denker des Seins sprach vom „Gestell". Kein Wunder, dass ihm, wie sich seiner Bremer Vortragsreihe *Einblick in das, was ist* aus dem Jahre 1949 entnehmen lässt, die „Fabrikation von

Leichen in Gaskammern und Vernichtungslagern" im Wesen „das Selbe" zu sein schien wie der Ackerbau als „motorisierte Ernährungsindustrie" (wohl wegen der chemischen Vernichtung von Pflanzenschädlingen ...)[9].

Es zeigt sich hier, als das zentrale Merkmal des wirklichen Denkers, eine prinzessinnenhafte Empfindlichkeit gegenüber den groben Techniken, mit denen die Massendemokratie einen minimalen Wohlstand für alle zu sichern sucht. Es bedrückt den wirklichen Denker, dass die Nachkriegsgesellschaft einem aristokratischen Geistesideal individuellen Existierens nicht mehr genügt. Dabei befindet sich die Erbse, die ihn drückt, so tief unter seinem Niveau, dass ihm der Schmerz, den das Wissen um den Holocaust verursacht, kaum tiefer unter die dünne Haut geht als jener andere, den er zu erdulden hat, wenn er, sich in der freien Natur ergehend, auf die handfeste Chemie des modernen Ackerbaus stößt.

Der Denker auf der Erbse ist ein Geistesaristokrat, weswegen seine Sicht der Massendemokratie apokalyptisch ausfällt: So kann es auf gar keinen Fall weitergehen! Die Nacht steht schon um unser Haus! Er neigt deswegen dazu, in der Vergangenheit immerfort etwas zu finden, was verlorenging – etwas Unwiederbringliches, an dessen Abwesenheit wir letzten Endes zugrunde gehen müssen. Spengler sah dieses Unwiederbringliche, im Anschluss an Goethes Wachstumsmorphologie, noch menschheitsgeschichtlich. Was uns Abendländern demnach fehlt, sind unsere Jugend und unser Mannesalter; wir sind senil geworden, aber darin unterscheiden wir uns nicht von allen anderen Kulturen, die ihrer Natur gemäß gezwungen sind, dieselben Lebensalter zu durchlaufen und schließlich abzusterben.

Demgegenüber sind sich gerade die sensibelsten unter den intellektuellen Stimmen des späten zwanzigsten und noch jungen einundzwanzigsten Jahrhunderts darin einig, dass unser Elend ein singuläres ist. Es ist das Elend des Westens, des Humanismus; es ist das Elend unserer Art, tolerant und liberal und säkular zu sein. Tatsächlich gibt es in weiten Teilen der demokratisch organisierten, von ökonomischem Wohlstand geprägten, nach innen hin rechtsstaatlich abgesicherten, weil nicht von religiösem und sozialem Hass zerrissenen Welt dennoch so etwas wie eine tiefempfundene Unzufriedenheit mit dem Friedenszustand. Diese Unzufriedenheit scheint schon lange endemisch geworden zu sein. Ihr Gemeinspruch: So kann es auf gar keinen Fall weitergehen!

Unter den Untergangsphantasien, denen sich die aktuellen Denker auf der Erbse hingeben, sind aber die am meisten gespenstischen jene, die davon handeln, dass der Untergang des Menschen bereits stattgefunden hat; dass wir also im Grunde nur mehr Wiedergänger, Simulakren, lebende Tote sind – abgeschnitten von all dem, was Leben heißen könnte. Das ist der nervös fröstelnde Ton, der bei dem Amerikaner Don DeLillo für quirlige Grabeskälte sorgt, zuletzt in dessen 2009 erschienenem Roman *Der Omega-Punkt*.

Die äußere Handlung bewegt sich am Rande der Nichtigkeit, und das soll auch so sein, denn nichtig ist all unser Tun und Lassen. Ein erfolgloser Filmemacher reist in die kalifornische Wüste. Dort hat ein hochgebildeter Weltverächter namens Richard Elster sein Refugium gefunden, nachdem für ihn im Pentagon keine Verwendung mehr war. Ursprünglich sollte er den Militärstrategen unkonventionelle Ideen liefern, aus denen sich eventuell eine neue Sichtweise des Irakkrieges ergeben hätte. Der Filmemacher will Elster dazu bringen, vor laufender Kamera über Gott und die Welt zu schwadronieren, ohne Zeitvorgabe, ohne Schnitte, einzig mit einer grauen Wand im Hintergrund.

Die beiden Männer reden, langweilen sich, beobachten mit einem Fernglas die Wüste. Das Filmprojekt nimmt keine Gestalt an, dafür vergeht die Zeit. Eines Tages kommt, von der Mutter geschickt, die Tochter des geschiedenen Weltverächters, um sie aus dem Bannkreis eines Verehrers zu befreien, der mit ihr offenbar ins Bett und wer weiß wohin sonst noch möchte. Es ist dieses Mädchen, das der Geschichte eine tragische Wendung gibt. Denn eines Tages ist es verschwunden und taucht nicht mehr auf. Ist es tot? Durchgebrannt? Hat es nie existiert? Einzig die Katastrophe des Verlusts, so bedeutet uns DeLillo durch den realen Schmerz des Vaters hindurch, erzeugt so etwas wie Realität.

Kurz, beim *Omega-Punkt* handelt es sich um einen echten Don DeLillo. Was ist ein echter DeLillo? Eine mikroskopische Studie zur universellen Substanzlosigkeit. Alle Akteure bewegen sich im Treibsand ihrer Existenz, während die stärksten Gefühle das Fehlen eines tieferen Sinns, eines Wesens der Dinge brüchig maskieren und zugleich entlarven. Irgendwie sind alle Verhältnisse, ob kulturell, ökonomisch oder militärisch, so geartet, als ob Zombies eifrig zugange wären, um sich von ihrer eigenen Lebendigkeit zu überzeugen. Das gibt dem Ganzen einen durchgehend paranoiden Zug. Ist alles Schein? Schein des Scheins? Im Hintergrund scheint eine unfassbare Macht die Fäden zu ziehen, damit die Dinge nicht als das erkennbar werden, was sie im Innersten sind:

Tot. Irgendwie tot.

Daneben tauchen bei DeLillo immer wieder Gestalten auf, die realer zu sein scheinen – aber eben auch nur scheinen – als alle anderen, realer als die Lebenstüchtigen, die sich am Scheinleben abarbeiten, realer als die Verschworenen, die an Geheimplänen zum Umsturz der bestehenden Scheinverhältnisse basteln. Diese Gestalten in ihrer unschuldig anmutenden Passivität, Desorientiertheit und Launenhaftigkeit sind freilich jene, die immer schon aufgegeben haben. Denn sie haben erst gar nie angefangen, das Leben meistern, womöglich die Welt erobern zu wollen. Sie wirken, als würden sie ihre Existenz dem Einsatz von Weichzeichnern verdanken, so wie Jessica, Elsters orientierungslose Tochter. „Wo sind wir eigentlich?", „Weiß ich das überhaupt?", fragt sie[10], und sorgt wie eine Besessene für Ordnung beim Abwaschen, Abtrocknen und Einräumen des Geschirrs – bis sie auf Nimmerwiedersehen verschwindet. Akkurat ihr will der Vater zu einem authentischen Erlebnis verhelfen: Dickhornschafe in den Wüstenbergen beobachten.

Gewiss, es geht bei DeLillo um das Ende des Menschen. Aber was heißt das, seien wir ehrlich? Elsters Versuche, sich verständlich zu machen, sind eine Mischung aus Auslöschungswahnsinn und tiefsinnigen Plattheiten. Im Pentagon dozierte er über den Haiku-Krieg. Die Gedichtform des traditionellen japanischen Haiku umfasst, bei festgelegter Silbenzahl, drei Zeilen. Ihre Inhalte organisieren sich, laut Elster, gemäß der Logik des Krieges: „Das ist die Seele des Haikus. Entblöße alles bis zur Offenkundigkeit. Erkenne, was da ist. Im Krieg sind die Dinge flüchtig. Erkenne, was da ist, und sei bereit, es verschwinden zu sehen."[11]

Bevor er als Berater ins Pentagon gerufen wurde, hatte Elster Vorlesungen zum Omega-Punkt gehalten. Der Ausdruck stammt von Teilhard de Chardin. Damit hatte der Jesuit das sprunghafte, die Evolution transzendierende Ende der Evolution durch die göttliche Liebe bezeichnet. Elsters Version dazu: „Pater Teilhard kannte das, der Omega-Punkt. Ein Sprung aus unserer Biologie hinaus. Stellen Sie sich mal diese Frage: Müssen wir für immer menschlich bleiben? Das Bewusstsein hat sich erschöpft. Zurück zu anorganischer Materie, na los. Das wollen wir. Wir wollen Steine auf dem Feld sein."[12]

Soweit es mich betrifft, ich möchte kein Stein sein, auf welchem Feld auch immer. Don DeLillo hingegen variiert unermüdlich jenen berühmten Satz, den Foucault bereits 1966 am Ende seines Buches über die *Ordnung der Dinge* platzierte: „… dann kann man sehr wohl wetten, dass der Mensch verschwindet wie am Meeresufer ein Gesicht im Sand."[13] Wann dann? Dann, wenn die Moderne, die auf Wissenschaft, Fortschritt und Freiheit setzt, ihrer selbst überdrüssig geworden ist; dann, wenn klar wird, dass alle Möglichkeiten, Mensch zu sein, ob Sklave, Humanist oder Gott, durchgespielt sind. Im *Omega-Punkt* gibt es eine Rahmenepisode. Sie handelt von der Videoinstallation *24 Hour Psycho* des Künstlers Douglas Gordon. Dieser zeigt Hitchcocks Film *Psycho*, indem pro Sekunde zwei Bilder auf eine transparente Leinwand projiziert werden. Deshalb dauert die Vorführung 24 Stunden. Auch Elster hat die Installation besucht. Das war, sagt er anschließend, als würde man dem Universum beim Sterben zuschauen.[14] Kein Wunder, dass er nach zehn Minuten wieder ging. Dem Universum beim Sterben zuzuschauen ist langweilig.

***

Ich möchte nicht den Eindruck erwecken, mir ginge es darum, die Denker auf der Erbse zu diffamieren. Ihrer Sensibilität haftet oft etwas Tiefsichtiges an, das im besten Fall dazu führt, ein hellsichtiges, ja ingeniöses Werk, eine neue Sicht der Welt entstehen zu lassen. Adorno hatte an Marcel Proust gerühmt, dass er der Mann ohne Haut gewesen sei, unfähig, auf seiner Suche nach der verlorenen Zeit noch die kleinsten Vibrationen des Lebens zu ignorieren – eines Lebens, dessen unverlierbare Essenz sich ihm erst in der Erinnerung, und durch die Erinnerung hindurch, zu erschließen schien.

Wer sich über Prousts Prinzessinnenhaftigkeit mokieren wollte, der würde bloß zu erkennen geben, dass er nie verstanden hat, was zeitlose Schöpfung ist, zumal in der Kunst, deren Materialien allesamt der Zeit verhaftet und daher durch und durch ephemer – randständig und vergänglich – sind. Doch der Denker auf der Erbse als Prophet des Untergangs ist eine zweischneidige Gestalt. Er neigt dazu, auch unter dem Einfluss einer seit langem wirksamen Untergangsrhetorik, seiner eigenen Zeit zuzurechnen, was in Wahrheit das Wesen der Schöpfung, des Lebens und des Menschen überhaupt ist.

Hier waren, wenn man so will, die Alten klarsichtiger. Sie rechneten mit dem Schicksal, mit dem Rad der Zeit, mit dem Immergleichen, während wir uns inbrünstig auch das noch als Aufgabe und Leistung zurechnen, was sich uns entzieht, uns oft genug zerbricht, vernichtet und, wenn wir Glück haben, bloß gelassen verschmäht. „Ein jeder Engel ist schrecklich", so heißt es bei Rilke, und dem könnte man hinzufügen, dass ein jedes Zeitalter, im Spiegel seiner Dichter betrachtet, das Fürchterlichste ist. Gerade unsere Unfähigkeit, den Anblick des Göttlichen, des Engelhaften der *Dui-*

neser Elegien zu ertragen, verleitet die Denker und Dichter aller Zeiten allzu leicht dazu, das immerhin Erreichbare zu verachten. Ist es doch gerade das dem menschlichen Maß eben Gemäße, das an die schier unendliche Entfernung von dem gemahnt, was uns als absolute Wahrheit, als ewiger Friede, reines Glück und makellose Schönheit, kurz: als Erlösung vom Übel, fasziniert, indem es uns zugleich verstört und tröstet.

Auch dazu hat der Pessimist Arthur Schopenhauer irgendwie das Richtige gesagt, wenn er gelegentlich meinte, er wisse wohl, dass jeder denkende Mensch seine Zeit für die allererbärmlichste halte, aber er, Schopenhauer – der den *sogenannt* denkenden Menschen verabscheute –, dennoch einräumen müsse, von ebendieser Illusion selbst nicht gänzlich frei zu sein. Das sagt natürlich in erster Linie etwas darüber aus, dass sogar jemand, der über dem sogenannt denkenden Menschen und dessen durchschnittlichen Vorurteilen zu stehen vermeint, sich doch nicht ganz aus der Reihe der intellektuellen Schwarzseher herauszubewegen vermag.

Eine fragwürdige Figur wird der Denker auf der Erbse erst dann, wenn er anfängt, seine Illusion für real zu halten und sein Zeitalter tatsächlich für verdammungs-, ja vernichtungswürdig. Er denkt dann nämlich wie jene Tierschützer, die von der Hoffnung beseelt zu sein scheinen, dass, wenn erst alle Pelzmäntel verbrannt und alle Tierfabriken geschliffen und alle Menschen Vegetarier geworden sind, endlich auch die Tiere aufhören werden, sich an die Gurgel zu gehen und, getrieben von purer Überlebensnot, einander aufzufressen.

Jedes Zeitalter enthält seine spezifischen Notlagen und Missstände. Deshalb sollte der Kritiker nicht über die Vorzüge seiner Zeit hinweggehen, als ob es sich dabei um Nichtswürdigkeiten handelte. Wer es nicht zu schätzen weiß, dass wir in einem liberalen Rechtsstaat leben, auf einem vorher unbekannten technischen Niveau und weiterhin unter ökonomischen Bedingungen, von denen vorangegangene Jahrhunderte nichts wussten und weite Teile der heutigen Welt kaum zu träumen wagen – wer all das abtut, und sei es mit den hochintellektuellen Mitteln des Dekonstruktivismus und der posthumanistischen Theorie, von dem sollten wir uns abwenden, statt uns beeindrucken zu lassen. Wir sollten uns abwenden und weggehen, sobald uns wieder einmal gepredigt wird, dass es so auf gar keinen Fall weitergehen könne.

Damit komme ich darauf zurück, dass entgegen all dem, woran unsere gerade modischen Denker auf der Erbse verzweifeln mögen, ich vielmehr möchte, *dass es immer so weitergeht.* Natürlich weiß ich um die sozialen Ungerechtigkeiten und die menschverursachten Gräuel, die das Antlitz der Erde verunstalten. Und natürlich möchte ich, dass dieses Elend aufhört. Muss ich das wirklich eigens sagen? Nun, ich sage es hier und jetzt ausdrücklich, doch es wäre pure Scheinheiligkeit, wollte ich jemandem weismachen wollen, dass ich nicht bestrebt sei, die schönen Dinge des Lebens zu genießen, und nicht dankbar dafür bin, zur Zeit weder einsam noch elend leben zu müssen – auch wenn ich mich, in meinen dummen dunklen philosophischen Momenten, nicht frei von der Illusion fühle, dass akkurat unsere Zeit die allererbärmlichste ist.

Denn in diesen Momenten beschleicht mich hinterrücks eine Ahnung. Es ist die Ahnung, dass mein Glück nicht das *wahre* sei. Es ist das mir mögliche Glück, aber es ist nicht das wahre Glück. Ich wehre mich gegen diese philosophischen Momente, indem ich versuche, denkend hinter sie, unter sie, durch sie hindurch zu gelangen. Ich suche unter zwanzig Matratzen und zwanzig Eiderdaunendecken, um auf den harten Kiesel meiner Ahnung zu stoßen. Aber ich stoße auf nichts weiter als darauf, dass mein Glück mein Glück ist. Und doch, und doch: Hier stimmt etwas nicht. Bewege ich mich etwa im Vorhof jener „letzten Menschen", wie Nietzsche sie sah? Diese zäh Degenerierten sind unfähig, die *Unwirklichkeit* ihres Glücks zu begreifen, weil sie in dieses Glück eingebettet sind, umhüllt von tausend Matratzen und tausend Eiderdaunendecken. Ihre Philosophie ist ein Blinzeln. Was ihnen abhandenkam, das ist die Fähigkeit, über sich selbst hinauszudenken. Ihrem Glück fehlt die Wahrheit, das heißt jener implodierende Überschuss, den man in den alten Zeiten „Transzendenz" nannte.

Fehlt es meinem Glück an Transzendenz, um wahr zu werden?

Ich starre auf diese Frage. Zuerst kommt sie mir seltsam vor, dann unsinnig, dann tief. Grund genug, mein Eiderdaunenbett zu schultern und mich aus der Reihe der sogenannt denkenden Menschen wegzustehlen, um nach dem Grund jener Illusion zu fragen, von der Schopenhauer meinte, dass auch er nicht umhinkönne, ihr gelegentlich zu erliegen.

3. Das Blinzeln der letzten Menschen

Nicht auf die Worte kommt es an, sondern auf das, was man sagen will. Aber bei dem, was man sagen will, kommt es dann eben doch auf die Worte an. Man könnte also sagen, dass sich das eigentümliche Gefühl, lebendig zu sein, zwar am besten durch die Wendung, man fühle sich lebendig, ausdrücken lasse, aber annähernd gut, ja sogar besser, weil mehr ins Detail gehend durch andere, ausführlichere Wortfolgen: Beschreibungen dessen, was es *bedeutet*, lebendig zu sein. Dies zugestanden bleibt dann freilich zu erwägen, ob das Gefühl, lebendig zu sein, nicht dadurch aus dem Schattenreich des ungesagt Vorbewussten heraustritt und damit als Erlebnis erst zu existieren beginnt, dass es üblich wurde, „das Gefühl, lebendig zu sein" als den charakteristischen Ausdruck einer Befindlichkeitsform zu betrachten.

Um sich lebendig fühlen zu können, bedarf es eines Hintergrundes an Bewusstheit und Selbstbewusstheit, der gewiss nicht für alle Kulturen gleichermaßen selbstverständlich ist. Das Gefühl, nicht „wirklich" zu leben und daher nicht „wirklich" lebendig zu sein, sondern „irgendwie tot", tritt ab einem Punkt des modernen Lebens häufig in Erscheinung. Das heißt keineswegs, dass dieses Gefühl älteren Zeiten völlig fremd gewesen wäre, man denke an die spätrömische Misere der Adeligen und Reichen, die ihr nahendes Ende orgiastisch, unter Auskostung jeden Lasters, bis zum Koma zelebrierten. Das Gefühl einer unabschüttelbaren Fadenscheinigkeit und Fahlheit der eigenen Existenz ist nämlich typisch für spätkulturelle Dekadenzzustände, wie sie in der Geschichte der Zivilisationen unter den vom Überlebenskampf abgeschirmten Oberschichten immer wieder auftreten.

Es wird aber erst der Moderne vorbehalten sein, aus der gepflegten Langeweile, dem *ennui,* ein Markenzeichen der bürgerlichen *décadence* zu machen. Man muss unter den Dekadenten seine Lebensmüdigkeit, seinen Lebensüberdruss, ja Lebensekel schon in der richtigen Form kultivieren, um als Mitglied dieser Form der Avantgarde anerkannt zu werden. Dabei legen die Vertreter der modernen bürgerlichen Dekadenz größten Wert darauf, einen neuen Adelstypus, den Kulturadel, zu verkörpern, der sich seinerseits gerne adeliger Helden und Symbole bedient. Das belegen die Werke der bekanntesten Symbolisten wie Paul Verlaine und Arthur Rimbaud, aber auch die *poésie pure* eines Stéphane Mallarmé zur Genüge. Charles Baudelaires *Les Fleurs du Mal,* „Die Blumen des Bösen", gesammelt erschienen 1857, zelebrieren einen Ästhetizismus der spätelitären, zivilisationsverdrossenen Art, dessen Zweischneidigkeit durch Joris-Karl Huysmans Roman *À rebours* („Gegen den Strich") 1884 exemplarisch demonstriert wurde.

Der Held dieses langweiligen Romans – statt „langweilig" setzt die Literaturkritik gerne „handlungsarm" – ist der letzte Spross eines adeligen Geschlechts, der, angewidert von seiner Umwelt, sich in eine luxuriöse Zurückgezogenheit begibt, wo er dem Gefühl, innerlich tot zu sein, entkommen möchte, indem er sich ganz seinen ästhetischen „Liebhabereien" widmet. Es reicht ihm nicht, echte Blumen durch künstliche zu ersetzen, nein, er muss sich um einen horrenden Preis echte exotische Blumen besorgen, die ausschauen, als ob sie künstlich wären. Nur wenn das echte Leben wirkt, als ob es sich dabei um eine raffinierte Nachbildung echten Lebens handelte, scheint es geeignet, im dekadenten Betrachter das Gefühl zu erzeugen, lebendig zu sein. Aber dieses Gefühl ist in Wahrheit ein Scheingefühl, das der seiner selbst stets hoch-, ja überbewusste Ästhet als solches erkennt und damit auch schon wieder seiner „Lebendigkeit" beraubt.

Sich nicht lebendig, sondern tot zu fühlen: Das eben wurde eine Gefühlslage, die ein Mentalitätscharakteristikum der Moderne bildet, welches keineswegs auf den Geistes- und Gefühlsadel beschränkt bleiben sollte. Wie einst die bürgerlichen Schichten darum gewetteifert hatten, es dem Adel in Haltung und Verhaltensform gleichzutun, um sich auf diese Weise selbst im Erleben ein wenig weniger „alltäglich", stattdessen mehr verfeinert und dadurch auch sozial emporgehoben zu fühlen, so wurde die „Fahlheit des Gefühls" gerade nach den Erregungen zweier Weltkriege zu einer Diagnose, die – jedenfalls aus der Perspektive hellsichtiger Zeitkritiker – zunehmend die Individuen der Friedensmasse erfasste. Der existenzielle Mangel an Lebendigkeit wurde gleichsam demokratisiert.

War is better than Monday morning, „Krieg ist besser als ein Montagmorgen", oder prinzipieller noch: Der Krieg ist besser als der Montagmorgen. Dieser Satz stammt aus Walker Percys Roman *The Last Gentleman.* Er erschien zuerst 1966, ins Deutsche übertragen wurde er von Peter Handke, der sich schon Percys *The Moviegoer,* „Der Kinogeher" (1960), angenommen hatte. Für den „Letzten Gentleman" wählt Handke einen auf den ersten Blick überraschenden Titel: *Der Idiot des Südens.* Mit dem „Süden" ist der Süden der USA gemeint, von wo Percys Romanheld mit dem unmöglichen Namen

Williston Bibb Barrett, kurz „Will Barrett" oder „Billy Barrett", stammt und wohin er auch wieder zurückkehrt. Kein Wunder, möchte man sagen, ist doch sein Autor selbst in Greenville, Mississippi, aufgewachsen – ein für Percys Daseinsgefühl und Schreibpassion prägender Umstand. Und was hat es mit dem „Idioten" auf sich? Er wiederum ist eine Anspielung auf Dostojewskis gleichnamige Figur.

Während der deutsche Titel also Assoziationen verlangt, die sich nicht ohne Weiteres einstellen – Percy konvertierte zum Katholizismus, der für ihn und sein literarisches Schaffen dann existenzielle Bedeutung haben sollte –, erschließt sich dem Leser unmittelbar, warum Williston Bibb Barrett, ein junger Mann um die Fünfundzwanzig, *The Last Gentleman* ist. Barrett ist *kein* Idiot, höchstens einer im Dostojewski'schen Sinne, das heißt, der gute Mensch, der nur noch in Gestalt eines Schwächlings und Außenseiters zu erscheinen vermag; er ist der Letzte seiner Art in einer Welt, in der man mitten im Frieden und fast jenseits jeder Konvention alle Anzeichen vitaler Lebendigkeit zeigen und dabei doch innerlich tot sein kann.

Barrett ist höflich, auf einem Ohr taub, oft abwesend. An gestern und vorgestern kann er sich häufig nicht erinnern, wohl aber an Ereignisse, die in seiner Kindheit stattfanden, und darüber hinaus an solche, die vielleicht niemals geschehen sind. Er wird von Schwärmen von Déjà-vus heimgesucht, die ihm auf eigentümliche Weise helfen, das, was er an Lebendigem in sich birgt, vor der lärmenden Offenheit rund um ihn zu bewahren.

War is better than Monday morning. So lautet das Resümee, das Barrett aus einer Betrachtung zieht, die er rückblickend über seinen Vater anstellt (Percys eigener beging Selbstmord, als der Sohn dreizehn Jahre alt war). Zunächst erinnert sich Barrett daran, dass an Tagen, an denen es schlechte Neuigkeiten gab, besonders kommunale und nationale Beschwernisse, dort, wo er zu Hause war, ein eigentümliches Phänomen beobachtet werden konnte: Die Familien rückten enger zusammen, man war auf einmal in jener Stimmung, in der man sogar die banalen Azaleen vor dem Haus betrachten und – *sehen* konnte. Dann erinnert sich Barrett an die Hochstimmung seines Vaters, als dieser von Pearl Harbor hörte und sich anschließend beim Rekrutierungskommando meldete.

Am 7. Dezember 1941 hatten japanische Flugzeuge den amerikanischen Flottenstützpunkt in Pearl Harbor angegriffen, am 8. Dezember erklärte der amerikanische Präsident Roosevelt Japan den Krieg. An jenem Montag, so Barrett, sei es eine Freude gewesen, sei-

nen Vater zur Arbeit gehen zu sehen. Plötzlich hatten die Häuser, die
Bäume, ja selbst die Risse im Gehsteig ihr *bösartiges Gegenwärtig-Sein*
verloren. Die schlimme Drohung, die sich jeden Morgen an Wo-
chentagen einstellte, war auf einmal wie weggeblasen.[15]
Dass Handke Percy mehrfach ins Deutsche übertrug, beruht sicher
auf einem Gleichklang von Motiven und Gefühlen. Irgendwo hat
Percy ausgesprochen, was auch Handke – zumindest der junge
Handke – hätte sagen können (und vielleicht hat er es ja gesagt): *In
der Moderne ist man entweder verrückt und am Leben, oder man ist
normal und tot.* Man ist am Leben, wenn man die Azaleen „sehen"
kann, doch man kann sie nur sehen, wenn Krieg ist. Percy, der spät-
berufene Katholik, wollte gewiss kein Plädoyer für den Krieg halten,
so wenig wie für den Wahnsinn. Wohl aber wollte er auf ein tiefsit-
zendes Unbehagen hinweisen.

Je weiter Freiheit, Aufklärung und der soziale Friedensprozess fort-
schreiten, desto mehr scheinen die Seelen zu vereisen und die Menschen unfähig zu werden, einander zu begegnen. Sie werden unfähig,
die Dinge zu sehen, sich selbst als lebendig und die anderen als Realität zu erfahren: Alles wird fahl. Und das Einnehmende an Percys
Sicht der Dinge besteht nun darin, dass sie nicht ins Zivilisations-
stürmerische umkippt, auch in keine billige Modernitätskritik einmündet, sondern den Schrecken der Moderne, der in einer alles
durchdringenden Fühllosigkeit zu bestehen scheint, als etwas vor-
führt, worin sich die zerbrechlichen Helden bewähren müssen. Das
Problem ist, die Azaleen an einem Montagmorgen *sehen* zu können,
an dem man nicht in den Krieg ziehen, sondern zur Arbeit gehen
muss. Und wenn man sie erst *sehen* kann, dann ist das Wunder geschehen – und man ist *wirklich* glücklich, nicht bloß ein trauriger
Nachahmer des Glücks, das es einmal gegeben haben soll im zart be-
rauschenden Anblick der hellauf blühenden Südstaatenazaleen.

Den Hintergrund von Percys Menschlichkeit, aus der heraus seine
gestörten Helden in einem liebenswürdigen Licht erscheinen, bildet
eine Art Religiosität, die um die Gestörtheit alles Menschlichen weiß
und dabei dennoch um die Erfahrung des menschlich Unzerstörbaren
ringt. Dieser Haltung zufolge ist Jesus kein fanatischer *anti-abortionist*
– wie bei den christlichen US-Fundamentalisten –, sondern eine helle
Quelle der Kraft, von der es im 1. Korintherbrief des Paulus heißt:
„Für jetzt bleiben Glaube, Hoffnung, Liebe, diese drei; doch am
größten unter ihnen ist die Liebe." (1. Kor 13,13)
Der 1980 veröffentlichte Nachfolgeroman zu *The Last Gentleman*
heißt *The Second Coming*. Hier ist die Anspielung unmissverständ-

lich. „The Second Coming" meint die Wiederkunft des Erlösers am Ende der Zeiten. Erst dann, möchte man sagen, wird wirkliches Leben wieder möglich sein; bis dahin nämlich verharren wir im Schattenreich der Erbsünde. Darin zeigt sich ein markanter Unterschied zu Handkes Vision, für die das Erlösungsmotiv doch auch einen zentralen Stellenwert hat. Aber bei Handke, der aus einem erzkatholischen Land kommt, hat es einen anderen Ton und eine andere Färbung. Es ist trotziger, nervöser, auch romantischer. Es ist „gewollter" als in einer Umgebung, wo es weniger verschroben wirkt, als Teil der religiösen Lebensform auf das Letzte Gericht – the Last Judgment – zu vertrauen.

In Handkes Schriftstellerleben spielt eine erlittene Schreibblockade, der temporäre existenzielle Tod des Schriftstellers, die Rolle einer Katharsis. Sie leitet ein neues sprachliches Zur-Welt-Kommen, einen neuen Lebendigkeitsabschnitt ein. Handke selbst spricht gelegentlich von dem Sprachverbot, dem er unterworfen gewesen sei. Die *Lehre der Sainte-Victoire*, im selben Jahr wie *The Second Coming* publiziert, ist Handkes Hommage an den Gebirgszug, der den Maler Paul Cézanne zu einer Reihe seiner wirkmächtigsten Bilder inspirierte; zugleich kann die *Lehre* als eine Art künstlerisches Wiedergeburtsbuch gelesen werden.[16]

Vor der Blockade finden sich bei Handke Werke, in denen die moderne Form der Beziehungsunfähigkeit auf ein sprachliches Niveau gehoben wird, an das kaum ein anderer Schriftsteller deutscher Zunge herankommt. Handkes Journal *Das Gewicht der Welt* – es reicht von November 1975 bis März 1977 – gehört zu den Höhepunkten des Genres. In keinem anderen Werk der deutschsprachigen Literatur hat es ein Autor gewagt, sich selbst, sein eigenes Fühlen und Leiden, derart kompromisslos in den Mittelpunkt zeitdiagnostischer Miniaturen zu stellen. Radikale Subjektivität, so scheint es rückblickend, war notwendig, um an den Grund einer schwer definierbaren allgemeinen Misere zu rühren.

Statt *Das Gewicht der Welt* hätte Handke die Taschenbuchausgabe gerne „Phantasie durch Ziellosigkeit" genannt.[17] Und in der Tat: Vom Gewicht der Welt ist in dem Buch schon deshalb nicht die Rede, weil sich der Autor keiner Tradition mehr verpflichtet weiß, in der ein Begriff wie „Welt" überhaupt noch in der Lage gewesen wäre, etwas zu bezeichnen, was einem Einzelnen zur Last und zur Aufgabe hätte werden können. Das Gewicht der Welt – die pathetische Wendung hat für die Misere des jungen Handke nur insofern Bedeutung, als hier einer beobachtet und schreibt, dessen Welt zu einer Nussschale geworden ist, worin er kauert und dabei an sich selbst zu ersticken droht. Wer Percy mit Handke vergleicht, der wird nicht umhin können, eine merkwürdige Mischung aus Nähe und Distanz zu entdecken. Dies ist erwähnenswert, weil es auf einen wichtigen Unterschied der beiden Autoren hindeutet, wenn es um das Verständnis eines an der Oberfläche teils abwegig, teils zynisch wirkenden Satzes wie jenen geht, wonach der Krieg besser sei als ein x-beliebiger Montagmorgen im Frieden. An einer Stelle sagt Barrett über einen charismatisch Unglücklichen, dieser liege wahrscheinlich falsch, wenn er, in Gedanken ständig um die abstrakte Achse „Immanenz-Transzendenz" rotierend, extreme Lagen zum Prüfstein der Existenz erhebe: Gott oder nicht Gott, Depression oder Ekstase, Keuschheit oder Libertinage, etc. pp. Demgegenüber besteht Barretts Problem darin, *how to live from one ordinary minute to the next on a Wednesday afternoon.* An einem gewöhnlichen Mittwochnachmittag von Minute zu Minute das Gefühl zu haben, lebendig zu sein: Das ist für Barrett der wahre Prüfstein. Und Barrett beschließt seine kleine Variation über das Wochentagsthema mit der rhetorischen Frage: „Has not this been the case with all ‚religious people'?"[18]

Ja, ist das nicht seit jeher das Grundproblem aller religiösen Menschen gewesen? Der Versuch, angesichts des Zustandes der Welt dem eigenen Leben einen Sinn zu geben, muss von Tag zu Tag unternommen werden, und so auch an jedem beliebigen Mittwochnachmittag gleichsam von Minute zu Minute. Der Grund allen menschlichen Elends, diagnostizierte Blaise Pascal, sei die Unfähigkeit der Menschen, „in Ruhe allein in ihrem Zimmer bleiben zu können"[19]. Percy knüpft daran eine Frage, die er seine Figuren teils expressiv, teils philosophisch stellen und lebensgeschichtlich beantworten lässt: Gibt es hinter aller Zerstreuungssucht nicht doch ein unzerstörbares Selbst, das keineswegs bloß psychologisch deutbar und gegen die existenzielle Langeweile immerfort machtlos ist?

Ist es dem Menschen nicht möglich, innerhalb des Lebens jenen Platz zu suchen, an dem man *verweilen* könnte, weil man sich dort *aufgehoben* fühlt? Besteht, mit Pascal gedacht, die Suche nach dem Gefühl, lebendig zu sein, nicht gerade darin, sich so sehr ergriffen, so sehr als Gottes Geschöpf, zu fühlen – und dadurch erst der zu werden, der man unverbrüchlich ist –, dass man notfalls auch in den eigenen vier Wänden allein bleiben und zufrieden sein könnte?

Bis hierher geht die Übereinstimmung zwischen Percy und Handke erstaunlich weit. Doch dann gibt es einen Punkt, ab dem ihre Gestimmtheit nicht mehr dieselbe ist. Dass sich Percy als reifer Mann zum Katholizismus bekennt, deutet darauf hin, dass er die Lösung seines Problems – und das seiner Figuren – nicht in einem Raum zu sehen vermag, der gänzlich frei ist von der Tiefe der Zeiten, das heißt, der Plazenta einer religiösen Kultur, die das zerbrechliche, ephemere, oft auch fühllose Wesen des Einzelnen auf etwas Unzerstörbares hin ausrichtet und es von daher beseelt. So sehr derjenige, der sich leblos fühlt, des mystischen Augenblicks einer *Anschauung* bedarf – Percys „Kinogeher" *sieht* einen Käfer, und das verändert sein Leben –, so wenig lässt sich ein solcher Augenblick in seiner Isolation festhalten. Immer wieder demonstrieren es Percys Helden und Heldinnen: Man kann sich nicht dauerhaft lebendig fühlen im Nullkontext jener entwurzelten Freiheit, aus der die moderne Forderung nach Selbstverwirklichung entspringt.

Auf tief zweideutige Weise verkörpert für Percy *the antebellum South*, der „stolze Süden" der USA, trotz seines Rassismus und anderer angestammter Untugenden, eine solche Tradition. In ihr spielen Familie, Ehre, Loyalität und persönliche Verantwortung eine zentrale Rolle. Man mag – wie Percy – die Tradition wegen ihrer Verrottung ablehnen und sie doch als eine Art Hintergrundstrahlung der eigenen Existenz mit sich führen. Dagegen steht Handke. Er repräsentiert den traditionslosen Autor. Er ist der antikatholisch Gestimmte aus katholischem Land, sozialen Verhältnissen entstammend, die Halt höchstens dadurch bieten, dass man weiß, wohin man nicht wieder zurückwill.

Kein Wunder, dass ein so schlecht Beerbter sich selbst eine Tradition geben muss. Im Fall Handkes bedeutet das – staunenswert genug, aber eben auch selbstfabriziert und daher auf gewisse Weise leblos –: ein Amalgam aus Klassischem mit Goethe als Zentrum und Stifter als Epizentrum; nebenher und dennoch tiefwurzelnd ein anderer „Süden", ein stilisiert mütterliches Land des Schauens und der Geborgenheit, ein herbeiphantasiertes Jugoslawien, das seit dem Ende des kommunistischen Tito-Staates dem Dichter endgültig zur Zwangsphantasie wurde, die ihn mehr und mehr zum heimatlosen Traumberserker und Ideenamokläufer werden ließ.[20]

Trotz der Verschrobenheit seines Traums vom Friedensland (oder gerade deshalb) ist Handke ein ganz und gar moderner Autor. Darüber darf nicht hinwegtäuschen, dass er, als ästhetischer Idealist, zur Gesamtlage der Moderne querliegt. Percy hingegen ist weniger anachronistisch, man könnte sagen: Er ist realistischer gestimmt als Handke. Und dabei ist er doch weniger „modern". In seiner Kritik der Moderne hört man noch immer die Glocken läuten, zumindest einen Nachhall des alten Geläuts.

So also zeigt sich nicht nur, dass das Gefühl, lebendig zu sein, erst dann zu einem Lebensthema werden kann, wenn die Umstände das gegenteilige Gefühl nähren: nämlich existenziell tot zu sein, nicht mehr in der Lage, aus der eigenen Erlebnishöhle durchbrechen zu können, hinaus und hinauf ans Licht des Lebens. Es zeigt sich außerdem, dass in die Lebendigkeitsphantasien ganz unterschiedliches Material eingeht, Ideelles und Nostalgisches, aus der Geschichte Herausgebrochenes und sich ihr aggressiv Entgegensetzendes, aber auch von der Tiefe einer abgelebten Tradition Zehrendes. Denn es mochte eine dem Absoluten zugeneigte Tiefe gewesen sein, die dem Ursprung des Lebendigen näher war als die Gegenwart, welche sich vorgenommen hat, nur noch dem Leben zu dienen.

***

Damit komme ich zu einem empfindlichen Punkt; empfindlich deshalb, weil er das Thema „Glück" zunächst in einer Weise berührt, die leicht als hoffnungslos reaktionär erscheinen könnte. Ich sagte, dass unsere Gegenwart sich vorgenommen hat, nur noch dem Leben zu dienen. Das ist keine besonders klare Aussage. Aber sie wird klarer vor dem Hintergrund der Anklage, die gegen die gesamte westliche Zivilisation und namentlich die europäische die längste Zeit über erhoben wurde. So ziemlich alle Träger unserer Kultur sind bereits beschuldigt worden, nicht dem Leben zu dienen, sondern, falls sie überhaupt bereit waren, sich über blanken Eigennutz und besinnungslose Machtgier zu erheben, schon eher dem Tod.

Nietzsches Bannfluch gegen das Christentum war ein Ergebnis seiner Auffassung, dass mit dem Untergang des Heidentums auch die Liebe zum Leben fast vollständig erlosch. An deren Stelle war die Anbetung des Kreuzes getreten. Nietzsche sah darin den schlauen Sieg der Sklaventugenden, den Triumph der Schwäche, die sich als Nächsten-, ja sogar als Feindesliebe bemäntelte. Ihr Spätprodukt war die Massendemokratie, deren Grundprinzip lautet, alle Menschen seien gleich, weil alle Menschen dieselbe unantastbare Würde hätten.

In seinem hellsichtigen Furor schreckte der selbsternannte Umwerter aller Werte nicht einmal davor zurück, der Sklavenhaltergesellschaft ein rühmendes Zeugnis auszustellen, sei an ihr doch am Klarsten ablesbar, dass die Menschen ganz und gar nicht gleich seien und auch nie und nimmer als gleich betrachtet werden sollten. Denn es seien die Instinktstarken und Rücksichtslosen, jene, die sich der Schwächlinge souverän zu bedienen wussten; es seien die gegen das christliche Mitleidsgeschwätz revoltierenden Renaissancenaturen, welche ihre Luftschlösser in Stein meißeln und Stahl gießen ließen, bis alle Welt sehen konnte, was zu leben bedeutet, nämlich zu herrschen; kurz, es seien die ganze Weltgeschichte hindurch die antichristlichen Tugenden gewesen – vom Christentum stets als Laster denunziert –, die im Dienste des Lebens standen, das sie bedingungslos bejahten, und daher jederzeit bereit machten, für das Leben zu sterben (aber niemals für einen göttlichen Popanz wie den Gekreuzigten, auch wenn man ihn auf den Kreuzzügen, die in Wahrheit oft brutale Eroberungszüge waren, vor sich hertrug).

Ich brauche wohl nicht eigens zu betonen, dass ich kein, wie immer reflexiv „gebrochener", Apologet irgendeiner Form der Sklaverei sein möchte. Auch kann ich Nietzsches Faible für die Überwindung des abendländisch-christlichen Menschen durch eine Gestalt, die er nicht umsonst „Übermensch" taufte, kaum etwas abgewinnen. Denn diese Gestalt wächst aus dem Dogma hervor, dass es nicht gut sei, die Menschen als prinzipiell gleich, ausgestattet mit gleicher Würde und gleichen Grundrechten, zu betrachten. Dennoch scheint mir, dass Nietzsche, angestachelt durch den Biologismus des fortgeschrittenen 19. Jahrhunderts, bloß die falsche Konsequenz aus einer Beobachtung gezogen hat, die ein geradezu prophetisches Gespür für Kommendes zeigte:

„Wehe! Es kommt die Zeit, wo der Mensch keinen Stern mehr gebären wird. Wehe! Es kommt die Zeit des verächtlichsten Menschen, der sich selber nicht mehr verachten kann. / Seht! Ich zeige euch *den letzten Menschen*. / ‚Was ist Liebe? Was ist Schöpfung? Was ist Sehnsucht? Was ist Stern?' – so fragt der letzte Mensch und blinzelt. / Die Erde ist dann klein geworden, und auf ihr hüpft der letzte Mensch, der Alles klein macht. Sein Geschlecht ist unaustilgbar, wie der Erdfloh; der letzte Mensch lebt am längsten. / ‚Wir haben das Glück erfunden' – sagen die letzten Menschen und blinzeln."[21]

Geschrieben wurden diese Zeilen zwischen 1883 und 1885, das ist die Entstehungszeit von *Also sprach Zarathustra*. Schwer zu sagen, ob sich damals bereits eine Ahnung dessen, was dem 20. Jahrhundert noch bevorstand, herausbilden konnte. Jedenfalls passt die zitierte Stelle wohl schwerlich zu dem, was dann die beiden Weltkriege an Fanatismus, Begeisterung, kollektivem Hass und Vernichtungswillen mobilisierten. Es bestand gewiss kein Mangel an Sterngebärern und solchen, die den Pfeil der Sehnsucht über alles bisher Dagewesene, vor allem jedoch über die bestehenden Verhältnisse hinausfliegen lassen wollten, bis hin zu bisher ungedachten, ungeschauten Utopien des Menschen, bis hin zur Transformation des Menschen selbst. Wollte man Nietzsche brutal beim Wort nehmen, so ließe sich wohl sagen, dass der Übermensch, ob als Typus der Stahlgewitter im Ernst Jünger'schen Sinne oder als arisches Phantasma des Tausendjährigen Reiches, noch vor dem letzten Menschen kam.

Das sollte uns milder stimmen als Nietzsche. Denn immerhin, der letzte Mensch hat über Millionen und Abermillionen Kriegstote, ermordete Zivilisten und den Holocaust hinweg gelernt, dass es sich besser lebt, wenn die Völker, immun gegen das Gewitterleuchten des Übermenschen, einander nicht an die Gurgel gehen. An Nietzsches Charakterisierung verblüfft dennoch, wie gut wir in ihr gewisse Züge unserer Friedensexistenz wiederentdecken, und vielen von uns wird dabei das schockartige Innewerden nicht erspart bleiben, welches darin besteht, unser eigenes Unbehagen über uns selbst in Zarathustras verächtlichen Worten ausgesprochen zu finden.

Ja, ist es nicht genau das, was wir seit zwei Jahrtausenden christlicher Hoffnungs- *und* Unglücksgeschichte endlich wollten: das menschenmögliche Glück für alle? Und seien wir ehrlich, mussten wir dazu das Glück nicht erst *erfinden*? Denn dieses Glück musste der Bedingung genügen, ein Glück für möglichst alle zu sein. Das setzte voraus, dass die Gesellschaft, statt nach dem Ewigen Glanz, in dem sich immer nur wenige sonnen konnten, vielmehr nach dauerhaftem Frieden und Wohlstand strebte, nach einem Gemeinzustand, in dem jeder nach seiner Fasson zwar nicht selig, aber doch, alles in allem genommen, einigermaßen verlässlich halbwegs glücklich werden konnte.

„Sie haben die Gegenden verlassen, wo es hart war zu leben: denn man braucht Wärme. Man liebt noch den Nachbar und reibt sich an ihm: denn man braucht Wärme. / Krankwerden und Misstrauenhaben gilt ihnen sündhaft: man geht achtsam einher. Ein Thor, der noch über Steine oder Menschen stolpert! / Ein wenig Gift ab und zu: das macht angenehme Träume. Und viel Gift zuletzt, zu einem angenehmen Sterben. / ... / Kein Hirt und Eine Heerde! Jeder will das Gleiche, Jeder ist gleich: wer anders fühlt, geht freiwillig in's Irrenhaus. / ‚Ehemals war alle Welt irre‘ – sagen die Feinsten und blinzeln. / Man ist klug und weiss Alles, was geschehn ist: so hat man kein Ende zu spotten. Man zankt sich noch, aber man versöhnt sich bald – sonst verdirbt es den Magen. / Man hat sein Lüstchen für den Tag und sein Lüstchen für die Nacht: aber man ehrt die Gesundheit.

/ ‚Wir haben das Glück erfunden' – sagen die letzten Menschen und blinzeln. –"[22]

Was uns hier gezeigt wird, das sind wir, im Spiegel unserer Utopie, daran besteht kein Zweifel. Wie oft haben wir uns das Wort von der „menschlichen Wärme", die wir einander schuldig seien, wechselseitig vorgesagt? Wie oft haben wir unseren Politikern zu erkennen gegeben, dass wir, die „Herde", der Souverän sind, von dem alle Macht stammt, der „Hirte" also nur Repräsentant, Stellvertreter des demokratischen Gemeinwillens und kein *pater familias* ist, der berechtigt wäre, uns paternalistisch zu bevormunden?

Und ist es nicht wahr, dass wir den Frieden ebenso ehren wie die Gesundheit, weil nämlich beide erst das Glück möglich machen, an dem möglichst viele teilhaben können? Und ist es nicht ebenso wahr, dass, gemessen an diesem Ideal, das wir Schritt für Schritt zu verwirklichen trachten, die bisherige Menschheitsgeschichte auf uns den Eindruck machen muss, als sei sie ein beständiger Ausdruck des Wahnsinns unserer Vorfahren gewesen, schreckten diese doch nicht einmal davor zurück, ganze Weltstriche in Schlachthäuser zu verwandeln?

Was gibt es also dagegen einzuwenden, dass wir ein wenig Gift anwenden, ob Drogen oder Arzneien, um uns friedlich und freundlich zu stimmen? Und ist es wirklich ein Sakrileg, darüber nachzudenken, worüber schon der standfeste Katholik Thomas Morus in seiner Utopie (1516) ganz unverblümt sprach[23]: dass nämlich, wenn das Leben im Alter kein Glück mehr bereitzustellen vermag, wohl aber dem Einzelnen aufzwingt, unentwegt Leiden zu erdulden und unumkehrbar eine Last für alle zu sein – dass es dann wohl am besten wäre, mittels einer hinreichenden Dosis wohltätigen „Gifts" aus dem Leben zu scheiden (nicht ohne darauf vertrauen zu dürfen, dass einem die anderen behilflich sein werden)?

Ich wüsste nicht, wie man diese Fragen – samt und sonders rhetorisch – mit guten Gründen umstandslos im Sinne Nietzsches abschmettern könnte. Mag sein, vom Standpunkt der großen Imperien und Herrscher, der absolutistischen, himmelstürmenden, erlösungsstrebigen Utopien muss die Utopie der Masse, des sprichwörtlich „kleinen Mannes", des Durchschnittserdenbürgers ausschauen, als ob sie die Menschen in Erdflöhe verwandeln wollte. Das ist natürlich eine Metapher, und ich bin mir nicht sicher, ob sie trifft. Denn Erdflöhe (*Psylliodes*) sind eine Gattung aus der Familie der Blattkäfer (*Chrysomelidae*); als solche sind sie dem Gärtner ärgerlich, sie richten unter Nutzpflanzen beträchtlichen Schaden an. Doch andersherum bedeutet dies: Sie sind sozusagen Vegetarier, ernähren sich nicht vampirisch vom Blut irgendwelcher Tiere oder gar des Menschen. Und ja, es stimmt, aufgrund ihrer raschen und üppigen Vermehrung sind sie, bei hoher Mobilität, praktisch nicht auszurotten, aber – wie der Fachkundige weiß – im eigenen Garten auch nicht schwer zu bekämpfen.

So gesehen fällt es schwer, an Nietzsches erdflohhaftem Menschen akkurat das letzte, verächtlichste Stadium der Menschlichkeit erkennen zu wollen. Gewiss, der utopische Bogen ist nicht mehr gespannt, doch dafür sind auch die Pfeile, mit denen sich die heroischen Alten gegenseitig niedermetzelten, endlich – wenn auch vielleicht nur vorübergehend – eingemottet. Und essen muss schließlich jedes Wesen, das einen Verdauungstrakt hat (und da verursacht der Vegetarier jedenfalls weniger Leid als alle, die ihre Fleischnahrung nicht missen möchten). Welche Bewandtnis hat es also bei Nietzsche damit, dass der auf der Erde zäh herumhüpfende Erdfloh immerfort blinzelt, während er stolz darauf ist, das Glück erfunden zu haben?

Doch nicht das Glück an sich! Nein, was er „erfunden" hat, wurde von Jeremy Bentham und John Stuart Mill, den beiden philosophischen Verfechtern der neuzeitlichen Glücksethik, des Utilitarismus, in jene Formel gefasst, die von Anfang an als Auftrag bedeutete, nach einer Gesellschaft zu streben, deren Regelwerk, politisch, rechtlich, institutionell, sich dem Ziel des kollektiven Wohlbefindens und der größtmöglichen Vermeidung von Leid zu widmen hätte: *the greatest happiness for the greatest number.* Nietzsches Erdfloh weiß, dass die beste Möglichkeit, dem eigennützigen Pfad des eigenen Glücksstrebens zu folgen, darin besteht, sich im Glückseigennutz als solidarisch mit den anderen zu betrachten: Keiner möchte unglücklicher sein, als es unbedingt nötig ist.

Denn die menschliche Natur ist nur schlecht zum Glück begabt, Hindernisse des empfindsamen Körpers, der körperabhängigen Psyche, der unberechenbaren Umwelt, ob belebt oder unbelebt, stehen immerfort irgendwie mehr oder weniger dem Urverlangen eines jeden Individuums entgegen, glücklich zu sein, zumindest aber ohne Leid existieren zu dürfen. Deshalb ist das Glück des demokratischen Glücksethikers, für den alle Menschen zunächst und prinzipiell den gleichen Anspruch darauf haben, sich in der Welt wohlzubefinden, ein von vornherein auf die Möglichkeiten der Masse, des in der Masse durchschnittlich existierenden Einzelnen ausgelegt.

Das ist Nietzsches Glück der Erdflöhe. Es ist nicht das Glück der vom Schicksal zu Höherem Berufenen, der Renaissancemenschen, der Genies und Welteroberer, der großen Liebhaber und großen Schurken, das Glück eines Don Juan oder de Sade, auch nicht der ekstatisch ineinander Versunkenen à la Romeo und Julia. Und deshalb blinzeln die Erdflöhe in einem fort: Sie wissen um das große, gleißende Gestirn, das als Verlockung über allem Bodennahen, Lauen, Sich-warm-aneinander-Reibenden kreist – „sieh unser Licht, unsere Pracht und Herrlichkeit, unsere alles sprengende Lust, unseren Lebenshochmut und unseren Tiefenrausch!" Das alles raunt es dem Mittelmäßigen aus dem Licht zu, das in Wahrheit gar nicht vom Himmel her kommt, sondern aus dem Innersten des dunklen menschlichen Herzens, von dort, wo das heiße, ungezügelte Leben seinen Ort hat. Das Hochoben ist ein Tiefdrinnen ...

Egal, es ist das blinzelnde Glück, das Nietzsches Zarathustra mehrfach verächtlich zur Sprache bringt. Dabei freilich wird die Rechtfertigung, welche die letzten Menschen für ihre Existenzform bereithalten, darauf reduziert, sie wüssten nicht, was dagegen vorzubringen wäre: „Was ist Liebe? Was ist Schöpfung? Was ist Sehnsucht? Was ist Stern?" – so fragt der letzte Mensch und blinzelt. Das heißt aber, den Utilitaristen, den Hedonisten dümmer zu machen, als er jemals war. Denn die moderne Glücksethik ist ja keineswegs das Ergebnis einer Art Glücksblindheit, oder besser: einer Blindheit gegenüber dem, was sich zu Recht „Leben" nennen darf, einschließlich all des Schmerzes, der auch zu einem intensiv gelebten Dasein – so wie zur wahren Liebe, zum echten Glauben – mit dazugehört.

Nein, der aufgeklärte Hedonismus ist die Folge zweier unbestreitbarer Tatsachen: erstens der Tatsache, dass die Menschen nach Glück, Wohlbefinden, Zufriedenheit, einem sinnerfüllten Leben streben, und zweitens der Tatsache, dass dieses Streben unter der Voraussetzung, es solle nicht nur wenigen Auserwählten vorbehalten bleiben, ein gefestigt demokratisches Misstrauen gegenüber den himmelstürmenden Idealen zur Voraussetzung hat. Liebe ja, aber doch nicht jene, die, wenn überhaupt, immer nur die Luxusmenschen und Opernhelden zelebrieren können! Schöpfung ja, aber nicht jene, die der lebenslangen Schinderei von Hekatomben versklavter Bauern und Ungebildeter bedarf, so wie die Pyramiden, Kathedralen und hängenden Gärten von Semiramis! Stern ja, aber nicht jener auf dem Banner der Heere, die zu den Ameisenkriegen rüsten, welche hintennach, nachdem die Leichenfelder sich wieder mit frischem Grün bedeckt haben, zu Teilen der großen Menschheitsgeschichte werden!

Wenn LEBEN heißt, im Meer der großen Gefühle möglichst viel Schaum zu schlagen (um womöglich daran orgiastisch zu ersticken), dann sind die Massen, die ihr blinzelndes Glück zu genießen versuchen, lebende Zombies. Denn sie sind gefühlsmäßig immer nur gedämpfter Durchschnitt. Doch, so gestattet sich der demokratische Hedonist zu fragen, wodurch, durch welche großartigen Perspektiven und Gründe, rechtfertigt sich denn ein aristokratischeres Lebensideal? Wer, wie Nietzsches Zarathustra, darauf antworten wollte: dadurch, dass erst ein solches Ideal uns mit der wahren Quelle des wirklichen Lebens in Verbindung bringt, der verhält sich auf eine fatale Weise zirkulär. Warum lebt derjenige nicht wirklich, der sein Glück als Erdfloh genießt, so wie viele andere auch? Warum soll ihn gerade sein gedämpftes Glück von der wahren Quelle des Lebens abgeschnitten haben? Hinter solchen Verächtlichkeiten steckt doch nichts weiter als eine bereits vorgefasste, nämlich aristokratisch und daher elitär zugespitzte Vorstellung von dem, wie man sich fühlen *muss,* besser: *sich zu fühlen hat,* um sagen zu dürfen, man fühle sich lebendig!

Und weil wir Erdflöhe und Zarathustra-Verächter – ich sage mit Vorbehalt „wir" – ja auch nicht ganz ohne Durchblick sind, fällt uns außerdem Folgendes auf: Einerseits soll das Christentum dafür verantwortlich sein, dass die westliche Welt unter die Herrschaft einer Sklavenmoral und der ihr korrespondierenden Gefühle getreten ist. Seitdem wir alle gleich sind, ist demnach keiner mehr unter uns, der sich, als Sterngebärer, über die anderen erheben dürfte. Andererseits konnte aber Nietzsche nicht entgangen sein, dass die Glücksethik der Neuzeit, als Teil und Erbin der Aufklärung, sich einer Frontstellung gegen das Christentum verdankt: gegen dessen Hang, Entsagung zu lehren, die Lust zu verteufeln, die Welt als Jammertal zu durchwandern.

Nietzsches Urteil, wonach im modernen Glück noch immer das empfindungsdämpfende, lebensschwächende Christentum drinnenstecke, weil der moderne Erdflohmensch glaube, sein Glück könne nur auf dem Boden des friedlichen Umgangs der Massen miteinander gedeihen, erweist sich als eine Unterstellung des Übermenschen-Ressentiments. Denn gerade der Utilitarismus in seiner klassischen Forderung nach dem Glück der liberalen, demokratischen Gesellschaft wurde von den Vertretern des traditionellen Weltbildes als unchristliche *pig-philosophy,* als Philosophie für Schweine, denunziert – wogegen sich John Stuart Mill ausdrücklich verwahren musste.[24]

Mills Versuch, dem Schweinephilosophen Vorwurf zu entgehen, blieb indessen zweideutig. Denn sein berühmtes Argument lautete, dass der Zustand eines unzufriedenen Sokrates, der das Glück des Geistes kennengelernt habe, jenem eines glücklichen Schweins vorzuziehen sei, weil das Tier nur seine animalischen Bedürfnisse kenne, während der Meisterdenker, der beide Arten von Bedürfnissen einschließlich des Werts ihrer Befriedigung erlebt habe, unzweifelhaft wisse, dass das geistige Glück dem bloß animalischen an Werthaftigkeit weit überlegen sei. Und, so Mill, dies sei im Grunde, bei Einräumung der gewöhnlichen Charakterschwäche, das einhellige Urteil fast aller Menschen, die beide Arten des Glücks bereits genossen hätten.[25]

„Nur wenige Menschen würden darein einwilligen, sich in eines der niederen Tiere verwandeln zu lassen [als ob ein Schwein ein niederes Tier wäre!], wenn man ihnen verspräche, dass sie die Befriedigungen des Tiers im vollen Umfang auskosten dürften. Kein intelligenter Mensch möchte ein Narr, kein gebildeter Mensch ein Dummkopf, keiner, der feinfühlig und gewissenhaft ist, selbstsüchtig und niederträchtig sein – auch wenn sie überzeugt wären, dass der Narr, der Dummkopf oder der Schurke mit seinem Schicksal zufriedener ist als sie mit dem ihren."[26]

Mit Nietzsche ließe sich argumentieren, dass gerade Mills Versuch, das geistige Glück auf einen höheren Rang zu erheben, ein Moment des Idealismus erkennen lasse, der typisch sei für die christliche Verseuchung des Gefühlslebens und der Moral. Zeugt es im Gegensatz dazu nicht von größerer Vitalität, von einer intimeren Nähe zur Quelle des Lebens, wenn sich einer, statt den blutleeren Wonnen der sokratischen Philosophie zu frönen („Ich weiß, dass ich nichts weiß"), in der instinktgesteuerten, primitiven Wollust des Lebens suhlt wie ein Schwein? Die Frage ist rhetorisch und bedarf überdies einer gewissen Nachjustierung.

Sie ist rhetorisch, weil sie offenbar ein „Ja" als fraglos angemessene Reaktion unterstellt. Die Nachjustierung hingegen betrifft die Wendung „wie ein Schwein". Denn zweifellos suhlen sich nicht die Schweine in der primitiven Wollust des Lebens, sondern die Menschen, weil diese nämlich *wissen*, dass das, was sie wollüstig tun, instinktgesteuert ist und daher glauben, es handle sich um ein Vergnügen „primitiver" Art. Nicht Schweine, nur Menschen können sich sprichwörtlich „wie Schweine" verhalten, und nur ein Philosoph wie Nietzsche mag darauf mit der Bemerkung reagieren, das sei immer noch besser als die christliche Lustfeindlichkeit, die Blutleere des Lebens, wenn auch weniger dem Leben zu Diensten als das instinktstarke Erleben des Übermenschen. Dieser hat ja nicht bloß das Schwein hinter sich gelassen (mit dem er wenig sympathisiert, ausgenommen, es handelt sich um dessen nicht-domestizierte Form, das Wildschwein), sondern auch den christlich geprägten Menschen in seiner letzten, erdflohartigen Friedensform.

Missverstehen wir Mill nicht absichtlich, dann werden wir seine Bemerkungen über Sokrates und das Schwein so auffassen, dass es beim Glück nicht nur darum geht, glücklich zu sein, *sondern dass und wie man sich seines Glückes bewusst ist.* Das glückliche Schwein ist auf eine Art glücklich, die kein Selbstbewusstsein kennt – und man ist geneigt hinzuzufügen: auch keines solchen Bewusstseins bedarf. Würde das Schwein sich seiner Art, glücklich zu sein, plötzlich bewusst werden (was einschlösse, dass es sein Glück mit dem des Menschen zu vergleichen begänne), so würde es sich vielleicht genieren: Als das Glück eines selbstbewussten Wesens gedacht, ist das Glück des Schweines in seiner ganzen Nacktheit und Animalität beschämend, oder?

Man ist geradezu an die biblische Paradieses-Enthüllung erinnert. Adam und Eva, die ihrer bisher unschuldigen Nacktheit (samt dem damit womöglich verbundenen erotischen Glück) bewusst werden, *sehen* mit einem Schlag, dass sie nackt sind, und versuchen *beschämt,* ihre Blöße zu verbergen. Was heißt denn das, wenn nicht Folgendes: Mit der Selbstbewusstwerdung des Glücks verändert sich dessen Qualität und mit der Qualität verändert sich die *Natur des Glücks selbst.* Was vollkommen, weil vollkommen unschuldig war, solange es nicht vom Strahl eines Ichs erfasst wurde – eines reflektierten Bewusstseins, das bereits in der Lage ist, den Unterschied zwischen gut und böse, wahr und falsch zu erfassen –, verliert mit einem Mal seine Unschuld. Dieses einst unschuldige Glück wird nun anders erfahren, nämlich als möglicherweise gut oder schlecht, wahr oder falsch, *und deshalb wird es zu einer anderen Art von Glück:* Aus dem Glück des Schweins (das wir als Tierfreunde begrüßen und fördern sollten) wird das „schweinische Glück" des sich amoralisch gebärdenden Wollüstigen (das wir in seinen harmlosen Formen augenzwinkernd tolerieren: *Ecce homo* ...).

Nietzsche seinerseits würde einem Missverständnis unterworfen, wollte man sein Bild vom Menschen, der seinen Pfeil spannt, um ihn „über den Menschen hinaus" zu schießen, so interpretieren, als propagierte es die Rückkehr in den mütterlichen Urschoß allen Lebens, den *unbewussten* Willen zur Macht. Nietzsche ist kein Nachbeter des Arthur Schopenhauer; das Nirwana, die „unbewusste Glückseligkeit" in all ihren Formen, lässt ihn buchstäblich kalt. Nietzsche stilisiert sich stattdessen als Priester der höchstentzückten, tiefstgefühlten Lust, die – wie er im *Stundenlied* sagt – nur eines will: Ewigkeit. Sein Hass gegenüber dem letzten Menschen, also dem Menschen als Produkt der bisherigen Zivilisation mit ihren Mechanismen der Affektdämpfung, Rationalisierung und des Selbstzwangs im Dienste der Abtötung alles Ursprünglichen, hat eine positive Kehrseite, die ganz und gar Anti-Schopenhauer ist: Hier und jetzt, in dem uns vom Leben geschenkten Leben, sollten wir das Gefühl, lebendig zu sein, steigern und kultivieren, nicht abschwächen oder gar verteufeln.

Dabei ist Nietzsches Lob des „Raubtierhaften" eine *Befreiungstheologie des Ursprünglichen*. Sie ist nicht einfach die barbarische Aufforderung, der Mensch möge wieder zum Raubtier werden. Denn das würde bedeuten, er sollte sich seines Ichs und der durch das Ich ermöglichten *Transformation* seiner ursprünglichen Lebendigkeit – vom dunklen Trieb zu der ihrer selbst bewussten, ewigkeitsstrebigen Lust – entschlagen. Nietzsches Übermenschphantasien, die eine Apotheose des Raubtierhaften einzuschließen scheinen, betreiben nur scheinbar die Heiligung des „Bestialischen" am Willen zum Leben.

Jene uns heute seltsam verschroben anmutenden Phantasien funktionieren in Wahrheit als rabiates, sich „dionysisch" gebärdendes Gegenbild: einerseits als Gegenbild zu der Liebestugendpredigt des Christentums, wie die Sklaventheorie Nietzsches sie sieht, nämlich als Ressentimentprägung wider das Leben; andererseits als Gegenbild zu den Glücksphilosophen der westlichen Zivilisation, die dem Christentum äußerlich distanziert gegenüberstehen – den Blinzelglücksphilosophen, die sich gerne „Utilitaristen" und allgemeiner „Hedonisten" nennen. In beiden Haltungen verkörpert sich für Nietzsche das Grundübel der Moderne: Das ganze Gerede von Liebe, Menschlichkeit und Glück soll nur darüber hinwegtäuschen, dass die Moderne den Menschen das Gefühl, lebendig zu sein, nicht mehr zu gewähren vermag. Nietzsche, der Amoralist, neigt dazu, Lust und Glück zu identifizieren, weil für Nietzsche, den Lebensängstlichen[27], im Skandal der Amoralität – und die Lust, namentlich die sexuelle, *ist* für ihn dieser Skandal – sich der Anspruch des Lebens, *als Leben gefühlt zu werden*, am unverstelltesten, unmittelbarsten, unbekümmertsten Bahn bricht.

***

Damit sind wir wieder zu dem skandalösen Satz des Williston Bibb Barrett zurückgekehrt: *War is better than Monday morning*. Dieser Satz bleibt, ähnlich wie Nietzsches Lob des Raubtierhaften, in seiner Substanz unverständlich, wenn wir ihn nicht auch als einen Kommentar zum Glück lesen, das misslang, sobald es sich einstellte. Mit dem Glück, das seiner selbst bewusst ist, ändert sich die Natur des Glücks, weil nun die Frage auftaucht, worin denn, abgesehen davon, dass es keinen Grund gibt, unglücklich zu sein – es ist Frieden, die Sonne scheint, die Azaleen blühen vorm Haus, man hat Familie, Arbeit und ein Auskommen –, das *wahre Glück* bestünde.

Die eine Auffassung wäre, dass Glück gleich Glück ist. Und daran ist ohne Zweifel etwas Wahres. Etwas ist an jeder Verkörperung des Glücks unmittelbar evident. Man kann nicht glücklich sein und darüber grübeln, wie es wäre, wenn man es wäre (so wenig man darüber nachgrübeln kann, wie es wäre, Kopfschmerzen zu haben, wenn man Kopfschmerzen hat). Es gehört gleichsam zur logischen Form des Glücks, dass ihm, auf welcher Kultivierungsstufe auch immer, ein vorbegriffliches Erlebnismoment innewohnt. Einem Glücklichen auszureden, dass er glücklich ist, *bedeutet,* ihn erfolgreich jenes Erlebnismoments zu berauben. Es bedeutet, dass der Glückliche dann eben sein Glück nicht mehr fühlt, und wenn er es nicht mehr fühlt, dann hat er bereits aufgehört, ein Glücklicher zu sein.

Das alles ist für das Schwein belanglos. Für das Tier in seiner Unschuld gilt die Gleichung „Glück ist Glück" absolut. Wir hingegen verfügen, seit unserer Vertreibung aus dem Paradies (worin immer diese Vertreibung bestanden haben mag), über keine solche Unschuld mehr. Für uns trifft daher eher die Auffassung zu: Glück ist nicht gleich Glück. Gewiss, in jedem Glück findet sich jenes vorbegriffliche, rein erlebnishafte, in sich evidente Moment, welches erst macht, dass wir von einem Zustand sagen können, es sei einer des Glücklichseins. Doch es ist ebenso charakteristisch für unsere Situation, dass uns unser Glück stets und notwendig nur als eines bewusst wird, über das wir reden können, *ja reden können müssen* (auf analoge Weise sagte Kant, dass das „Ich denke" alle meine Vorstellungen muss begleiten können). Von einem Glück, das uns in vollständiger Sprachlosigkeit gegeben wäre, wüssten wir letzten Endes nicht zu sagen, ob es sich überhaupt ereignet hätte, und falls doch, worin es bestand. Ein blindes Glück ist für uns so gut wie keines; es ist nicht das Glück des reinen Empfindens, abzüglich aller Begriffe, die es zu charakterisieren und zu beurteilen erlaubten.

Aber sobald wir glücklich *sind,* können wir sagen – oder besser: müssen wir sagen können –, worin dieses unser Glück besteht. Was indes, wenn wir nun sagen zu müssen glauben, dass wir zwar glücklich sind, freilich nicht auf die richtige Weise? Dass unser Glück eines ist, das uns nicht wirklich glücklich macht, weil es nämlich nicht das wahre, sondern das falsche Glück sei? Oder im Grunde überhaupt kein Glück, sondern bloß ein lebloser Zustand des Befreitseins vom Unglück? Jedes dieser Urteile schiene eines, wodurch wir zu erkennen geben würden, dass wir, obwohl wir auf eine oberflächliche Weise zu Recht als „glücklich" bezeichnet werden dürften, wir es, tiefer betrachtet, doch eigentlich gar nicht seien. Das wäre unmöglich, hätte nicht die unbegriffliche Erlebnisfärbung unseres Glücks eine *Transformation* durchlaufen, und zwar dadurch, dass sie mit Begriffen oder Konzepten verschmolz, die der *Vorstellungswelt des guten Lebens* entstammen.

Jeder von uns kennt Menschen – und vielleicht ist man ja selbst einer von ihnen, jedenfalls von Zeit zu Zeit –, die nicht müde werden, uns ihr Glück bemerkbar zu machen: Sie geben sich fröhlich, lachen häufig und laut, lassen wissen, dass sie die „einfachen Dinge des Lebens" genießen, wiewohl es ihnen finanziell gut genug geht, um auf den Konsum von Luxus nicht verzichten zu müssen: teure Autos, teure Weine, teuren Sex. Und dennoch beschleicht uns in Anwesenheit solcher Menschen bisweilen weniger ein Gefühl diffusen Neids, sondern eher die beklemmende Empfindung, dass wir so nicht glücklich sein möchten. Der Grund für diese unsere Reaktion mag darin liegen, dass uns das Leben eines Menschen abstößt (und stellvertretend deprimiert), weil es, wie uns scheint, aus nichts als Klischees und Oberflächlichem besteht. Hier, bei unserem Urteil, kommt natürlich zum Tragen, dass wir eine Idee davon haben, wie ein Leben auszuschauen hätte, das irgendwie authentisch gelebt würde und dabei zu tieferem Empfinden fähig wäre. Meistens ist unsere Idee recht vage, dafür aber umso gebieterischer, jedenfalls, was die negativen Abgrenzungen betrifft.

Nein, sagen wir uns, jemand, der auf das Unglück anderer mit fühllosen Phrasen wie „C'est la vie" reagiert, hingegen den Proust'schen Satz „Denn die wahren Paradiese sind jene, die wir verloren haben" bloß für überkandidelt hält, während er die Rede von den Urlaubsparadiesen dann am wörtlichsten nimmt, wenn sie von möglichst vielen jener, die er für „maßgeblich" hält, möglichst oft wiederholt wird – so jemand mag von seiner Warte aus behaupten, er sei glücklich; aber wir erkennen in seiner Art der Selbstzufriedenheit kein wirkliches Glück. Dazu ist uns dieser Mensch in seinem Erleben zu sehr in der Oberflächlichkeit befangen.

Die Oberflächlichkeit des Glücks kann sich zur reinen Äußerlichkeit steigern. Es ist möglich und durchaus verbreitet, dass das Erlebnismoment des Glücks immer weiter in den Hintergrund tritt zugunsten dessen, was man zu tun und zu erreichen hat, um *nach allgemeiner Ansicht* als glücklicher Mensch zu gelten, und was *man* daher auch tut und erreicht. Am Schluss hat man alles, was nach allgemeiner Ansicht erforderlich ist, um glücklich zu sein, nur eines hat man nicht – das Gefühl, *wirklich* glücklich zu sein. Oder besser gesagt, man glaubt, dieses Gefühl zu haben, man ist stolz darauf, nach allgemeiner Ansicht alles zu haben, um wirklich glücklich sein zu können, und dabei ist an die Stelle des Glücks vielleicht schon längst der *bloße* Glaube getreten, glücklich, ja wirklich glücklich zu sein. Das ist ein existenziell tragischer Moment des uneigentlichen Lebens: Man hält geradezu *verzweifelt* an dem Glauben fest, ein wirklich glücklicher Mensch zu sein; und man erreicht im besten Fall nur, dass es einem gelingt, den Glauben daran, dass man ein glücklicher Mensch sei, damit zu verwechseln, dass man ein glücklicher Mensch *ist*. Daraus kann sich eine tiefe Form des Unglücks entwickeln, die umso tiefer ist, je weniger sie dem Unglücklichen noch bemerkbar wird.

Lassen wir an dieser Stelle das allzu Offensichtliche beiseite. Wirkliches Glück ist nicht böse. Man wird vom Folterknecht, der aus den Qualen seiner Opfer Lust bezieht, nicht sagen dürfen, er sei wirklich glücklich. Ja, es scheint, wegen der inneren Verknüpfung zwischen dem Glück und der Idee des guten Lebens, die stets ein ethisches Moment mit sich führt, sogar unangebracht, davon zu reden, dass der wirklich böse Mensch wirklich glücklich sei; nicht einmal das Glück des Schweines, dem immerhin die Unschuld des Animalischen eignet, ist dem Folterknecht erreichbar. Es wäre natürlich weltfremd und psychologisch abstrus, bestreiten zu wollen, dass es Formen höchster sadistischer Lust gibt, dafür legt das Werk des Marquis de Sade ein leider unsterbliches literarisches Zeugnis ab. Doch Lust ist nicht gleich Glück, und das böse Glück ist überhaupt keines – auch das gehört zur *Logik* des Glücks.

Dies also, das Offensichtliche, einmal beiseitegelassen, bleibt dann aber das weniger Offensichtliche: Dass wir verhalten sind, manches Glück als „oberflächlich" oder gar als „nur äußerlich" zu charakterisieren, deutet zwingend darauf hin, dass es ein wahres, echtes, wirkliches Glück gibt. Ein solches Glück könnte es jedoch nicht geben, wenn unser Glückserleben unschuldig, begrifflich neutral, noch vor jeder Interpretation eindeutig wäre. Das ist es aber ganz und gar nicht. Wie man bei näherem Hinsehen bemerkt, sind in unserem Glückserleben begriffliche, werthafte und interpretative Elemente enthalten, deren Absoluthorizont unsere wie immer auch vage Idee des guten Lebens – in offenen Gesellschaften, die das Individuum wertschätzen, mehr ein regulatives Prinzip als ein strafgefügter Ordnungsgedanke – mit einschließt.

Fragen wir uns von hier aus, ob es zeitübergreifende Formen des wahren Glücks gibt, so wäre die erste Antwort wohl eine negative: Nein, denn obwohl schon Platon die „Idee des Guten" als ewig und unveränderlich annimmt, bleibt doch über die Zeiten und Epochen hinweg strittig, worin diese Idee, falls sie nicht ohnehin ein Phantom ist, bestehen könnte. Jemand, der an nichts weiter glaubt als an das Leben hier und jetzt, wird diese Idee anders auffassen, nämlich „hedonistischer", als ein religiöser Mensch, dem Glück nichts bedeutet, falls es nicht zugleich der Bedingung genügt, gottgefällig zu sein. Dazu ließe sich noch vieles sagen, aber es würde meines Erachtens stets darauf hinauslaufen, dass wir keine universale, zeitenumspannende Idee des wahren Glücks begrifflich auszuweisen imstande sind, und zwar einfach deshalb, weil ein solcher Ausweis nur auf der Basis einer objektiven Idee des guten Lebens, die für alle Menschen verbindlich wäre, möglich schiene. Doch wenn es eine objektive Idee des guten Lebens gibt, die für alle zu allen Zeiten verbindlich sein sollte, dann muss es die sein, die besagt, dass das gute Leben definiert ist als jenes, in dem alle Menschen so glücklich wie möglich sein könnten. Was sonst käme in Betracht? Man sieht, wie sich an diesem Punkt der Zirkel schließt und uns mit der Frage zurücklässt: Und was hieße das dann – so glücklich wie möglich sein zu können?

Für unser Vorhaben möge es daher reichen, ausgehend von den Phänomenen des oberflächlichen und äußerlichen Glücks, *wie sie für unsere Zeit typisch sind,* danach zu fragen, worin denn vor diesem Hintergrund das wahre (wirkliche, eigentliche) Glück eines Lebens bestehen müsste. Wie wir gesehen haben, scheint das Grundproblem des Glücks in unserer Zeit auf massive Weise dadurch verursacht, dass sich die Menschen vom wahren (wirklichen, eigentlichen) Leben abgeschnitten fühlen. Dieses scheint irgendwo hinter all den Lebenserleichterungstechnologien und Sozialstaatsinstitutionen, hinter dem ganzen Syndrom der zivilisatorischen Selbstdisziplinierung (wozu paradoxerweise die Befreiung aus den traditionellen Fesseln geführt hat) verloren gegangen zu sein. Was übrigblieb, hat Nietzsche polemisch als letzten Menschen verhöhnt, dessen Glück zwar zäh, aber zugleich ohne Leben ist. Während jedoch Nietzsches „Erdfloh" kein Gefühl für sein Glück als Ausdruck einer Form der Leblosigkeit hat, trifft das für Percys Helden nicht zu: Diese wissen, dass die wahre Form des Glücks darin bestünde, sich lebendig zu fühlen. Und deshalb sind Nietzsches und Percys Figuren typisch moderne Leidenscharaktere.

Wir werden daher für das wahre Glück – oder besser vielleicht: die wahre Form des Glücks – eine Formel vorschlagen, die, oberflächlich betrachtet, in dem Maße keine zeitlose Gültigkeit zu haben scheint, als sie das spezifische Glücksproblem der Moderne thematisiert. Dennoch will ich gerade mit dieser Formel auf das Moment des Zeitlosen am Glücksbegriff hindeuten. Die Formel ist zeitlos in dem Maße, in dem sie sich begrifflich jenem Horizont öffnet, auf den hin alles Glück ausgerichtet ist, sobald dessen unbegrifflicher Gefühlsaspekt jener Transformation unterworfen wird, die durch die Einbindung in das Allgemeinbegriffliche entsteht. Dadurch nämlich, durch die Formung im Kontext von Wertuniversalien, welche – wie wir sehen werden – Glück, Autonomie und Selbstachtung zu einer Einheit verschmelzen, wird das quasi sensorische Glück (das „reine" Glücksgefühl) an den ethischen Absoluthorizont des guten Lebens angebunden. Die Formel lautet:

Glück ist das Gefühl, lebendig zu sein.

Natürlich ist sofort mit zwei Einwänden zu rechnen: Erstens, kann man sich denn nicht auch lebendig fühlen, wenn man unglücklich ist? Und zweitens, was ist denn das für ein Gefühl, sich lebendig zu fühlen, falls dieses „Lebensgefühl" – also ein Gefühl, das alle Dinge des Lebens gleichsam umfasst und in ein gewisses Licht taucht – begrifflich ebenso schwer fassbar scheint wie das reine, vorbegriffliche Empfinden, von dem wir sagten, es liege allem Glück zugrunde?

Zur ersten Frage ließe sich kurz und bündig sagen: Ja, Unglück schließt das Gefühl, lebendig zu sein, keineswegs aus, aber nur innerhalb charakteristischer Einschränkungen. Wie man weiß, gibt es Phasen des Lebens, von denen man jedenfalls im Rückblick behaupten wird, dass sie zu den glücklichsten gehörten, weil man sich in ihnen am meisten *lebendig* fühlte, und die ihrer Natur nach doch mit allerlei Leiden, eventuell tiefem Schmerz verbunden waren. Dazu gehört zuallererst die Liebe. Das Unglück-aus-Liebe ist ein Stimulans des Lebens, allerdings nur, solange es tatsächlich eines aus Liebe, das heißt *kraft* der Liebe, und nicht bloß des Umstandes wegen ist, dass man nicht (mehr) lieben kann oder selbst nicht (mehr) geliebt wird. Liebe ist eine Form des wahren Glücks, nicht weil sie Glück am laufenden Band wäre, sondern weil sie uns auf eine wunderbare Weise die innerste Quelle des Lebens erschließt und uns daher auf einzigartige Weise lebendig sein lässt.

Demgegenüber macht das Unglück an sich, das Leid, das nichts weiter ist als ungewolltes Leiden, nicht lebendig. Es tötet auf Dauer vielmehr unser Gefühl dafür, lebendig zu sein. Denn wir leben als Leidende schließlich nur noch isoliert, eingeschlossen, verkapselt in uns selbst, als vom Leben Ausgeschlossene. Nur wenn wir im Leiden einen Sinn erblicken können, wie es der Liebende oder jener tut, der etwas zu sühnen hat, mag aus dem Leiden eine transformierte Erlebnisgestalt werden: Indem man auf ein Ziel zu leidet, das seinen Wert in sich trägt, verkörpert man, wie ansatzweise, unvollkommen und aus dem Gegenlicht heraus auch immer, die Idee des guten Lebens. Und das mag auf einer höheren geistigen Stufe – man denke an Mills unzufriedenen Sokrates – zu Recht „Glück" genannt werden, auch wenn es auf einer niederen Stufe des Lebendigseins als dessen Negation erscheint.

Was nun die zweite Frage betrifft, die auf die begriffliche Unausdrückbarkeit des „Zustands" abstellt, *wie es ist, lebendig zu sein* (man erinnert sich an Thomas Nagels berühmte Überlegung: *What is it like to be a bat*, „Wie es ist, eine Fledermaus zu sein"), so lässt sie keine kurze Antwort zu. Um dem Einwand hinter dieser Frage sachlich zu begegnen, muss man sich vielmehr darauf einlassen, kulturell mehr oder minder eingeschliffene Umschreibungen dessen auszubreiten, worin das Gefühl besteht, nicht *wirklich* lebendig zu sein, obwohl es trivialerweise der Fall ist, dass diejenigen, die sich nicht wirklich lebendig *fühlen,* doch auch nicht wirklich tot sind, sondern leben. In diesem Verfahren ist einbeschlossen, dass das Gefühl, lebendig zu sein, innerlich – begrifflich und existenziell – mit dem zusammenhängt, was wir ein *geglücktes* Leben nennen, während die Schwächung dieses Gefühls auf ein Misslingen hindeutet, das mit der Unfähigkeit einhergeht, *wahrhaft* glücklich zu sein.

Wie also ist es, lebendig zu sein? Und was sind die widrigen Umstände, die es heute, in unserer lebenshungrigen, gierigen, lauten Zeit so schwer machen, sich lebendig zu fühlen? Beginnen wir dort, wo ein großer Teil der Modernismuskritik ansetzt: Demnach macht die Freiheit, welche die Menschen des Westens, angetrieben von einer geradezu religiösen Hoffnung, unter großen und größten Opfern errungen haben, nicht nur nicht glücklich; sie macht vielmehr auf eine diffuse und hartnäckige Weise unglücklich. Denn sie lässt, schenken wir der Kritik Glauben, unseren Wunsch zu leben, *ins Leere laufen.*

Das *Anything Goes*, dem zufolge praktisch fast alles geht, was überhaupt geht, macht aus dem Leben kein Musical, auch wenn die gleichnamige Musical Comedy von Cole Porter am Broadway in den Dreißigerjahren Triumphe feierte. Die anarchistische Zuspitzung des Anything-Goes-Prinzips im Werk des radikalrelativistischen Philosophen Paul Karl Feyerabend bedeutete, rückblickend betrachtet, weniger den glücklichen Zustand, in dem Maos tausend Blumen bunt dem Himmel entgegenblühen (in Wahrheit versank die chinesische

Kulturrevolution im Blut ihrer malträtierten Opfer), sondern eher den Kältetod des Gefühls: den Tod des Gefühls, lebendig zu sein, aufgrund der Gleichgültigkeit all dessen, was lebendig ist und lebt.[28]

4. Free Schach

Bei „grenzenlos frei" fällt dem Sinnierenden ein Bild ein, das er irgendwo aufgeschnappt hat, ich glaube, es war in einem populären Werk von Albert Einstein: Stellen wir uns eine Welt vor, die eine Kugel ist. Auf der Kugel leben zweidimensionale Wesen, sie haben eine Länge und Breite, aber keine Höhe. Die Wahrnehmung dieser Flachlinge ist ebenfalls zweidimensional, das heißt, sie sind zu jeder Art von Tiefenwahrnehmung unfähig. Ihrem Raum fehlt die dritte Dimension. Mit Bezug auf die Struktur ihrer Welt kämen die Flachlinge zu folgendem Ergebnis: Die Welt hat keine Grenzen, sie ist in alle Richtungen vollkommen offen. Dennoch ist sie endlich. Denn wenn ein Flachling von einem Punkt immer geradeaus losmarschiert, dann kommt er irgendwann zu diesem Punkt wieder zurück.

Nehmen wir an, die Welt der Flachlinge hätte für unser Auge die Größe einer Orange, während wir die Flachlinge selbst nur unter dem Mikroskop beobachten könnten. Vielleicht würden sie uns, gleich erahnten Göttern, zuwispern, dass ihre Gesellschaft schon längst alle Grenzen abgeschafft habe. Nun könnten sie sich hinbewegen, wohin sie wollten; nirgendwo würden sie jemals an ein Hindernis stoßen. Sie seien, so würden sie uns wissen lassen, grenzenlos frei. Bloß *eine* Klage hätten sie vorzubringen, was ihre Freiheit betreffe, von der sie nur als der „großen Freiheit" sprechen: Mit der großen Freiheit sei auch die Monotonie gekommen.

Zunächst bewegte man sich enthusiastisch geradeaus, weil man so weit weg wie möglich wollte von allem, was einem sattsam bekannt war. Aber bald schon durchquerte man ein Gebiet, das haargenau jenem glich, von dem man sich erst vor einiger Zeit wegbewegt hatte. Zuerst kam die Monotonie, dann kam die Erkenntnis der Monotonie, was es nicht leichter machte, im grenzenlos geschlossenen Raum der Monotonie zu leben.

Ursprünglich, bei Einstein, sollte das Bild der Flachlinge in ihrer räumlich zweidimensionalen Welt dazu dienen, um uns, die wir den Raum als dreidimensional erleben, die Vorstellung eines Universums nahezubringen, das wie unseres keine Grenzen hat und sich dennoch nicht ins Unendliche ausdehnt, sondern nach allen Richtungen hin eine endliche Erstreckung besitzt. Würden wir auf einem Photon mit Lichtgeschwindigkeit reisen können, dann ergäben unsere Messungen, dass wir uns mit etwa 300.000 Kilometern pro Sekunde auf einer Geraden vorwärtsbewegten; nichtsdestoweniger würden wir irgendwann wieder an jenem Punkt ankommen, von dem unsere Reise ihren Ausgang genommen hat. Verantwortlich wäre die „vierte Dimension", die Raum-Zeit-Krümmung, für die wir allerdings ebenso wenig ein Sensorium haben wie die Flachlinge für den Raum in seiner Tiefendimension.

Wenn wir annehmen, dass die Flachlinge zwar winzig sind, ihre Welt aber ebenfalls keine sonderlich weitläufige Angelegenheit ist – wir verglichen sie in Kosmofiction-Manier mit einer Orange –, dann erstaunt es wenig, dass sie die sogenannte „große Freiheit", die in der Grenzlosigkeit der äußeren Existenz besteht, sehr rasch als eine langweilige und letzten Endes beengende Angelegenheit empfinden. Falls es unter den Flachlingen Philosophen gibt, werden sie bald schon das *Paradox der großen Freiheit* entdeckt haben. Sie werden es ungefähr so formulieren:

Unsere größte Freiheit ist unsere größte Unfreiheit. Denn nichts macht unfreier als eine Freiheit, die durch keine Grenzen beschränkt wird. So eine Freiheit ist bloß eine dem Wort nach. Um wahrhaft frei zu sein, sind stets irgendwelche Grenzen notwendig, die uns bedeuten: Bis hierher und nicht weiter! Frei ist nämlich nur, wer die Möglichkeit der Freiheitserringung noch nicht völlig verloren hat. Dazu aber bedarf es einer Möglichkeit, den jeweils herrschenden Stand der Dinge als eine wie immer auch weitläufige Form der Unfreiheit begreifen zu können, gegen die es immerhin theoretisch möglich wäre, sich aufzulehnen. Da indessen unsere Welt – so würden die Philosophen der Flachlinge folgern – *grenzenlos ist, ist unsere Gefangenschaft gar nicht als innerweltlich zu begreifen. Sie ist metaphysisch, und deshalb bleibt sie, solange wir leben, unüberwindbar.*

Kein Wunder also, dass sich unter den Flachlingsphilosophen eine Schule findet, die lehrt, dass erst der Tod den Ausbruch aus der metaphysischen Gefangenschaft und damit die wahre Freiheit zu bringen vermag. Damit aufs Engste verbunden ist dann, im Umkehrschluss, die Vorstellung, dass das Leben unter der Bedingung der großen Freiheit eine Art von existenziellem Tod sei. Das Gefühl, lebendig zu sein, sei unter dieser Bedingung nicht wirklich und dauerhaft erreichbar. Entsprechend litte man kollektiv unter einer Gemütsverfassung, die das dauerhaft erreichbare Glück im besten Fall als eine Form des wunschlosen Unglücks zulasse. Wüsste man, was wirkliches

Glück bedeute, dann wüsste man auch, dass die eigene Wunschlosigkeit angesichts der großen Freiheit vielmehr eine Form des Unglücks, resultierend aus dem diffus quälenden Hintergrundgefühl eigener Leblosigkeit, darstelle.

Nun, wir sind keine Flachlinge. Gemessen an unseren menschlichen Dimensionen, die sich an irdischen Gegebenheiten orientieren, ist das Universum derart gewaltig, dass es unser Vorstellungsvermögen sprengt und zugleich unser Bedürfnis, uns in der Welt heimisch zu fühlen, tief frustriert. Schon Pascal schrieb im berühmten Fragment 206 seiner *Pensées*: „Das ewige Schweigen dieser unendlichen Räume macht mich schaudern."[29] Das war um die Mitte des 17. Jahrhunderts. Seither ist unser Wissen um ein Vielfaches gewachsen. Gleichzeitig hat sich Pascals kosmisches „Schweigen" vertieft, auch wenn wir heute zu wissen glauben, dass Pascals „unendliche Räume" ihren Anfang vor etwa 13 Milliarden Jahren genommen haben und die sich entwickelnde Welt, mag sie noch so rasch noch so weit expandieren, stets eine endliche Erstreckung haben wird – dass also von Unendlichkeit keine Rede sein kann. Hätte Pascal über unser Wissen verfügt, dann wäre ihm vielleicht folgender Gedanke, der an die Philosophie der Flachlinge erinnert, nicht fremd gewesen:

Die Grenzenlosigkeit unseres Universums ändert nichts an unserer Weltgefangenschaft. Als es noch ein absolutes Oben und Unten gab, gab es auch Himmelssphären, die aus der Welt hinaus führten, in ein Reich jenseits der Sterne. Es gab Himmel und Hölle. Deshalb waren wir damals freier als heute. Denn es waren uns Grenzen gesetzt, innere Grenzen – Grenzen des Glaubens, der Spiritualität, der Moral –, die mit den äußeren Grenzziehungen korrespondierten. Den Himmel musste man sich ebenso verdienen wie die Hölle. Der Sinn unserer Unabhängigkeit war nicht nur in unserer formalen Freiheit, in der Freiheit unseres Willens begründet, sondern in der Struktur der ganzen Schöpfung, die ein Diesseits und ein Jenseits in sich schloss. Nicht auf unsere Freiheit an sich kam es an, sondern auf die Bedeutung, die ihr im Weltgeschehen für unser ewiges Seelenheil zukam.

Das alles wird – so könnte ein postmoderner Pascal des 21. Jahrhunderts fortfahren – allzu leichtfertig abgetan, wenn heute davon die Rede ist, dass wir die Grenzen des Mythos, der Glaubensdogmen, des Naturrechts und der Heilsgeschichte, die das Schicksal der Welt präformierte, endgültig überwunden haben. Denn die neue Unabhängigkeit erzeugt unausweichlich eine neue Form der Abhängigkeit: Wir sind Gefangene einer Welt, die zwar keine Grenzen, dafür aber auch kein Jenseits, keine Schöpfungsgeschichte und keinen Erlö-

sungshorizont mehr kennt – nichts mehr, das unserer Innerweltlich-
keit irgendeine Bedeutung verleihen könnte: *eine Form höherer Lebendigkeit.* Die metaphysische Gefangenschaft der Flachlinge kennen
wir mittlerweile auch, wir kennen sie sozusagen drei- und vierdimen-
sional, was sie nicht weniger bedrückend macht, im Gegenteil! Ist es
da verwunderlich, dass viele regelrecht danach lechzen, von ihrer
Freiheit befreit, von ihrer Unabhängigkeit unabhängig zu werden?

Deshalb war es – so würde unser postmoderner Pascal seine Betrachtung vielleicht provokant schließen – in einem existenziellen
Sinne wesentlich, wenn die Gnadenlehre von einst daran erinnerte,
dass es absolute Grenzen unserer Freiheit gibt, die *nicht* aus unserer
beschränkten, unvollkommenen, dem Verfall preisgegebenen Natur
erwachsen. Denn die Grenzen unserer Körperlichkeit wie unseres
Verstandes sind wir imstande zu erweitern, Schritt für Schritt, durch
Erkenntnis, Geistesdisziplin, Technik. Nein, es gab einst eine absolute Grenze, die daraus resultierte, dass wir Geschöpfe waren und als
solche dem Willen und Schiedsspruch unseres Schöpfers absolut untertan.

Daraus erwuchsen Furcht und Zittern, aber daraus entsprang auch
ein starker Trost, ja der stärkste, der sich denken lässt. Denn im absoluten Vertrauen auf Gottes Gnade wurden wir von der Tyrannei
unserer Freiheit befreit, von der Willkür unserer Unabhängigkeit unabhängig und dabei erst *wahrhaft* frei – frei nämlich von jener
Grundangst, die darin besteht, dass schließlich nichts, wofür wir uns
entscheiden, ob für das Gute oder das Böse, im Schweigen der unendlichen Räume zählt. Genau diese Grundangst ist es aber, die den
modernen Menschen bis hinein in die letzten Fasern seines Wün-
schens, Hoffens, Begehrens daran hindert, sich *lebendig* zu fühlen,
nämlich als lebendiger Teil eines lebendigen Ganzen, einer Ordnung,
deren innerstes Wesen am Leben des absoluten Geistes teilhat, ja, wie
manche lehrten, dieser Geist *ist.*

Gewiss, Gnade und Vorsehung sind religiöse Kategorien, deren
Zwiespältigkeit den großen Kirchenlehrern hinlänglich bekannt war.
Beide Kategorien, die dialektisch aufeinander bezogen bleiben, brin-
gen eine Form der Beengung und Unwägbarkeit des menschlichen
Lebens zum Ausdruck, gegen welche der Mensch nichts zu unter-
nehmen vermag. Hier, am Punkt der Gnade, liegt das Schicksal des
Einzelnen allein in Gottes Hand. Im Kontext der Vorsehung ist, um
dem Sprichwort die Ehre zu geben, niemand mehr seines eigenen
Glückes Schmied, und die Gnade wird daher als eine Willkür erfahren, die uns von vornherein Gerichtete grundlos „rettet".[30] Eine der-

artige Weltsicht verleitet eher zum Fatalismus als zu einer Haltung, die das Leben bejaht und seine Herausforderungen sucht.

Was aber passiert, wenn das Schicksal des Einzelnen nicht nur nicht in Gottes Hand liegt, sondern, bildlich gesprochen, in niemandes Hand? Eine im Grunde triviale und doch häufig übersehene Lehre, die wir aus dem bisher Gesagten ziehen müssen, lautet: Von Freiheit zu reden hat einen guten Sinn dort, wo Grenzen existieren, deren Respektierung oder Verwerfung immerhin im Bereich des Menschenmöglichen liegt. Ebenso ist der Begriff der Unabhängigkeit in seiner Bedeutung daran gebunden, dass es Regeln gibt, über deren Einhaltung oder Nichteinhaltung prinzipiell entschieden werden kann. Existieren keine Grenzen und keine Regeln mehr, dann ergeben sich Effekte, die nicht wünschenswert und auf lange Sicht desaströs sind. Eine Freiheit ohne Grenzen wird nicht nur rasch eintönig; sie führt vor allem dazu, dass man jegliches Gefühl für die Sinnhaftigkeit des eigenen Handeln verliert, da man zwar das eine tun *mag*, aber ebenso gut das andere tun *könnte*.

Der 2005 verstorbene Grazer Dramatiker Wolfgang Bauer publizierte 1973 ein Theaterstück mit dem Titel *Gespenster,* das dann, beim Grazer Avantgardebürgerfestival *steirischer herbst* uraufgeführt, für einen Theaterskandal sorgte. Im Stück gebärden sich die beiden männlichen Hauptprotagonisten anarchisch. Beide entstammen dem Grazer Bürgertum; beide sind unschwer als der Dramatiker selbst und sein bester Freund, der Soziologe und Dichter Gunter Falk, erkennbar. In einer Schlüsselszene des Stücks spielen sie „Free Schach". Diese Wortprägung, englisch *Free Chess,* leitet sich klanglich vom Begriff des Free Jazz her und bezeichnet eine, im Vollrausch erfundene, Absurdvariante des Schachspiels. Free Schach wird mit leeren Bierflaschen, ohne Brett und ohne Regeln gespielt. Mit anderen Worten, die Spieler können mit den Flaschen tun, was sie wollen, woraus folgt, dass sie nicht nur kein Schach, sondern überhaupt kein Spiel spielen.

Das Ganze ist ein zynisch-intellektueller Kommentar zur Frage, was totale Freiheit, wie sie von der radikalen Aufbruchsbewegung der legendären Sechzigerjahre propagiert wird, denn nun eigentlich bedeutet. Mehr Glück? Mehr Lebendigkeit? Die Antwort, die Bauers *Gespenster* geben, lautet: Sie bedeutet alles und daher nichts. Was bleibt, ist bloß die Möglichkeit, sich Free-Schach-spielend bis zur Bewusstlosigkeit zu betrinken. Denn solange man noch bei Bewusstsein ist, leidet man selbstzerstörerisch darunter, dass, nachdem man alle Konventionen als „Konstruktionen" entlarvt und dekonstruiert hat, nichts mehr zu tun bleibt, das noch irgendeine Bedeutung hätte. Gunter Falk starb 1983 an Herzversagen. Viele Jahre lang dem Alkohol verfallen, wollte er am Ende seines Lebens nicht weiter gegen die Sucht ankämpfen. Man kann auch das, diese Krankheit-zum-Tode, Freiheit nennen, und läge damit ähnlich schief wie jene, die sagen, hier sei eben kein „Spielraum", Free Schach zu spielen, mehr vorhanden gewesen. Denn der Spielraum des Free Schach ist gar kein Raum der Freiheit, sondern einer der radikal repressiven Offenheit.

Es klingt zunächst absurd, ist aber dennoch unausweichlich: Gäbe es so etwas wie totale Unabhängigkeit von allen Limitierungen, ob es sich dabei um Grenzen, Regeln oder Bedeutungen handelte, dann wäre die Folge ein Unglück der besonders paradoxen Art, nämlich ein *Zellenkoller der Freiheit*. Das Gefühl, in der eigenen Freiheit gefangen zu sein, führt zu Ausbruchsversuchen, die zwanghafter wirken als die Handlungen eines Gefangenen, der in seiner Zelle randaliert. Der Existenzialismus eines Jean Paul Sartre hat dieses Gefühl, zur Freiheit verdammt zu sein, philosophisch bereits 1943, noch vor dem Ende des Zweiten Weltkriegs, in seinem Hauptwerk *L'Être et le néant*, „Das Sein und das Nichts", thematisiert.

Die dazugehörige Praxis wirkte freilich wie eine Rationalisierung spießiger Freiheitsgelüste, die oft ans Lächerliche grenzte – so zum Beispiel die ausdrücklich vereinbarte Libertinage, die Sartre und seine lebenslange Gefährtin Simone de Beauvoir ihrer Unabhängigkeit schuldig zu sein glaubten, wobei sich beide eine strenge Regel der Berichtspflicht über anhängige Liebschaften auferlegt hatten. Das zwang die untreuen Partner dazu, ihre gefühlsmäßige Untreue dadurch zu neutralisieren, dass sie ihre jeweiligen „Seitensprünge" von Anfang an – und vermutlich ohne das Wissen der jeweiligen Liebhaber(innen) – als vertragsgemäße Akte des Begehrens abwickelten. Zugleich mussten die Vertragspartner ihre Eifersucht unterdrücken, handelte es sich doch um den verächtlichen Rest einer bourgeoisen, gar kleinbürgerlichen Psychologie. Die Wiederentdeckung der „Lebendigkeit" wirkte, so gesehen, zwanghaft. Sie drückte exakt aus, was gemeint war, wenn man davon sprach, dass man zur Freiheit verdammt sei. Denn auch wenn es eine Verdammnis zur *Freiheit* war, eine *Verdammnis* war es doch, und sie bewirkte, dass die Freiheit verdarb und mit ihr das Glück, den alten Zwängen entronnen zu sein. Der neue Zwang indes lautete: Sei frei, denn du *bist* es, ob du willst oder nicht!

***

Das bringt uns zu der Frage, wie denn die wahre Freiheit – die Freiheit, durch welche eine Form *zwangloser Lebendigkeit* erst möglich würde – ausschauen müsste. Womit wir im Laufe unserer gemeinsamen Geschichte konfrontiert worden sind, war der Kampf um etwas, das von Kant als „der Ausgang des Menschen aus seiner selbstverschuldeten Unmündigkeit" bezeichnet wurde. Diese Formel meint Aufklärung, Selbstaufklärung, meint das Ende der Unmündigkeit durch falschen Autoritätsgehorsam, durch Aberglauben, vor allem durch Unbildung. Fernerhin war seit dem 18. Jahrhundert die Freiheit, die es zu erringen galt – die Freiheit, für die Mill in seinem Werk *On Liberty,* „Über die Freiheit", noch 1859 plädierte –, all das, was heute in den Grundrechtskatalogen demokratischer Staaten geschrieben steht: Handlungsfreiheit, Freiheit der Person, Glaubens- und Gewissens-, Bekenntnis- und Redefreiheit.

So wesentlich diese Freiheitsschübe für unser modernes Verständnis des demokratischen Gemeinwesens waren, so sehr spiegelt sich in ihnen zunächst ein bloß negativer Freiheitsbegriff. Freiheit ist die Abwesenheit von Zwängen, die das Wohlbefinden des Einzelnen ohne hinreichendes Gemeinwohlerfordernis einschränken. Unter einem aufgeklärten Gesichtspunkt sind solche Zwänge zu beseitigen, und zwar durch die Einräumung wohldefinierter Freiheitsrechte, deren Schutz der Staat zu gewährleisten hat und deren Verletzung zu ahnden er sich verpflichtet.

Gegen den negativen Freiheitsbegriff, der auf die Frage „Freiheit wovon?" durch die Angabe vermeidbarer Zwänge reagiert, wird kein Freiheitsliebender etwas einzuwenden haben. Im Gegenteil, ohne negative Freiheit gibt es überhaupt keine. Das muss uns auch rund um die heute erneut aufgeflammte Debatte über die Willensfreiheit klar sein. Kurz gesagt: Wenn ich *niemals* frei wäre, mich selbst für irgendetwas zu entscheiden – was einschlösse, dass mein Gehirn sich quasi statt meiner (oder für mich) schon immer entschieden hätte –, dann wäre ich radikal unfrei, nämlich unfrei gerade im Sinne der negativen Freiheit, die aller positiven Freiheit, aller „Freiheit zu etwas" und der darin angelegten Glücksmöglichkeiten, notwendig zugrunde liegt.

Das sollte man bedenken, bevor man das Thema „Willensfreiheit" den Physiologen und ihrem vorschnellen Hang überlässt, Fragen, die im Kern metaphysisch sind, auf ihren gehirndeterminierten Aspekt zu reduzieren. Als der Wiener Philosoph Rudolf Burger einen Traktat über die Willensfreiheit veröffentlicht hatte, worin er mit Schopenhauer und tausend Nachrednern für die Unfreiheit des Willens plädierte[31], erschien am selben Ort unter dem wienerischen Titel *Topfengolatschen des freien Willens* eine Glosse folgenden Inhalts:

Kennen Sie die Geschichte vom Philosophen Rudolf Burger im Kaffeehaus, der sich eine Denkpause gönnen will, nachdem er seinen Traktat über die Dummheit der Menschen, die an die Freiheit des Willens glauben, beendet hat? Ein Ober kommt und fragt Burger, der an die Determiniertheit seines Willens glaubt, was der Herr Professor zu bestellen wünsche. Darauf erwidert der Philosoph, das wisse er noch nicht, er müsse erst abwarten, wofür sich sein Gehirn entscheide, durch das sein Wille determiniert sei.

Da das Kaffeehaus ein Wiener Kaffeehaus ist, bringt der Ober seinem unentschiedenen Gast drei Glas Wasser auf einem Silbertablett – "G'schamster Diener!" – und schaut zwei Stunden später wieder vorbei. Ob der Herr Professor denn nun schon wisse, was er zu bestellen wünsche. Leider nein, sagt Burger, sein Gehirn habe sich noch immer nicht entschieden, obwohl, wenn er statt seines Gehirns sich selber entscheiden könnte, weil er nämlich einen freien Willen hätte, er sofort eine Melange bestellen würde, und zwar mit einem Extragupf Schlag oben drauf. Sofort!

Der Ober bringt dem Philosophen noch einmal drei Glas Wasser, denkt sich sein Teil – "Gstudierter Hascher!" –, um drei Stunden später wieder vorbeizuschauen: "Jetzt ein Kaffeetscherl genehm, Herr Professor, vielleicht mit was dazu, einer Topfengolatschen, noch warm?" Da sich Burgers Hirn nach fünfstündiger Überlegungszeit nach wie vor für nichts Bestimmtes entschieden hat, ja geradezu höhnisch schweigt, fasst der darbende Philosoph den Entschluss, ab sofort an die Freiheit des Willens zu glauben – woraus ohne weitere Verzögerung folgt, dass nicht Burgers Hirn, sondern Burger selbst darüber entscheidet, ob er eine Melange mit einem Extragupf Schlag samt einer warmen Topfengolatsche haben möchte. Und er möchte!

Um seinem Gehirn zu zeigen, wer ab jetzt der Herr im Hause Burger ist, bestellt der Philosoph nicht ein, sondern zwei Topfengolatschen. Darauf enteilt der Ober mit dem Signalruf: "Eine Melange gegupft, zwei Topfengolatschen, warm, für den Herrn Professor, sehr rasch, sehr heikel." Denn der Ober, der einst Theologie studiert und, bevor ihn die Berufung zum Gastgewerbe ereilte, die Dämonologie des unfreien Willens erforscht hatte, befürchtet nicht zu Unrecht, dass der Philosoph – ein Atheist übrigens – rückfällig werden und wieder an die Unfreiheit des Willens zu glauben beginnen könnte. Die Folgen wären gastronomisch katastrophal:

Der Herr Professor würde womöglich bis zur Sperrstunde reglos dasitzen und warten, dass sein Gehirn ihn endlich dazu determiniere, ordent-

lich zuzulangen. Wer die Misere des Philosophen letzten Endes zu ver-
antworten hätte, darüber braucht ein Wiener Ober, der theologisch geschult ist, nicht lange nachzugrübeln: Ubique daemon, *der Teufel schläft*
nie. Glücklicherweise gehört zu jedem anständigen Wiener Kaffeehaus ein
Wiener Kaffeehausexorzismus, der mit dem Signalruf "Sehr rasch, sehr
heikel!" beginnt. Er endet gewöhnlich damit, dass selbst der willensstärks-
te Willensunfreiheitsdämon angesichts einer gegupften Melange samt ein,
zwei warmen Topfengolatschen lammfromm wird und Gott dafür preist,
den freien Willen erfunden zu haben.[32]

Soweit der glossierende Kommentar. Man könnte den anfängli-
chen Kaffeehauszustand des gottlosen Philosophen Burger, in Anleh-
nung an Kant, als eine Art selbstverschuldeter Unmündigkeit charakterisieren. Schließlich zwingt den Philosophen ja niemand, daran
zu glauben, dass nicht er selbst es ist, der sich entscheidet, ob er eine
Topfengolatsche mit einer gegupften Melange (eine Köstlichkeit, die
außerhalb von Wien ihresgleichen sucht) bestellen und konsumieren
möchte. Aber zwingen ihn nicht die rationalen, aus wissenschaftlichen Tests hervorgehenden Gründe, welche die neueste Hirnforschung liefert? Sagen wir so: Sie zwingen ihn nur, sofern er nicht von
seiner Freiheit Gebrauch macht, sich selbst zu entscheiden.

Glaubt er daran, dass die Gründe der Hirnforschung ihm keine
Wahl lassen, dann gerät er in jenen Zustand der Unmündigkeit, der
ihn abergläubisch macht, indem er ihn daran glauben lässt, dass niemals er, sondern stets sein Gehirn gleichsam das letzte Wort hat. Das
blockiert ihn quasi-religiös. Es hindert ihn daran, den „Ausgang" aus
seiner selbstverschuldeten Entscheidungsunfähigkeit dadurch zu be-
werkstelligen, dass er sich selbst entscheidet. *Einfach so*: Bei dieser
Entscheidung handelt es sich um eine fundamentale Tatsache der
menschlichen Existenz. Wir können uns, sofern wir nichtdefekte Persönlichkeiten sind, gar nicht anders begreifen denn als Wesen, die für
den Fall, dass sie von keinem inneren Zwang beherrscht werden, aus
sich selbst heraus agieren.

„Einfach so": Wohlgemerkt, damit sage ich nicht, es gäbe eine
einfache Lösung des Problems der Willensfreiheit. Da wir uns nicht
außerhalb unserer selbst positionieren können – wir können uns, uns
selbst erforschend, nicht gleichsam gottgleich von oben herab, aus einer gehirnexternen Position, betrachten –, unterliegen wir bei allen
Überlegungen, welche die Freiheit unseres Wollens und Handelns
betreffen, zwei buchstäblich transzendenten Begrenzungen: Erstens,
das Problem der Willensfreiheit wird uns durch die Struktur und
Funktionsweise unseres Gehirns *als Problem* aufgenötigt (wie übrigens

alle anderen Erkenntnisprobleme auch); deshalb zweitens, unsere durch die Struktur und Funktionsweise unseres Gehirns determinierte Erkenntnis der Struktur und Funktionsweise unseres Gehirns *lässt keine angemessene Formulierung des Problems der Freiheit zu.* Warum nicht?

Neurowissenschaftlich gesehen sind unsere Entscheidungen – und damit auch unsere entscheidungsbasierten Handlungen – entweder durch physiologische Prozesse im Gehirn kausal verursacht (determiniert), oder sie sind, eher unwahrscheinlich, die Folge von „Spontanereignissen" im hirnphysiologischen Mikrobereich – Ereignissen, die quantenphysikalisch als objektiv zufällig zu deuten wären. Dabei freilich ist zu beachten, dass eine spontan, das heißt, *zufällig* auftretende Entscheidung etwas grundsätzlich anderes wäre als eine Entscheidung, die deshalb frei ist, weil ich selbst es bin, der sich entscheidet. Und daraus geht nun aber hervor, dass der Wissenschaftler – und erst recht der ihn unterstützende Philosoph – sich außerstande zeigt, die unserem unverzichtbaren Alltagskonzept der Entscheidungsfreiheit zugrundeliegende Kategorie der Freiheit begrifflich überhaupt auszudrücken, weil wissenschaftlich gesehen nur die Wahl zwischen Ereignissen bleibt, die kausal determiniert sind oder zufällig geschehen.

Kurz, das Problem der Willensfreiheit ist kein empirisches, mit den Mitteln der Erfahrungswissenschaft lösbares, sondern, traditionell gesprochen, eines der Metaphysik. Denn es wird dadurch akut, dass die nichtdefekte Person als ein Wesen in Erscheinung tritt, welches sich nach Maßgabe guter Gründe, die zwar rational motivieren, aber kausal nicht zwingen, entscheiden kann. Das Subjekt erscheint als eine Art „erster Beweger", der *aus sich selbst heraus* Dinge in der Welt herbeiführen kann – eine Vorstellung, die unsinnig anmutet, sobald man sich daran macht, sie in die wissenschaftliche Begrifflichkeit (Kausalität versus Zufall) zu übertragen.

Kein Zweifel, jede einigermaßen reflektierte Haltung zu Fragen der menschlichen Natur steht heute unter einem solchen Übertragungsdruck. Das hat mit der Dominanz des naturalistischen Weltbildes zu tun. Dieses nimmt als gegeben an, dass alle den Menschen betreffenden Fragen im Rahmen der Naturwissenschaft lösbar sind. Zwischen der Natur im Allgemeinen und der menschlichen Natur im Besonderen gibt es demnach keine Diskontinuität. Das menschliche Wesen enthält nichts, was über die Naturgesetzlichkeiten hinausginge. Unser unausrottbares Gefühl, frei entscheiden und handeln zu können, ist für den Biologen eine im Laufe der menschlichen Evolution herausgebildete, letztlich in unseren Genen verankerte Illusion, die uns ursprünglich dabei hilft, im Überlebenskampf flexibler zu werden. Die starren Reiz-Reaktions-Schemata werden durch das Modell des ichbetont „autonomen", durch rationale Motive steuerbaren Verhaltens ersetzt. Und ebenjenes Modell geht mit der „Evidenz" des freien Willens einher, die allerdings – schenken wir den Hirnphysiologen Glauben – ein bloß subjektives Phänomen ohne Wahrheitsgehalt repräsentiert.

Glück ist das Gefühl, lebendig zu sein. Gerade vor dem Hintergrund der Diskussion, ob der menschliche Wille frei sei, also im *Tiefenkontext der negativen Freiheitsproblematik*, gewinnt diese Formel an Bedeutung. Denn obwohl die menschliche Natur das Gefühl, autonom handeln zu können, dem Einzelnen, der nicht psychisch krank ist, aufzwingt – es handelt sich, genetisch und neurologisch gesprochen, um ein Oktroi –, lässt uns unser Wissen über die Funktionsweise unseres Gehirns ebenfalls kaum eine freie Wahl, und zwar so lange nicht, als wir uns im Zauberkreis des Naturalismus bewegen. So lange ist alles, was wir tun und lassen, von einem riesigen Schatten überlagert, der zwar in erster Linie ein rein verstandesmäßiger ist, aber wie alles Verstandesmäßige, an das wir uns ausweglos gebunden glauben, unser Lebensgefühl auf Dauer tief zu beeinflussen vermag. Wir beginnen, nachdem wir uns als Marionetten unseres Gehirns zu verstehen gelernt haben, nach und nach unser Leben im Lichte der „Evidenz" zu *erfahren*, wie es ist, eine Marionette unseres Gehirns zu sein. Praktisch heißt das, dass sich unsere vielfältigen Erlebnisformen des Lebendigseins, die unserem Gefühl des freien Entscheidens und Handelns geschuldet sind, immer mehr anzufühlen beginnen, als ob sie gleichsam unter Anführungszeichen stünden. Ist nicht unser ganzes *Freiheitsglück*, das Glück unserer Fähigkeit, Grenzen autonom zu überwinden, Dinge aus eigener Entscheidung herbeiführen und gestalten zu können, ein „Geschenk" unseres Gehirns, während wir in Wahrheit nicht anders funktionieren als andere Mechanismen auch, ob durch Determination oder Zufall in der Zeit vorwärtsbewegt?

Unter all den Faktoren, die beim modernen Menschen dazu führen, dass ihn der Missmut einer gewissen existenziellen Leblosigkeit nicht mehr loslässt, steht das Problem der Willensfreiheit gewiss nicht an erster Stelle. Aber was die Frage der Lebendigkeit und der aus ihr entspringenden Möglichkeit, glücklich zu sein, betrifft, markiert dieses Problem – und der Hang, es zugunsten des Unfreiheitsdogmas zu lösen – ein Schlüsselsymbol für die fragliche Malaise: Auch der Mensch ist, betrachtet er sich nur genau genug (einschließlich der Ur-

sprünge seines Selbstbewusstseins), nicht lebendiger als alle tote
Chemie rund um ihn herum, vor allem die seines Gehirns. Oder?
Wohlgemerkt, es ist hier nicht die Rede von unmittelbaren Zusammenhängen. Der Zirkel, der sich vor uns öffnet, markiert einen
unabsehbaren Kreis, der gleichsam die Existenz des modernen Menschen umrundet und schließlich vollständig zu umschließen droht.
Nicht umsonst ließ Nietzsche seinen Zarathustra über jenen Menschen predigen, der noch in der Lage war, den Pfeil seiner Sehnsucht
über den Menschen hinaus fliegen zu lassen. Das ist ein Bild des Dis-
kontinuierlichen. Und im Grunde ist es ein religiöses Bild, wenn
auch atheistisch zugespitzt. Nietzsches Sterngebärer gebiert Frei-
heitssterne, deren Über-den-Menschen-Hinaus, einfach und anti-
nietzscheanisch gesagt: deren Transzendenz, den Kosmos der Mechanismen sprengt. Es handelt sich um Sterne, die Ewigkeit wollen, weil
sie die Lust sind, die alles Tote hinter sich gelassen hat. Was dem
Glück der Erdflöhe fehlt, ist jene Art Transzendenz, in der die Freiheit gründet – und deshalb ist es das verachtenswerteste Glück, das
Glück der Sklaven, der Marionetten, der munter surrenden Maschin-
chen in einem seelenlosen Universum.

***

Jeder Vorstellung von positiver Freiheit liegt ein Konzept negativer
Freiheit, der Freiheit von Zwängen, zugrunde; und kein Konzept negativer Freiheit wäre letzten Endes sinnvoll, würden wir uns niemals
selbst entscheiden, niemals „aus uns selbst heraus" handeln können.
Doch im positiven Sinne frei zu sein, heißt, eine Antwort auf die Frage zu suchen: „Freiheit wozu?" Und dabei hilft uns nun weder die
Willensfreiheit an sich noch der Katalog unserer Grundfreiheiten.
Die Unabhängigkeit, in die wir durch die negative Freiheit entlassen
werden, beantwortet *nicht* das Problem, wie wir mit unserer Freiheit
am besten umzugehen hätten. Sie antwortet nicht auf die Herausfor-
derung der positiven Freiheit. Deshalb ist es unweigerlich der Fall,
dass immer dann, wenn die Menschen frei geworden sind von lange
erduldeten Zwängen, sie dennoch sehr bald das Gefühl bekommen,
in eine neue Abhängigkeit zu geraten.
Je radikaler nämlich die negative Freiheit den Einzelnen von allen
Fesseln der Tradition, der Herkunft und Rasse, der Religion und des
Geschlechts befreit, desto mahnender wird aus den Kreisen der Kul-
tur- und Zivilisationskritik die Diagnose hörbar, die befreiten Menschen wüssten nun erst recht nicht, was sie mit ihrer schwer errunge-

nen Freiheit anfangen *sollten.* Und diese Diagnose ist gewiss nicht
gänzlich unberechtigt. Die in unseren freiheitsfundierten Demokratien
herrschende Politikverdrossenheit ist nämlich wesentlich mehr: Es
handelt sich um eine offiziell strikt geleugnete, weil grundlegende
Form der Demokratieverdrossenheit. Es handelt sich, mit einem
Wort, um *Freiheitsverdrossenheit.* Deshalb sind die modernen Ver-
ächter der Freiheit, die den vielbeschworenen, vielmissbrauchten
Volkswillen wieder einmal über die Grund- und Freiheitsrechte, also
über die einzigen Garanten der individuellen Freiheit stellen möchten, in ihrer populistischen Agitation ganz und gar nicht bloß „strate-
gisch" im Sinne eigener Interessensverfolgung. Sie knüpfen an ein
Unbehagen an, das für die politische Gemeinschaft auf Dauer unerträglich zu werden droht; auf dieses Unbehagen scheint nur das
Glücksversprechen einer kollektiven Ordnungsidee, ob links- oder
rechtsfaschistisch, ob nostalgisch oder utopisch, jedenfalls aber tota-
litär, zu antworten.

Die klassisch antitotalitäre, die liberale Antwort auf die Frage
„Freiheit wozu?" lautet bekanntlich, dass dies eben jeder für sich
selbst entscheiden müsse. Der Schlüssel zur Beantwortung der Frage,
an welchen Werten oder Zielen man sich orientieren sollte, sei nirgendwo anders zu suchen als in der Fähigkeit, sein Leben nach den
eigenen Wünschen zu gestalten, sofern diese nicht die Ziele anderer
auf unzulässige Weise einschränkten.

Das ist zweifellos eine ethische Basis-Idee. Alle Kulturen, die sich
ihr widersetzen, verursachen unnötiges Leid. Dennoch hat jene Idee
mit einer Schwierigkeit zu kämpfen, die von liberal gesinnten Menschen notorisch unterschätzt wird: Selbstbestimmt zu leben, heißt
eben nicht, Free Schach zu spielen oder sich immerfort und gleichsam im Leerlauf vorzusagen: „Ich bin ich." Wer selbstbestimmt leben
möchte, muss wissen, welches Leben er *wirklich* leben möchte. Aber
wie könnte man das wissen, wenn es einem freigestellt ist, zu tun oder
zu lassen, was man will, vorausgesetzt, man beachtet die Gesetze, die
verhindern, dass andere in ihren berechtigten Interessen verletzt werden? Hierauf gibt es keine eindeutige Antwort. Vor allem aber darf
man nicht hoffen, die Antwort in den unfreien Verhältnissen von
einst zu finden.

Dazu zwei Beispiele, die innerlich zusammenhängen.

Beispiel Nr. 1: Immer wieder einmal wird die Wiederbesinnung auf
die abgetanen Geschlechterrollen gefordert. Mann und Frau hätten
sich von einer familiären Ordnungsidee entfernt, die, wenn schon
nicht gottgegeben, so doch der einzig angemessene Ausdruck unserer

menschlichen Natur sei. Und in der Tat: Niemand wird ernsthaft behaupten wollen, dass das Verhältnis der Geschlechter zueinander, das wesentlich vom Gedanken der Gleichberechtigung getragen ist, unproblematisch wäre. Mannigfache Schwierigkeiten des Zusammenlebens sind die Folge der Gleichstellung von Männern und Frauen, ganz zu schweigen von der Schwierigkeit, ein gedeihliches Familienleben über Jahre und Jahrzehnte hinweg zu führen. Doch was wäre denn die Alternative? Die alten Rollen waren mit Diskriminierungen verbunden, die sich auf alle Aspekte des fraulichen Lebens, aber auch auf das der Kinder erstreckte, deren Psychologie umso weniger beachtet wurde, je stärker man auf Erziehungsdrill und Gehorsamsbereitschaft setzte.

Nach dorthin, zum autoritär-patriarchalen Familienmodell, will in bewusster Ansehung der Konsequenzen sicherlich niemand zurück, der unter ihm ernsthaft zu leiden hätte, also weit mehr als die Hälfte der im Ernstfall Betroffenen, nämlich die Frauen, Kinder und Jugendlichen. Darüber hinaus hindern liberale Gesellschaften kein Paar, einem konservativen Geschlechtermodell den Vorzug zu geben, beginnend bei vorehelicher Enthaltsamkeit und endend damit, dass der Mann die Rolle des „Haushaltungsvorstandes" übernimmt, während sich die Frau um Haushalt und Kinderpflege kümmert, statt auf Beruf und Karriere zu achten. Die Tatsachen zeigen allerdings, dass kaum eine Frau, vorausgesetzt, sie kann sich frei entscheiden, dieses Modell wählt. Deshalb liebäugelt jede noch so verlockend wirkende Ordnungsidee neokonservativer Prägung unweigerlich damit, dass es gelingen müsste, den Frauen die Lust an der freien Entscheidung ihrer ureigenen Angelegenheiten zu nehmen, entweder aufgrund ideologischer Indoktrination oder durch repressive gesetzliche Maßnahmen.

Beispiel Nr. 2: Betrachten wir nun die Klage, die zwar nicht neu, aber in jedem Fall Ausdruck eines tiefsitzenden kulturellen Unbehagens ist, zumeist geäußert von Vertretern der älteren Generation. Demnach wären unsere Kinder und Jugendlichen das Opfer einer, wie man sich auszudrücken pflegt, falsch verstandenen Freiheit. Warum? Das ist im Einzelnen, wie bei allen Ausdrucksformen einer diffusen Missgestimmtheit, nicht immer leicht zu eruieren, doch im Kern scheint die Sache klar und unverrückbar: Statt unseren jungen Leuten zur rechten Zeit Maßstäbe vorzugeben, die ihnen dabei helfen könnten, sich in einem wohlgeordneten Rahmen entwicklungsgemäß zu formen und eben dadurch wahrhaft selbstbestimmte Persönlichkeiten zu werden, entlassen wir sie viel zu früh in eine Scheinselbständigkeit.

Mama und Papa treten, statt als Autoritäten, als „Partner" des Kindes in Erscheinung, um in pseudorationalen Diskursen über infantile Wünsche und Interessen zu verhandeln, die mangels Bestimmtheit und Form keiner offenen Endlosdispute, sondern eines definitiven elterlichen Urteils bedürften. Wird ein solches Urteil zurückgehalten, sei es aus Unfähigkeit, sei es aus einem fehlgeleiteten pädagogischen Eros, führt das auf beiden Seiten zu emotionalen Miseren: auf der Seite des Kindes zu Symptomen einer Hyperegozentrizität, die unglücklich macht, auf der Seite der Eltern zu ständiger Besorgnis, die ebenfalls unglücklich macht, weil das Kind umso weniger befähigt zu sein scheint, aus seiner Freiheit konstruktives Kapital zu schlagen, je konsequenter jede Anwendung erzieherischer Zwangsmittel vermieden wird.

Gewiss, an dieser Klage ist etwas Wahres. Doch inwiefern trifft sie den Kern der Sache, wenn sie die Schuld einer Freiheitsideologie anlastet, die angeblich auf das Konto der liberalen Moderne und ihrer postmodernen Beliebigkeit geht? Die systematische und absichtliche Vernachlässigung psychologischer Erkenntnisse zum Wohl des Kindes erfüllen jedenfalls den Tatbestand einer Vernachlässigung. Dabei geht es nicht nur um Erziehungsbrutalität; es geht auch um altersgerechte Zuwendung. Die Eltern sind verpflichtet, ihr Kind – um es möglichst plakativ zu formulieren – nicht schon im Vorschulalter zu behandeln, als stünden sie einem autonomen Vertragspartner gegenüber, mit dem man sich, bei teilweise unterschiedlichen Interessen, auf einem kollektivnutzenoptimalen Niveau einigen könnte. Das wäre ein groteskes Missverständnis dessen, was man unter Erziehung zur Selbständigkeit versteht, darüber hinaus wäre es einer Missachtung der kindlichen Persönlichkeit gleichzuhalten.

Unserer Kultur der Freiheit fehlen weder die Erkenntnisse noch die rechtlichen Vorkehrungen, um einen entwicklungsgemäßen Schutz des Kindes vor zu viel Freiheit einsichtig und möglich zu machen. Eher fehlen ihr die Mittel, ein familiäres Milieu zu befördern, das den kindlichen Bedürfnissen angemessen wäre. Die Berufstätigkeit beider Elternteile erzwingt bekanntlich Maßnahmen zur frühen Auslagerung des Erziehungsproblems, nicht selten die frühestmögliche Abschiebung des Nachwuchses in außerhäusliche Betreuungsinstitutionen – Maßnahmen, an denen aus Gründen der politischen Korrektheit (will man etwa die Frauen wieder an den Herd zurückzwingen, nachdem die Männer dort partout nicht hinwollen?) öffentlich kaum Kritik zugelassen wird. Diese Maßnahmen sind auch keineswegs die Folge einer zu großen Freiheit, sondern im Gegenteil;

sie sind das sozialstaatliche Symptom einer durchgehenden Abhängigkeit vom Markt und dessen familienfeindlichen Erfordernissen, die in Zeiten der ökonomischen Krise – und Krise ist mehr oder weniger immer – jedenfalls nicht geringer werden.

Daraus ergibt sich, wenig überraschend, folgende Konklusion: Wer heute, in unseren freien westlichen Gesellschaften, einer Neubesinnung auf Disziplin kraft wahrer Autorität das Wort redet, der müsste zugleich offenlegen, welche Ordnungsidee ihm denn nun als die historisch bessere eigentlich vorschwebt. Es kann sich dabei wohl nicht um jene der europäischen Gesellschaft des 19. Jahrhunderts handeln, mit ihrer noch immer paramilitärischen Gehorsamkeitspädagogik, unter der vor allem Kinder und Schüler regelmäßig Qualen litten und seelisch vereinsamten, von der Bürde der noch immer verbreiteten Kinderarbeit einmal abgesehen. Dabei war das Los der Mädchen, die zu diskriminierten Frauen und Müttern heranwuchsen, in aller Regel noch bedrückender, der Kreis ihrer Entfaltungsmöglichkeiten noch beengter als bei den Jungen. Und was die Bilder der schönen Häuslichkeit betrifft, die der Hektik des heutigen Familienbetriebs – oder soll man sagen: des familiären Restbetriebs? – gegenübergestellt werden, so ähneln sie dem Phantomschmerz. Der Schmerz ist da, ohne dass deswegen das amputierte Glied, die Häuslichkeit (meistens ohnehin nur als historische Lüge, in nachträglich idyllisch gemalten Bildern), verfügbar wäre.

***

Freiheit wozu also? Wer sich der Vorzüge unserer Art von Freiheit hinreichend bewusst ist, der wird nicht wollen können, dass sie zugunsten irgendeiner Romantik des wohlgeordneten Lebens, sei's unter dem kollektivistischen Vorzeichen der Rückkehr, sei's unter dem eines Sprungs nach vorne, aufgegeben wird. Stattdessen sollte man sich, angesichts der Paradoxien der grenzenlosen Freiheit einerseits und der Nichtverfügbarkeit einer gemeinsamen Ordnungsidee andererseits, wieder stärker auf ein Konzept konzentrieren, für das – unter Benützung einer eingebürgerten Wendung und mit den üblichen Vorbehalten – die Rede von *den einfachen Dingen des Lebens* steht.

Nicht, dass dadurch mit einem Schlag viel an Orientierungssinn gewonnen wäre. Denn es kann ja keinesfalls um das Einfache im ideologischen Sinne des Wortes gehen, um das Allzu Einfache: nicht um eine Rückkehr zum sprichwörtlich „einfachen Leben". Dieses erweist sich im Alltag bloß als das Leben, dem die Mittel fehlen, um der Armut zu entkommen und der mit ihr einhergehenden Notdurft,

Schäbigkeit und Gewalt. Diesem Leben zu entkommen war ein Hauptziel jener zivilisatorischen Prozesse, denen selbst Zivilisationsverächter à la Jean-Jacques Rousseau oder Henry David Thoreau sich auf Dauer weder entziehen konnten noch wollten, während sie, anachronistisch genug, das Lob der Waldmenschenexistenz anstimmten.

Mag sein, dass uns der Geruch modernden Unterholzes an heißen Sommertagen träumerisch an einen Ursprung erinnert, an dem unser Ich noch rudimentär und deshalb unsere Gefühle der Geborgenheit stark waren. Aber dem Glück des Ursprungs, der mystischen Erfahrung unseres Einsseins mit der Welt, entspringen die vielen Leiden, die im Mangel an Freiheit gründen. Wer von der Natur als einem Ort der Natürlichkeit schwärmt, an dem das Leben erst wieder zu sich selbst kommt – gleichsam zurückfindet in den mütterlichen Schoß der Gaia –, der verdrängt allzu leicht, dass die Natur immer auch ein riesiger Friedhof ist, in dem das Glück, die Hoffnungen und das Leben ihrer Geschöpfe begraben liegen. Und was durch ein sogenanntes „einfaches Leben" an Lebendigkeit gewonnen werden mag, das wird reichlich durch das Fehlen kleiner Zivilisationsannehmlichkeiten ausgeglichen – Annehmlichkeiten, die jenen, die ihrer beraubt sind, dann womöglich als midashafter Reichtum anmuten. Man denke nur an den Genuss einer heißen Dusche mit Shampoo und vorgewärmten Badetüchern nach bangen Stunden in einem Wald, dessen Unbilden man verirrt und hilflos während einer kalten, stürmischen Regennacht preisgegeben war ...

Und so erinnert die Rede von den einfachen Dingen des Lebens, will sie mehr sein als scheinheiliges Gerede, an das Alltägliche, das uns noch jenseits von Atomkraftwerken, Genprojekten und Kulturkämpfen als empfindsame Wesen auf ein Kernkonzept des sinnvollen In-der-Welt-Seins festlegt. Jene Rede appelliert, ausgehend von unseren Grundbedürfnissen, als dessen zentrales der Wunsch nach einem glücklichen Leben zu gelten hat, an jene Erfordernisse und Möglichkeiten, die uns sozusagen vor der Nase liegen, aber im Rahmen akademischer Diskurse gerne relativiert und „dekonstruiert" werden. Ist denn das, was jeweils als Glück erkannt und anerkannt wird, nicht auch bloß eine kulturelle Konstruktion? Und ist daher die Frage nach der wahren Form der Freiheit – die Frage, wieweit unsere Unabhängigkeit unbeschadet von Tradition, Herkunft und Geschlecht zu gehen habe – nicht von Anfang an falsch gestellt, weil sie nämlich auf der Idee eines Wohlbefindens aufbaut, *das über alle Kulturen hinweg als das wahre begreifbar wäre?*

Ich gestehe, dass mich solche Besorgnisse irritieren. Sie verletzten meinen gesunden Menschenverstand. Sind wir einigermaßen gebildet, dann wissen wir, dass trotz gemeinsamer Grundbedürfnisse die – wie man zu sagen pflegt – Geschmäcker und Ohrfeigen verschieden sind, je nachdem, in welchem Zusammenhang sie auftreten und in welcher Form sie verabreicht werden. Dennoch ist die Bandbreite der vertretbaren Geschmäcker und Ohrfeigen nicht beliebig. Manche Geschmäcker und Ohrfeigen machen, so wie die menschliche Natur nun einmal beschaffen ist, an allen Orten unserer Welt *dauerhaft* unglücklich. Deshalb wissen wir im Allgemeinen auch, was gut und was böse ist. Es existiert so etwas wie eine menschliche *Basismoral*, deren Kenntnis zu den einfachen Dingen des Lebens gehört.

Niemand, der sich für die Angelegenheiten anderer überhaupt interessiert, wird leugnen, dass es im Bereich der Moral vielerlei Komplikationen gibt, die durch besondere kulturelle Umstände oder einfach dadurch entstehen, dass wir es mit einer komplexen Situation zu tun haben. Davon rede ich im Moment nicht. Ich rede nicht davon, ob es sündhaft sei, Alkohol zu trinken, vorehelichen Sex zu haben oder kein koscheres Fleisch zu essen. Ich rede an dieser Stelle auch nicht davon, ob es unter einem folgenorientierten ethischen Gesichtspunkt als wünschenswert erschiene, tierische Stammzellen in menschliches Gewebe zu implantieren oder genetische Mischwesen herzustellen. Nein, mir geht es hier bloß um Dinge, die eine Folge allgemeinmenschlicher Bedürfnisse und Neigungen sind. So wie alle Menschen Hunger und Durst haben, so leiden alle Menschen darunter, missachtet, misshandelt und zu einem Leben gezwungen zu werden, das sie als Zumutung und Nötigung erfahren.

Wer behauptet, die Idee einer Basismoral sei naiv, weil alles Moralische durch religiöses Brauchtum, Sitte und nationale Eigenart unauslöschlich „imprägniert" sei, mag in manchen Kreisen des postmodernen Diskurses einen glänzenden Eindruck hinterlassen. Was mich betrifft, so halte ich eine derartige Position, um es freundlich zu formulieren, für den Ausdruck einer guten Absicht, die von falschen Voraussetzungen ausgeht, deren Realisierung teils abstoßende, nicht selten menschenverachtende Folgen hätte, wie das folgende Beispiel hinlänglich demonstriert:

Es besteht weitgehend Einigkeit darüber, dass in unseren Gesellschaften, die den Gleichheitsgrundsatz zu den fundamentalen Prinzipien des Zusammenlebens zählen, Frauen unter keinen Umständen diskriminiert werden dürfen, und es gilt daher zu Recht als Skandal, dass Frauen dennoch im Berufsleben schlechter behandelt werden, sowohl was ihre Karrierechancen als auch ihr Einkommen betrifft. Dennoch gibt es nach wie vor Kulturalisten, die es in diesem Zusammenhang für nötig erachten, gegen eine „eurozentrische Sichtweise" zu wettern, wobei ihnen selbst der Gleichheitsgrundsatz nicht unverdächtig ist. Zwangsverheiratung und körperliche Züchtigung, sexuelle Gehorsamspflicht und Scheidungsverbot wären demnach, falls Frauen derartige Grausamkeiten zu erdulden hätten, anders zu bewerten als bei uns, sofern dahinter – sagen wir – die geheiligte Tradition des Islam steht.

Ich verstehe wenig vom Islam und seiner geheiligten Tradition, doch ich verstehe einiges von den Motiven unserer Kulturrelativisten. Sie wenden sich gegen die historisch manifeste Herrschsucht, den imperialistischen Geist des westlichen Traditionskreises. Dabei freilich schießen sie weit über das Ziel hinaus, wenn sie die Anforderungen der menschlichen Natur ignorieren und bereit sind, die vielbeschworene Würde fremder Traditionen über das Glück derer zu stellen, die unter ebenjenen Traditionen zu leiden haben. Nicht der Umstand nämlich, ob in einer Kultur das Patriarchat die Beziehungen zwischen Männern und Frauen seit jeher prägt, ist vom moralischen Standpunkt aus entscheidend. Moralisch entscheidend ist vielmehr, ob die Frauen unter der Herrschaft der Männer nicht nur leiden, sondern deshalb leiden, weil sie sich in ihrer Selbstbestimmung auf eine Weise beeinträchtig fühlen, die ihre Selbstachtung dauerhaft schwer frustriert.

Um das zu verstehen, bedarf es keiner glasklaren Definitionen und keiner Goldwaagen. Ob in Tschetschenien, Nigeria oder Österreich, ob bei den Eingeborenen in Neuguinea oder unter den Mitgliedern des schwedischen Nobelpreiskomitees – in jedem Fall werden die Menschen beiderlei Geschlechts danach streben, ihr Leben gemäß Regeln zu organisieren, die es ihnen unter den jeweiligen Wohlstandsbedingungen gestatten, so *selbstbestimmt* und *selbstachtungsorientiert* wie möglich zu existieren. Denn nur auf diese Weise werden sie hoffen können, ihr Leben zugleich *so glücklich wie möglich* zu leben. Damit ist über die Qualität des Glücks im Einzelfall noch nicht entschieden; sicher aber scheint, dass Glück zu den knappsten Gütern auf Erden zählt. Es ist knapper als Öl und flüchtiger als Goldstaub.

So gesehen erhält die Sorge, ob wir heute nicht nach Formen persönlicher Unabhängigkeit streben, welche die Psyche des Einzelnen beschädigen und darüber hinaus unser soziales Gewebe zerstören, einen immerhin diskutierbaren Rahmen. Statt die Sorge in allzu abstrakten Begriffen zu formulieren – vom Genussmenschen ohne Herz bis zum Untergang des Abendlandes – oder sie mit Hilfe plakativer Zeiterscheinungen wie „Komatrinken" und Magersucht zu dramatisieren, sollten wir uns, angesichts immerhin denkbarer sozialer Alternativen, folgende Fragen stellen:

Erstens, sind wir in der Lage, uns eine Gesellschaft vorzustellen, in der es den Menschen leichter möglich wäre, ein Leben in Würde und Selbstachtung zu führen? Zweitens, ist eine Gesellschaft vorstellbar, in der die Fähigkeit, über unser eigenes Leben zu bestimmen, effektiver genützt werden könnte, um glücklich zu sein, ohne deswegen durch würdeloses Handeln unsere Selbstachtung preiszugeben? Anders gefragt: Ist eine Gesellschaft vorstellbar, in der die Menschen glücklicher wären, obwohl sie ihr Glück mittels Einwilligung in ein Regime der Fremdbestimmung, des politischen Paternalismus – also zumindest einer sanften Variante des Totalitarismus – erkaufen müssten?

Falls wir uns berechtigt glauben, die gestellten Fragen eher zu verneinen als zu bejahen, bedeutet dies noch nicht, dass wir in der besten aller möglichen sozialen Welten lebten. Aber es bedeutet, dass es zur Freiheitskonzeption unserer Gesellschaft, zu unserem Individualismus und unserem Streben nach Unabhängigkeit keine grundsätzliche Alternative gibt, die es wert wäre, grundsätzlich umzudenken und radikal umzukehren – ja, in welche Richtung denn und wohin? In Richtung Kirchenstaat? Zurück ins Mittelalter? Hin zum Neopatriarchat? Oder sollten wir gar den Gang zu den Urmüttern antreten, weil der Kapitalismus Haifischzähne hat und der „Bolognaprozess" statt Bildung Bildungsbürokratie produziert? Wenn nicht, was meinen dann diejenigen, die uns versichern, so könne es nicht weitergehen?

Sehen wir von der üblichen Zivilisationsverdrossenheit, ob romantischer, reaktionärer oder nostalgischer Spielart einmal ab, dann handelt es sich hier am ehesten um eine Mixtur aus Übellaunigkeitsopportunismus und dekonstruktionslustiger Denk-Attitüde. Man geriert sich als übellauniger Dekonstruktivist, weil ein derartiges Verhalten unter Intellektuellen und solchen, die es gerne sein möchten, gerade hoch im Kurs steht und Anerkennung verspricht. Dass es auf gar keinen Fall so weitergehen könne: Das ist die Klage und Anklage der wortgewandten Sprecher unserer Bildungsschichten, die allerdings kaum jemals die Courage oder Energie aufbringen, sich wenigstens selbst zu ändern. Warum sollten sie auch? Obwohl es angeblich auf keinen Fall so weitergehen kann, könnte es jenen, die uns diese trostlose Diagnose übermitteln, kaum irgendwo besser gehen, solange sie bleiben, was sie sind: missgestimmte Schöngeister.

***

Free Schach ist Zeichen einer tiefen existenziellen Krise. Es ist ein Zeichen dafür, dass es auf derselben Etappe, im selben sozialen Biotop gleichzeitig zu viel Freiheit und zu wenig Lebendigkeit gibt. Die Folge davon ist eine Jagd nach Glücksmomenten, die sich zwar unter dem Einfluss von allerlei Muntermachern, von Alkohol und Drogen, von sexuellen und anderen Stimulanzien einstellen, doch nichts daran ändern, dass man nicht dauerhaft lebendig ins Leben zurückkehren kann. Man lebt in einer Welt des Zwielichts, einer *Twilight Zone*, und das dort vorherrschende Lebensgefühl ist das eines Zombies. Wollte man einen etwas angestrengten, aber vielleicht illustrativen Vergleich bemühen, dann ließe sich sagen: Wären die Helden des Kultfilms *Easy Rider*, der 1969 das rebellische Lebensgefühl der jungen Generation in die Formel „Freiheit" packte, am Ende nicht durch die Baseballschläger und Gewehrschüsse amerikanischer Kleinbürgerfaschisten ums Leben gekommen, dann hätten sie sich sehr bald, zwischen leeren Bierdosen und Schnapsflaschen hockend, von ihren sexmüden Freundinnen verlassen, kiffend und koksend beim Free Chess wiedergefunden. Das ist die wirkliche Pointe des Films, die allerdings nicht ausgespielt wird und daher unbemerkt bleibt.

Es kann gar keinen Zweifel geben, dass Freiheit und Glück irgendwie zusammenhängen. Man braucht, um einen Menschen unglücklich zu machen, ihn nur einzusperren oder ihm einen jener Freiheitsräume zu verweigern, von denen er glaubt, sie stünden ihm zu. Trotzdem liegt die Betonung auf dem Wort „irgendwie", sobald es um die Frage geht, nicht wie Unglück und Unfreiheit, sondern wie Glück und Freiheit zusammenhängen. Sicher ist nur, dass die Vorstellung verfehlt ist, aus beengten, als „reaktionär" und gefühlstötend empfundenen Verhältnissen auszubrechen könnte für sich allein bereits glücklich oder auch nur glücklicher machen. Das ist der *Easy-Rider*-Irrtum.

Mit dem Wegfallen der Beengung, und sei es der Beengung durch eine repressive und verlogene Kultur, ist es ähnlich wie mit dem Aufhören von Zahnschmerzen: Glücklich ist man, solange die Erlösung vom Schmerz *spürbar* bleibt. Aber nach der Erlösung kommt unter Umständen die lange Durststrecke des Erlöstseins. Man spürt die Bewegung des Befreitwerdens nicht mehr, man ist bloß frei. „Bloß" deshalb, weil sich in die faktische Freiheit, die als solche gefühlsmäßig erst durch ihren Entzug wieder real würde, sehr rasch ein Moment der Langeweile einschleicht, der Nervosität und Lebensunruhe: Es tut einem zwar nichts mehr weh, man ist nicht mehr gefangen, doch was jetzt? Free Schach ...?

Es muss also bei dem Zusammenhang zwischen Freiheit und Glück jedenfalls auch darum gehen, die Freiheit lebendig zu erhalten. Das geht aber nicht einfach dadurch, dass man auf die Freiheit an sich setzt, wie es die Helden aus *Easy Rider* tun. *Born to Be Wild*, der Song der Gruppe *Steppenwolf*, der im Film mit unterlegtem Motorradknattern daherröhrt, klingt wie eine Lebendigkeitsdevise. Er bringt jedoch eher das Gefühl einer ziellosen Lebensform zum Ausdruck, für die der endlose Weg das Ziel ist und die sich selbst mit dem verwechselt, was der Natur des Menschen am besten entspricht.

Das Gefühl, lebendig zu sein, *kann* sich in der Gefangenschaft, innerhalb unüberwindbarer Kerkermauern, unter Umständen intensiver und authentischer einstellen als auf der monotonen Landstraße, die rund um den Globus zu laufen scheint. Dabei muss allerdings vorausgesetzt werden, dass der Eingekerkerte von einer Aufgabe *beseelt* ist, die nicht die Überschreitung seiner ihm gesetzten äußeren Grenzen erfordert. Es mag sich um die Verwirklichung eines inneren Ideals oder einer Glaubenseinstellung handeln. So kann der, der im Gefängnis von Gott gerufen wird, diesem Ruf folgen: Er studiert die Heilige Schrift, spricht Gebete, meditiert, vollbringt Werke der Nächstenliebe, bemüht sich nach Kräften, ein gottgefälliges, tugendhaftes Leben zu führen; und so gelingt es ihm, die einem Häftling mögliche Freiheit zwar (wie er es sieht) dank Gottes Hilfe, aber doch aus dem redlichen eigenen Bemühen heraus – „selbstbestimmt" – mit einem Sinn zu begaben, der noch die beengte Gefängnisexistenz mit dem Gefühl, lebendig zu sein, erfüllt.

Es scheint von grundlegender Bedeutung, dass das Gefühl, frei zu sein, und das Gefühl, lebendig zu sein, nicht ohne Weiteres zusammenfallen. Das Gefühl, frei zu sein – *in irgendeinem erlebbaren Sinne* „frei" –, ist, so denke ich, eine notwendige Bedingung dafür, dass man sich lebendig fühlt. Aber kann man sich denn nicht auch in Ketten lebendig fühlen? Diese Frage erfordert eine etwas komplexere Antwort, als es auf den ersten Blick den Anschein haben mag.

Nicht in jedem, aber in irgendeinem erlebbaren Sinne kann man sich sogar in Ketten frei fühlen. Denn wenn auch der Körper durch Eisenfesseln reglos an einen Pfahl gebunden ist, so scheint es doch möglich, dass der Geist in einem mehr als rhetorischen Sinne frei bleibt. Ein Kämpfer für die gerechte Sache mag sich in seinem Vorhaben, auf eine freie Welt zuzuarbeiten, gerade dadurch bestätigt fühlen, dass die Unterdrücker ihn ernstgenommen und in Fesseln gelegt haben. Er wartet womöglich auf sein Todesurteil. Und wenn er noch im Augenblick des Todes triumphiert, weil er, wie er behauptet, sich erst jetzt richtig „frei" fühle, dann wird durch seine Henker vielleicht ein Zittern gehen: Hier sind sie, die keine Ketten binden und kein Strick zu Tode bringen wird, und doch sind sie es, die der rechten Freiheit entbehren; denn sie sind schäbige Büttel eines totalitären, auf dem Fundament profunder Unfreiheit errichteten Systems. Demgegenüber derjenige, den sie gerade das Leben nehmen: Er ist seiner Idee treu geblieben, ja, er ist – das lehrte die Geschichte nicht bloß ein Mal – dabei, dieser seiner Idee durch seinen Tod eine mächtige Waffe zu schmieden. Ist nicht er, der Mann des unbeugsamen Geistes, der wahrhaft Freie?

Gewiss, an diesem Punkt entstehen die Heldenlegenden, deren vielverehrte Originale oft nichts weiter waren als selbst gewalttätige, nicht selten zur Bösartigkeit neigende Kohlhaase, Psychopathen, die den Schergen mehr aus Dummheit denn aus Heldenmut ins Netz gingen. Und doch: Es gab und gibt den geistig Freien, der in Ketten liegt und dessen Tod gerade von der Lebendigkeit kündet, die ein Leben auszeichnete, das sich der Tugend weihte, allen voran der Freiheit als Tugend einer herbeigesehnten Solidargemeinschaft der Gleichen. Und ich denke, es hat einen guten Sinn, wenn man das Leben eines solchen Helden dann nicht unglücklich nennt, sondern im Gegenteil, trotz all der erlittenen Pein von der *inneren Beglückung* spricht, für das rechte Ideal gelitten zu haben und gestorben zu sein.

Zugegeben, wir reden über den seltenen Fall, in dem wir wirklich von einem Helden in Ketten sprechen dürfen, noch dazu von so einem, der nicht erst nachträglich, durch seine Bewunderer, zu einem wurde, egal, wie er sich zu Lebzeiten gefühlt haben mag. Der wenig erhebende Durchschnittsfall hingegen kennt den wenig oder gar nicht zum Heldentum Begabten, der das Los seiner Ketten bestenfalls mit zusammengebissenen Zähnen erträgt. Für diesen, also für die meisten von uns, sind Ketten einfach Ketten; sie machen uns unfrei und stürzen uns ins Unglück.

Und nur wenn die Worte hier ohne Bedacht, gleichsam fahrlässig gewählt werden, könnte die Rede davon sein, dass der, der in Ketten liegt, sich auch noch in diesem erbarmungswürdig reduzierten Zustand lebendig fühlt, und zwar solange er *fühlt,* dass er in Ketten liegt. Vielleicht ist man, als ein in Ketten Gelegter, ja noch dazu fähig, sich einer gewissen lakonischen Rhetorik zu bedienen: Immerhin fühle man, dass man lebe – so könnte man auf die Frage eine Reporters antworten, um zu signalisieren, dass das Einzige, was einem gelassen wurde, eben nichts weiter sei als das eigene nackte Leben.

Ob die Erlebnisse, die man hat, positiv oder negativ sind, es handelt sich um fühlbare (und meistens untrügliche) Anzeichen dafür, dass man lebt. Aber das schließt eben nicht aus, dass, indem man lebt, man gleichzeitig Erlebnisse hat, die keineswegs zu dem Urteil berechtigen, man fühle sich lebendig. *Man kann fühlen, dass man lebt, indem man das Gefühl hat, nicht lebendig zu sein.* Diesen Zustand möchte ich, in Anknüpfung an eingangs schon Gesagtes, nämlich zur Bewusstwerdung der Spannung zwischen dem Wirklichen und dem Wahren, als „unglückliches Bewusstsein" bezeichnen. Denn ich denke, es besteht ein Mentalitätsunterstrom zwischen den (philosophisch postulierten) Zuständen des unglücklichen Bewusstseins – also der Lage des geistigen Menschen, der beklagt, von seinem Sein, seinem Wesen, seiner Wertnatur „entfremdet" zu existieren – und der typisch literarischen Klage über ein Gefühl der Leblosigkeit mitten im betriebsamen Frieden, der dem Menschen doch eine Heimat zur Entfaltung einer möglichst zwanglosen Identität bieten sollte.

Die Free-Schach-Situation hat also dieses Zweideutige an sich: In ihr ist die Freiheit absolut geworden, jedenfalls die dem Menschen mögliche Freiheit. Aber diese Freiheit repräsentiert eine Art Leiden. Man spürt, dass man lebt, indem man darunter leidet, dass man ohne Sinn zu leben hat. Das Gefühl der Sinnlosigkeit, das unter der gnadenlos existenziellen Freiheit auftritt, lässt einen schmerzhaft spüren, dass man lebt, während man das Gefühl, sinnlos leben zu müssen, gleichzeitig als das Gefühl deuten mag, nicht wirklich lebendig zu sein.

Inwiefern bieten dagegen die einfachen, elementaren Dinge des Lebens einen Schutz? Unter anderem dadurch, dass sie ein Konzept der Basismoral einschließen. Wir haben dieses Konzept als eine Antwort auf die Frage „Freiheit wozu?" begriffen. Die Antwort umfasst jedenfalls drei Wertuniversalien, deren Verwirklichung für jede Idee des guten Lebens fundamental ist. Diese Universalien, die innerlich zusammenhängen, sind Selbstbestimmung, Selbstachtung und Glück. Vor dem Hintergrund des unglücklichen Bewusstseins erkennen wir nun aber, dass hier noch immer eine Frage bleibt, und zwar eine wirklich tiefe, den Sinn unserer Existenz in ihrer jeweiligen Einzigartigkeit anrührende Frage. Was ist das richtige Verständnis der Wertuniversalien?

Wir kennen Formen der Selbstbestimmung, Selbstachtung und natürlich auch des Glücks, von denen wir sagen würden, sie seien nicht die richtigen, selbst dann, wenn sie die kantische Bedingung erfüllen, mit dem gleichen Ausmaß an Selbstbestimmung, Selbstachtung und Glück bei allen anderen vereinbar zu sein. Nietzsche wollte mit dem Typus des letzten Menschen eine Gesellschaft skizzieren, in der man ungezwungen und ohne sich für seine Taten missachten zu müssen in Ruhe glücklich sein kann, wobei freilich dieser Gesellschaft jener Überschuss an Bedeutung fehlt, der notwendig wäre, um das Ganze mit Sinn zu begaben: mit einem Sinn, dessen Transzendenz – der Pfeil der Sehnsucht fliegt über den Menschen hinaus – erst gewährleisten würde, dass die in Freiheit Glücklichen, die sich nichts vorzuwerfen haben, sich dann auch lebendig fühlen.

Man möchte also sagen, die letzten Menschen repräsentierten die schlimmste, weil ethisch untadelige und daher ihrer selbst nicht mehr durchsichtige Form des unglücklichen Bewusstseins. Daraus lässt sich nun aber eine wichtige Konsequenz für die Basismoral gewinnen: Ihre zentralen Wertuniversalien müssen so entfaltet werden, dass deren Verkörperung im Kollektiv nicht bloß einen selbstbestimmten Zustand des individuellen Glücks von Menschen, die sich selbst achten (und achten dürfen), befördert, sondern darüber hinaus ein Gefühl des Lebendigseins jedenfalls nicht blockiert.

Doch: Wie fühlt sich dieses Gefühl an? Was ist sein Erlebnisgehalt? Das sind wahrscheinlich keine guten Fragen, weil sie zu direkt auf den Punkt zielen. Beginnt man analytisch gleichsam darauf zu starren, dann verschwindet das Objekt der Betrachtung, und das, was übrigbleibt, ist womöglich nur das triviale Faktum, dass man lebt und als lebendiges Wesen Gefühle und andere Bewusstseinszustände „hat", manchmal mehr, manchmal weniger selbstbewusst. Dennoch sind jene Fragen nicht sinnlos. Ihre Beantwortung erfordert allerdings, so scheint mir, ein Umkreisungsverfahren. Wir dürfen nicht zu schnell auf den Punkt kommen. Wir sollten stattdessen, uns im Umkreis bewegend, den Punkt – den Mittelpunkt unseres Fragens – langsam zu uns kommen, auf uns zukommen lassen.

Das hat auch insofern seine Berechtigung, als das Gefühl, lebendig zu sein, nicht zu jenen Gefühlen zählt, die sich auf direktem Wege herstellen lassen, so wie das Wohlgefühl infolge des Verzehrs einer Lieblingsspeise oder das Wonnegefühl infolge einer sexuellen Aktivität, die zum Orgasmus führt. Alle Wohl- und Wonnegefühle zusammengenommen brauchen an sich noch nicht das Urteil zu rechtfertigen, man fühle sich lebendig. Das eben ist ein Teil des Problems des unglücklichen Bewusstseins, nämlich jener Teil, der uns besonders irritiert, weil er für unsere Kondition – die Verfasstheit des modernen und postmodernen Menschen – charakteristisch zu sein scheint: Das Gefühl, lebendig zu sein, ist erst sekundär beschreibbar als das Ergebnis einer Aktion, und sei es einer höchstmoralischen, wozu der kuli-

narische und sexuelle Genuss ohnehin nicht gehören, obwohl es sich
auch dabei um erlebnisintensive Aktivitäten im Medium des Lebendigseins handeln mag. Primär hat das Gefühl, lebendig zu sein, etwas
von jenen Stimmungen an sich, die einem – wie soll man sagen? –
gewährt werden.

Offensiv gesprochen: Mit diesem Gefühl, das mehr eine Offenbarung, ein Aufleuchten von Bedeutung, ein Durchleuchten von Sinn
durch das Sinnliche ist, wird man „begnadet". Ja, wir bewegen uns
hier eher im Bereich der Gnade als der kalkulierbaren Ergebnisse des
tätigen Lebens. Deshalb die auf den ersten Blick befremdliche Äußerung, die Walker Percy seinem Helden in den Mund legt, nämlich
jene, wonach das Problem des Lebens für den religiösen Menschen
darin bestehe, *how to live from one ordinary minute to the next on a
Wednesday afternoon.* Man fragt sich vielleicht, warum ausgerechnet
darin das Lebensproblem des religiösen Menschen liegen solle. Und
die Antwort, die einer gewissen Zirkularität nicht entbehrt, lautet:
weil es sich dabei um das Problem der Gnade handelt; und weil jeder
Mensch, der das Problem seines Lebendigseins als ein Problem der
Begnadung eher denn als eines des richtigen Aktivseins, der *vita acti-
va*, erfährt, ein religiöser Mensch ist.

Unser unglückliches Bewusstsein bestünde demnach darin, dass
wir, indem wir uns in einen Zustand umfassenden Aufgeklärtseins
versetzt haben, das Gefühl, lebendig zu sein, *mit der falschen Art von
Glücksbegrifflichkeit zu umkreisen versuchen.* Wir denken an das
Glück, das auf dem Boden selbstbestimmter Selbstachtung gedeiht,
das Glück, für das wir zu Recht sagen dürfen: Wir selbst sind unseres
Glückes Schmied. Aber soweit und solange wir bloß selbst unseres
Glückes Schmied sind, dürfen wir zwar hoffen, uns lebendig zu fühlen, aber doch nur, wenn wir diese Hoffnung nicht ihrerseits als einen
Anspruch missverstehen, der im Rahmen unserer Autonomie prinzipiell einlösbar wäre. Auf die Gnade des Glücks, uns an einem Mittwochnachmittag von Minute zu Minute lebendig zu fühlen, haben
wir keinen Anspruch, obwohl sie uns als der tiefste Sinn all unseres
ethischen Strebens – als die Sehnsucht in uns allen – einleuchtet und
bewegt.

5. ÜBER DAS GEFÜHL, LEBENDIG TOT ZU SEIN

Oder sind das Wolken? Dochdoch, das sind Wolken. Das müssen
Wolken sein. Also stürzt er, ein Fliegender unter Vögeln, auf ei-
nen wirbelnden Himmel zu ...
(Christoph Ransmayr: *Morbus Kitahara*)

Und dann ist er gelandet. Er liegt im Staub. Es ist der Staub der Wüste, in die er sich hat fliegen lassen, zusammen mit einer Gruppe Wüstenhungriger, um dann spätabends, auf dem Rücken eines geduldigen Kamels, hinaus ins leere Rund der Dünen zu schaukeln, aus denen da und dort, am Ort ihrer Nachtrast, windschiefe Stangen herausragen. Ist es ein Zeichen? Ist es keines?

Du könntest, wenn du es nicht besser wüsstest, die Stangen, wie sie so dastehen, windschief im Leeren der Mondhelle, und ihre um sie herum gelagerten Schatten für mythische Gestalten halten, ausgemergelte Wächter uralter Wüstengeheimnisse, nach denen du dich ebenso verzehrst wie sie dir im Grunde, aufgrund des Kalküls deines rückflugticketbewehrten Touristensinns, realistischer Weise völlig egal sind. Was immer ihre geheime Botschaft sein mag, du würdest sie, ausgebuddelt aus welchem Sand auch immer, tausendprozentig für wahr halten, und zwar umso wahrer, je sicherer du dir sein könntest (und du bist dir hundertprozentig sicher), dass du sie nach einer Weile tiefen Staunens, sobald dich der Hunger zurücktreibt zur Horde der anderen, ohne Bedauern hierlassen würdest. „Dalassen, wo alles hingehört."

Auch der Mond steht, wo er hingehört. Am Himmel, verkratert, weißlich, eine riesige Scheibe, die all dem Einen rundum – ja, es ist ein Eines aus Myriaden Sandteilchen, Luftteilchen, Lichtteilchen – einen milchigen Glanz verleiht. Eine honige Aura. Milch und Honig werden fließen, so heißt es doch, oder? Astronomisch gesehen muss in wenigen Minuten Vollmond sein. Aber das nur nebenbei.

Denn er liegt im Sand, der Wüstenpilger, heißwangig, mit ausgetrocknetem Mund und müht sich, seine Lippen mit namenlosen Sandkörnern zu benetzen. Der Ausdruck „benetzen" geht ihm in diesem Zusammenhang, seinem Wüstenpilgerzusammenhang, nicht aus dem Kopf, der um Unbesorgtheit besorgt ist. Wozu wäre er sonst hergekommen? Er will die Schöpfung an seinen Lippen spüren, fraglos spüren an seinen bereits aufgerauhten Lippen im noch nachtwarmen Sand (das Frösteln der Nacht steht schon rundum am Horizont). Sein Gesicht im Sand will er eintauchen in die Unendlichkeit der Räume, aber nicht als einer, der erschrickt über die Menschenleere der Welt. Er will beten. Beten vor einem einzigen Sandkorn (dazu muss er freilich sein Gesicht ein wenig erheben), mitten im Sandmeer, das über die Rampe der Dünen in den Horizont ausläuft.

Gott, mach, dass ich beten kann! Damit ich, mit meinem Gesicht im Staub, vor diesem Deinem Sandkorn ehrfürchtig, sprachlos, fern der Begriffe, die Spaltung bedeuten, zu verharren vermag. Damit sich mir das Sandkorn öffnen möge als eine Frucht der Schöpfung, die alles Lebendige in sich trägt und deshalb alles IST; die nichts in sich trägt als das Glück der Ewigkeit: das Ewigkeitsglücksgefühl, lebendig zu sein!

Sollen wir ihn einen Narren schimpfen, ihn, der sich mit Flugzeug und Kamel auf die Suche nach der Schöpfung, nein, nach dem Schöpfungsgefühl begab? Er will lebendiger Staub werden, und dann, endlich, Staub zu Staub ... Aber das, dieses sein sehnsuchtsinniges „Staub zu Staub", soll ihn, den Halblebendigen erst lebendig machen, im Rauschen eines Flügels, der sich aus allen Himmelsrichtungen über ihn, den Betenden, senkt. Was ist er denn anderes als Staub von Sternenstaub, ein Sandkorn im Ozean der lebendigen Wüste, ziellos treibend, indem er hier und jetzt in der Stille verharrt – ein Tränensandkorn im Wüstenangesicht des Engels (freilich, von den Dünen her klingt das Schwatzen und Schwirren und Scheppern der Leute vom Touristencatering zu ihm herüber, ein trauliches Gemurmel in seiner Einsamkeit).

Er betet. Er wartet. Er weint heiße Tränen. Er betet, wartet und weint, doch ach, nichts passiert. Nur ein formloser Druck lastet auf seiner Stirn, mit der er schließlich, da Sandkorn um Sandkorn zu sein scheint, was es ist – ein Sandkorn, benetzt von den heißen Tränen seines Gebets –, vergebens im Sand wühlt; und das Sirren in seinen Ohren hört sich an, als ob sein Kopf voll wäre mit stählernen Zikaden; und das Pochen seines Herzens ist ein dumpfes Krampfen in seinem Hals. Ja, er will im Erdboden versinken, um dem Himmel, den er nicht spürt, nicht zu spüren imstande ist, näherzukommen.

Wenn es sein muss, will er Erde fressen! Er will sich, einem Sandwurm gleich, durch die Erde durchfressen, bis er beim Himmel wieder herauskommt. Er will durch das Nadelöhr der äußersten Demut, der schonungslosesten Demütigung seines Selbst, um in jenem Stadium seines Lebens, in dem er nun feststeckt – er nennt es sein „saturiertes Stadium" (mit dem Flugzeug um die Welt, mit dem Kamel quer durch die Wüste, alles Businessklasse, alles inbegriffen) –, sich seinem Schöpfer angemessen, nämlich in der vorbehaltlosen Haltung bedingungsloser Kapitulation, zu präsentieren. Doch ach, nichts passiert. Nichts, nichts. Er bleibt der Alte. Die riesige Scheibe des Mondes steht bleich am Himmel, er spürt sie als emaillierten Panzer kalt im Nacken (plötzlich erinnert er sich, hier und jetzt, mitten in der Wüste, *all inclusive,* an die Sommerfrischen seiner Kindheit, wo man in kleinen ländlichen Gästepensionen logierte, in denen emaillierte Nachttöpfe unter den Betten standen und ein Schild an der Zimmertür informierte: „Wassertoilette am Gang"). Nein, er möchte nicht in den Weltraum fliegen, um von dort, aus der schwarzen Unendlichkeit, auf die Erde hinunterzublicken, auf den sagenhaften „blauen Planeten" – was für eine kindische Anmaßung! Er möchte sich vielmehr als GESCHÖPF fühlen dürfen, aber er fühlt sich bloß wie immer, ein wenig allein, ein wenig tot und viel zu sehr als er selbst, umringt von windschiefen Stangen (Zeichen?), die vermutlich nur Pflöcke sind, um die Kamele anzubinden.

Kein brennender Dornbusch, wo sollte denn auch plötzlich einer herkommen, aber andererseits: Warum nicht? Warum, verdammt noch mal, nicht?! Keine Stimme aus dem brennenden Dornbusch: *Komm nicht näher!* Na schön, das musste einen Grund haben, aber welchen? Waren nicht seit jeher alle brennenden Dornbüsche geheime Inszenierungen, Arrangements vifer Reiseleiter, die sich mit biblischen Tricks einen fürstlichen Bakschisch zu verdienen hofften? Gedemütigt wegen des großen Schweigens, angesichts der Gleichgültigkeit der schier unendlichen Räume, denen kein Laut entkommt, nicht einmal das ferne Grummeln eines greisen Donners, ist er, gegen seine eben noch gehegte Bereitschaft zur absoluten Kapitulation vor dem Geheimnis der lebendigen Schöpfung, schon wieder bereit, sich hochfahrend abzuwenden, seinen Tagesgeschäften zu. Dennoch fiebert er im Innersten nur nach dem einen: nach dem Gefühl, lebendig zu sein. Denn jeder Zweifel, dessen ist er sich gewiss, enthält einen Anhauch des Todes. Und an den Zweifel, der dauerhaft zu beleben imstande wäre, glaubt er, der die Kultur des Zweifelns aus dem Effeff beherrscht (er ist durch die Schule des Intellektualismus gegangen, bevor er sich den praktischen Dingen des Lebens, den Karriere- und Gelddingen zuwandte), schon lange nicht mehr. Seine Reise mit Flugzeug und Kamel – was wäre sie, wenn nicht sein höchstpersönlicher Exodus?

Aus der Richtung der Stangen kommt ein Ruf. Gleich hinter den ersten Dünen werden in einigen Minuten die Nachthäppchen gereicht, während die Zelte zum Schlafen aufgebaut werden (*all inclusive*). Er spürt jetzt in seinem Gesicht voller Tränen und Sand die Scham. Kalt brennende Scham. Er hatte dafür bezahlt, um einige Stunden dem Himmel näherzukommen. Um demütig werden zu dürfen. Um angenommen zu werden. Nun ist seine Zeit um, er muss zurück zum Tross.

Als er sich erhebt, verlegen darum bemüht, den Staub *nicht* von seinem Gewand zu wischen (Khaki, was für ein Unsinn), sieht er da und dort noch andere Mitreisende sich aus dem Sand emporrappeln. Mit ihren Händen fummeln sie über ihre Gesichter, so wie auch er jetzt, in ungebührlicher Hast. Das hätte er nämlich fast vergessen: den Dreck rund um seine müden, brennenden Augen, in seinen Nasenlöchern, seinen Ohren und Haaren. Alles voller Dreck. Der Sand klebt auf seinen Wangen, die – dessen wird er sich nun angewidert bewusst – vor kalt brennender Scham regelrecht glühen.

Nein, was immer er war und ist und sein wird, er ist kein Geschöpf, das sein Gesicht erst im Sand der Wüste vergraben müsste, bis ihm, dem demütig Katzbuckelnden, der Mond in den Hintern scheint. Das Universum ist keine Schöpfung, der er erst entgegenwachsen müsste, indem er sich vor ihr im Nachtstaub einer Wüste vergräbt, die ihn nichts angeht, niemals etwas anging und niemals etwas angehen wird. Und plötzlich hat er eine bildlose Vision, eine Wortoffenbarung wird ihm zuteil. Sie wird ihm auf die Zunge gelegt, er spricht sie aus und keiner hört ihn: *Es ist, wie es ist.*

Und weil ihn keiner hört, gehört die Wortoblate ihm. Er schluckt sie, sie wird sein Leib. Das ist von nun an die Formel, mit der er durchs Leben gehen will, durch sein ihm noch verbleibendes kurzes Leben, seinem dritten und vermutlich letzten Herzinfarkt entgegen. ES IST, WIE ES IST. Und da, auf einmal, während er so dasteht und nichts weiter denkt als diese paar gehaltlosen Worte – der Titel eines vor langer Zeit, in den Tagen seiner Bildungswut verschlungenen Romans fällt ihm wieder ein, *The Solid Mandala* –, da spürt er einen kleinen Schwindel, als ob der Boden unter ihm nachgäbe und doch, paradoxes Gefühl, dieses Nachgeben kein Abrutschen wäre (es soll ja da und dort riesige Kavernen geben unter dem Wüstenboden, in denen man spurlos verschwindet).

Was dann? Er zögert, dann hat er die Lösung. Ha! Kein bloßes Hirnkonstrukt, nicht das Fiebergespinst überreizter Nerven, nein, die unantastbare Lösung, eine Erleuchtung: Worauf es ankommt, ist ein

Einverständnis, das alle Dinge umfasst, die guten und die bösen, die schönen und die hässlichen, die starken und die schwachen, die gesunden und die kranken, kurz: ein *bedingungsloses* Einverständnis, gleichsam, nein, buchstäblich ein Welteinverständnis.

Das ist es, es fällt ihm wie schwerer, toter Sand von seinen Lidern. Ihm scheint, dass er das erste Mal im Leben bei offenen Augen die Augen aufschlägt. Was war denn die Welt – „die Welt", ha, pappiges Wort – bisher für ihn gewesen? Eine Leiche, begraben unter einem grabdeckelschweren Vorbehalt: Es ist, wie es ist, *aber* nicht so, wie es sein sollte. Und nun, als er sich mit leicht gewordenen Lidern und singendem Herzen umschaut, formen seine Lippen ein solides, grundsolides, in sich gerundetes Mandala: *Es ist, wie es ist.* Das nennt er, dem Enthusiasmus des Neubekehrten ergeben, seine „Kapitulationsformel".

Und das ist zugleich, da gibt es nun für ihn gar keinen Zweifel mehr, das Ende seines lebenslangen Widerstands, an den er sich, ganz angemaßter Realist, ganz überheblich kritischer Geist, geklammert hatte, als hinge sein Leben davon ab, obwohl es sich im Anklammern verbrauchte, abnutzte und fühllos wurde. Denn das, was war, wurde doch nie so, wie es sein sollte.

Und nun, endlich, lebt er im Schutzmantel seines Mandala-Effekts, umhüllt von unzerstörbarer Geborgenheit, zarter und stählerner, als jede Plazenta es jemals sein könnte: *Es ist, wie es ist, und mehr ist da nicht.* Irgendjemand hinter den Dünen schreit durch ein Megaphon, vermutlich auf Anordnung des Cateringchefs, der sich um die Genießbarkeit seiner Speisen Sorgen zu machen beginnt (ha, die immerfort Besorgten!): „La lune est dans son plein, mesdames, m'ssieurs, enjoy your late night supper, s'il vous plaît …"

***

Was sie nicht verstanden, war seine Ausdrucksnot; er musste irgendetwas ausdrücken. Wie hätte er andernfalls wahrhaft sagen können: „Ich existiere"?
(Patrick White: *The Solid Mandala*[33])

So also kehrt der Wüstenpilger nach Hause zurück: Geborgen, gesättigt, als Neugeborener im Schaukeln seines Kamels, in der Kühle des reiherfarbenen Morgendämmers, bevor die Sonne aufgeht über der Wüste und sich die Tiere – Echsen, Skorpione, Schlangen – im Sand verkriechen. Im Flugzeug dann der Blick durchs Fenster: die gleißende

Fläche des Meeres, zunächst noch begrenzt durch die Küstengischt, später grenzenlos gedehnt: *Es ist, wie es ist.*

Doch je näher er der Heimat und damit der immer gleichen Unruhe seines profanen Alltags kommt, umso weniger kann er seine Gedanken zum Stillstand bringen. Mandala oder Mantra? Was ist das richtige Wort für seine Kapitulationsformel?

Es ärgert ihn, dass er sich derart belanglose Fragen stellt. Trotzdem konsultiert er noch auf seinem Flug, der ihn langsam mit Langeweile wie mit Sägespänen auszufüllen beginnt, eines seiner elektronischen Geräte, die er stets mit sich herumträgt. Mandala oder Mantra? Doch wohl eher Mantra, denn, so steht's im Internet: „Mantra (Sanskrit), wörtlich Instrument des Denkens, der Rede. Bezeichnet eine formelhafte Folge von Worten, oft vielfach hintereinander rezitiert. Nicht selten als Gebet. Das Rezitieren kann sich über Stunden erstrecken. Es dient dem Freisetzen mentaler und spiritueller Energien."

Er spürt, das müsste es sein, am besten beides zugleich, sein Mandala-Mantra, warum nicht? *Es ist wie es ist wie es ist wie es ist ...* Unter ihm ist nichts mehr zu sehen, nur wolkenloser Dunst. Er nimmt sich vor, einmal täglich über den Wüstensand zu meditieren, oder vielleicht besser doch: über den Wüstenhimmel. Aber ist das eine nicht so gut wie das andere („gehupft wie gesprungen")?

Zu Hause, morgens, abends, zwischendurch, wenn seine diversen Lebensangelegenheiten ihm Zeit lassen – er ist, sagen wir, Architekt, freiberuflich, kleines feines Büro, Familie etc. pp., ein Ruhestandsflüchter mit zwei glücklich überstandenen Herzinfarkten –, übt er sich in der Kunst der Meditation. Ein Lehrer war rasch gefunden, in seinen Kreisen besteht schon lange kein Mangel an Trainern der Spiritualität. Unter dessen anleitender Nichtanleitung schnurrt er sein Mantra ab, denkt er an den Sand unter dem Himmel über der Wüste, sein Denken wird zu einem Mandala, einer fest gerundeten, in sich ruhenden Form aus Worten, die gleich den Kugeln eines Rosenkranzes in ihn hineinfallen, klick und klack, *es ist, wie es ist,* hinunter in eine schier bodenlose Tiefe, in den Brunnenschacht seines Unbewussten, nach dorthin, wo der Archetypus ruht, um, klack und klick, ruckweise wieder nach oben zu steigen.

Schließlich wird der Meditierende, nach einem langen, erschöpfenden, den ganzen Menschen ganzheitlich fordernden Training, Schritt um Schritt, wie auf einer Jakobsleiter ohne Jakobstraum und Jenseitsbrimborium, die sieben Himmel des Gleichmuts erklimmen, deren oberster Himmel höchste Fülle, weil vollkommene Leere zu sein verspricht. Kein Wunder, dass unser Architekt – ich denke, es ist keine falsche Zutraulichkeit, ihn so zu nennen – angesichts seiner unruhigen profanen Beschäftigungslage bisher kaum den ersten Himmel betreten durfte.

Rasch wird ihm, er gesteht es sich kaum ein, langweilig. Ja, er ertappt sich immer öfter bei der Langeweile, und bald weiß er, sie hat sich schon überall in ihm ausgebreitet. Nein, es liegt nicht daran, dass er Pläne zeichnen muss zur Umsetzung der immergleichen öden innovativen Ideen, für die sein kleines feines Architekturbüro bekannt ist. Nein, daran liegt es nicht, es liegt an der Mystik. Ja, er wollte sein Leben der Mystik zuführen, sein Bewusstsein anschließen an die spirituellen Energien, die aus den Tiefen der Welt kommen, Untiefen, die in ihm selber stecken mussten, weil doch alles letzten Endes Geist ist, ein einziger, unendlicher Geist. *The Cement of the Universe*, was sollte es denn sonst sein? Etwa Betonklötze, Atomklötzchen, das Gehüpfe und Geringel irgendwelcher bewusstseinsferner Quarks und Strings?

Und dann, akkurat in der Wüste, die Erleuchtung: *Es ist, wie es ist.* Seither ist er erleuchtet, oder? Doch das Leuchten wird schwächer, es wächst – er fühlt es, obwohl er zunächst vorgibt, es nicht zu fühlen – der Druck. „Was für ein Druck?", fragt sein Spiritualitätstrainer, denn Druck ist nichts Schlechtes, im Gegenteil. „Lasset die Bedrückten zu mir kommen", sein Trainer lacht sein perlendes Lachen, um ihm, dem Bedrückten, zu signalisieren:

Achtung, du befindest dich auf der untersten Sprosse, aber mach deinen nächsten Schritt nicht zu schnell, nach dem ersten Himmel kommt wieder der erste, nicht der letzte!

Er aber muss innerlich schmunzeln über die flachen Paradoxien seines Trainers, die jeder, der *Zenbuddhismus in zehn Minuten* gelesen hat, beliebig reproduzieren, deklinieren, variieren kann. Klatsche mit einer Hand! Verschränke zuerst deinen rechten Arm, dann deinen linken! Steh mit deinen Füßen Kopf! Ja, er klatscht mit einer Hand, verschränkt beide Arme einzeln, macht mit seinen Füßen einen Kopfstand. Doch das alles geht ihn im Grunde schon lange nichts mehr an. Es geht ihn nichts mehr an, seit er im Sand der Wüste diesen sandverschmierten Moment durchlebte, der ihn, einer Offenbarung gleich, dazu brachte, sich von der Schöpfung erlöst zu fühlen. Und erlöst von der Schöpfung zu sein, ist das nicht fast so gut, nein, so gut wie erlöst zu sein?

Damals, in jener Vollmondnacht unter dem Wüstenhimmel, als er dachte, bei offenen Augen die Augen aufzuschlagen, während ihm der Sand von den Lidern rieselte, um nicht zu sagen, wie Schuppen von den Augen fiel, damals dachte er, das sei haargenau dasselbe: Erlöst von der Schöpfung ist erlöst, basta! So dachte er, so wurde es ihm zur Gewissheit, ihm, der sich sein Leben lang nach der Erlösung verzehrte, damals, als er noch dachte, ein Geschöpf zu sein, ein Geschöpf in einer Welt voller Leiden, Unvollkommenheiten, voll des Bösen. Das, diese Botschaft, schien ihm unauslöschlich eingraviert in sein Mandala, das zu seinem Mantra wurde: *Es ist wie es ist wie es ist ...*

Doch nun, viele Monate später, gelangweilt von den Paradoxien seines Spiritualitätstrainers, glaubt er zu wissen, was ihm sein Leben lang dämmerte. Er lebt in der Wüste. In die Wüste fuhr er, um der Wüste zu entkommen. Und was geschah? Nichts. Das ist seine Tragödie, wenn man so will. Aber er will nicht. Er will nichts wissen davon, dass sein Leben eine Tragödie ist. Denn es ist keine. Niemand, der sich tot fühlt wie er, während er, erlöst von der Schöpfung, tief gelangweilt sein Mantra ableiert – ja, es ist ein Totfühlmantra, dieses immer gleich nach vorne offene *Es ist wie es ist wie es ist ...* –, wird ernsthaft behaupten dürfen, dass sein Leben eine Tragödie sei.

Dass er tot ist, ist ein Bild, eine psychoexistenzielle Metapher, sagt sein Spiritualitätstrainer, für den alles, was nicht in den Kram seiner Paradoxien passt, eine Metapher ist. Entweder Paradoxie oder Metapher, am besten beides. Auch Gott ist eine Metapher und eine Paradoxie dazu, eine paradoxale Metapher, und zwar eine archetypische. Das bedeutet, dass Gott so lange am Grund des Psychokellers schlummert, bis er sich zu regen beginnt, namentlich in Zeiten kollektiver Erhitzung. Dann kommt der Archetypus nach oben. Das ist dann, als ob sich ein riesiges Ungeheuer tief unten, am Grunde des Kellers, um- und umzuwälzen begänne, um, aus wüsten Träumen erwachend, an die Oberfläche zu steigen, dem Himmelslicht entgegen, wo es sich in seinem eigenen hellen Spiegelbild, das es seit jeher bewohnt, schaudernd wiedererkennt. *Tat twam asi,* das bist du!

Ja, wie wir wissen – der Spiritualitätstrainer sagt gerne: „wie wir wissen", wobei er leichthin mit den Achseln zuckt –, ist Gott nicht nur das Ungeheuer aus dem Psychokeller, sondern zugleich auch das Licht, wenn auch nicht akkurat das Wort, das, schenken wir dem Evangelisten Glauben, am Anfang gewesen sein soll: bei Gott, durch Gott und Gott selber. Nein, im Ursprung ist Gott eine undurchdringliche Helligkeit, die eine undurchdringliche Dunkelheit ist. Er ist beides in einem: strahlend opak. Und woher kommt dann das *Wort,* na? Leichthin achselzuckend fragt der Spiritualitätstrainer, rhetorisch, versteht sich, denn die Antwort steht, „wie wir wissen", ohnehin fest:

Das Wort kommt vom ersten Schrei, den der Mensch, kaum geboren, gegen die Welt setzt. Gegen die Welt, die ihm von nun an, nachdem er aus der Geborgenheit der Mutterhöhle herausgepresst wurde, ständig bedroht und bezaubert, mit Kälte, Hunger und Durst, mit Sex, Schönheit und Geselligkeit. *Das* alles will und muss er sich zurechtdenken, in Begriffe einfassen und mitteilbar machen, damit seine Gefühle nicht ausufern, nicht eins ins andere läuft wie Wasserfarben auf dem nassen Papier, und seine Reaktionen nicht in die falsche, die tödliche Richtung zielen.

Psychokeller, Archetypus, das sind, sagt der Spiritualitätslehrer, alles schon Interpretationen eines Davorliegenden. „Nennen Sie es Gott, wenn Sie wollen, aber Sie wollen, wie mir scheint, ohnehin nicht ..." Dieses Davorliegende, dieses allem, was ist und nicht ist, Vorausliegende, das uns unterkellernde Sein hat uns aber nicht das Geringste zu sagen. Es ist stumm wie der Fisch im Eis. Wir sind es, die reden, wir sind es, die „Gott" sagen und dabei hinunter in unseren Psychokeller und hinauf in unseren Psychohimmel blicken und dabei Bedeutungen, ewige Bilder und Inbilder, zu ahnen beginnen, zu erkennen vermeinen:

Wir sind es, wir allein, denn wir reden hinein in ein Schweigen, das alles ist, was ist und nicht ist, und das wir uns durch unser fortlaufendes Gerede (wir reden so, wie Kinder, die sich fürchten, in der Dunkelheit singen) als höchste Bedeutungsfülle aneignen: als göttliche Plazenta, zu der wir hinfluten, um ertragen zu können, was uns schweigend ummauert. Wir müssen den Keller unserer Psyche fluten, bis über den Rand hinaus und hinauf zu den Sternen, um nicht auf der Stelle tot umzufallen, aus Schreck, vor Grauen, als hätten wir in die Augen eines den ganzen Horizont ausfüllenden Medusenhaupts geblickt, in dem, wie im Glutball der aufgehenden Wüstensonne, das ewige Rätsel dieser Welt und unseres Menschseins wortlos begraben liegt.

***

Er trennt sich von seinem Spiritualitätstrainer. Wie könnte so einer ihm helfen? Seitdem er in der Wüste war, ist ihm sein Ursprungsleiden immer stärker ins Bewusstsein getreten, ohne dass es sich auch nur im Mindesten durch die Erkenntnis seiner „Archetypenneurose" hätte lindern lassen. Seit jeher war es ihm unmöglich gewesen, sich selbst als Geschöpf zu *erfahren*, obwohl er sich nach nichts sehnlicher gesehnt hatte als eben danach: nach der Erfahrung der Welt als Schöpfung und seiner eigenen Geschöpflichkeit. War es zu viel verlangt, sich als lebendiger Teil des lebendigen Ganzen erfahren zu dürfen? (Doch, doch, er hört sie, die Klage aus der Tiefe der Zeiten: „Warum, oh du mein Gott, durfte ich dein Angesicht nie schauen?") Seine Eltern waren jeden Sonntag zur Kirche gegangen, um die katholische Messe zu feiern. Anfangs hatte man ihn angehalten mitzugehen, mitzufeiern, den mystischen Leib des Herrn zu empfangen. Aber ach, er hatte dabei immer nur Langeweile empfunden, die sogenannten sakralen Handlungen, die Riten allesamt, erschienen ihm als kindisches, sinnloses Gefuchtel, das ins Leere ging. Die allergewichtigsten Worte, die Worte der Wandlung, der Transformation des Profanen, waren für ihn ein langgedehnter *flatus vocis* gewesen, bestenfalls Schall und Rauch (nur der Geruch des Weihrauchs besänftigte manchmal ein wenig seine innere Ödnis, die ihn aufs Äußerte reizbar machte).

Er wurde Architekt. Bevor er begonnen hatte, sich einen Namen als einfallsreicher, ja ingeniöser Raumgestalter zu machen, gab er sich der Phantasie hin, dass das Planen von Häusern, Plätzen, Straßen, Brücken ein „Mitvollzug" der Schöpfung sei. Auch später noch tat er sich viel zugute auf seine schöpferische Kraft, obwohl er, abgesehen von den intensiveren Episoden seiner Lebendigkeit (die erste Liebe, die zweite Liebe, das zeitweise Glück eigener Kinder, ein baukünstlerischer Einfall) nie aufgehört hatte, sich eigentümlich fahl zu fühlen. Die Fahlheit seiner Existenz, das war es, woraus er nicht aufzutauchen, nicht aufzuwachen vermochte.

Es war, so sah er es rückblickend, als ob das Leben sich früh von ihm zurückgezogen hätte. Und dabei war ihm, als gäbe er sich dem allerabgeschmacktesten Klischee hin: dem Klischee vom Leben, das sich zurückgezogen hatte. Und dann wiederum: War nicht gerade seine narzisstische Hingabe an das Klischee vom Leben, das sich zurückgezogen hatte, der beste Beweis dafür, dass es so war, so und nicht anders? Er gab seinen Eltern die Schuld. Ja, seine Eltern waren durch ihren Glauben an ihn, daran, dass er „etwas ganz Besonderes" sei, seiner Potenz, ein glücklicher Mensch zu werden, in die Quere gekommen. Denn ja, so war es, er war etwas ganz Besonderes, so, wie er seine Buntstifte in der Hand hielt, sie aufs Papier setzte und traumwandlerisch Gestalten hervorzauberte, meistens roboterhafte Fantasy-Wesen, eingesponnen in Fantasy-Landschaften aus Biomechanismen. Diese glichen meist riesigen, mehrstöckigen Spinnennetzen, die manchmal zwischen gigantischen Betonträgern schwebten, manchmal aus Stahlkonstruktionen, die organischen Gebilden ähnelten, herauswuchsen.

Als er sein „Werk der Schöpfung" dann aber in die Tat umzuset-
zen begann, kam ihm das Wort – „Schöpfung" – angesichts dessen,
was er, der früh schon mit Preisen Verwöhnte, öffentlich vollbrachte
(das meiste bloß verdichteter Flachbau, der damals die hohe Kunst
des nahestädtischen Bauens repräsentierte), immer mehr als eine unerträglich lachhafte Anmaßung vor.

Nicht als eine denkmalstürzende,
himmelstürmende Anmaßung, das wäre ja noch einigermaßen erträglich gewesen; nein, seine Art der Anmaßung war zwergenhaft, öffentlich gefördert, von den gebildeten oberen Mittelschichten gerne auf-
genommen und weitergetragen. Elende Stichworte: „schöpferisches
Bauen", „umweltbewusste Wohnraumgestaltung".

Schöpfung, ha! Alles, was er tat, war *gestellhaft*, er hatte das Wort
von irgendwoher aufgeschnappt, aus einer Sonntagspredigt oder einem jener Philosophica, die er, notorisch bildungsbeflissen, auf einem
notorischen Bildungssender konsumiert hatte, ohne den Gesamtzu-
sammenhang auch nur im Geringsten zu erfassen, erfassen zu wollen.
Er konnte sich mit zunehmendem Alter immer schwerer konzentrieren. Dafür machte er die Gestellhaftigkeit seines Lebens verantwortlich. Das Gestell verstellte den Sinn des Begriffs „Schöpfung", der
sich einzig denen erschloss, die zur Besinnung fähig waren, und mehr
als zur bloßen Besinnung, nämlich, wie ihm schien, zu dem aus der
Besinnung auf das Wesentliche sich erhebenden Lobpreis.

Was er hatte tun wollen, war ihm die längste Zeit nicht bewusst
gewesen (und wäre es ihm bewusst gewesen, er hätte unverlangt de-
mentiert): Er hatte, indem er seine Arbeit als ein Werk der Schöpfung
auszurichten gedachte, *preisen* wollen. Aber wen oder was wollte er
preisen? Da ihm die Idee Gottes als eine hässliche Missbildung des
abergläubischen menschlichen Verstandes abstieß, war sein Bedürfnis
zu preisen wie ein Rad, das nichts drehte. Nur er selber drehte
sich mit, die Speiche im Gestell, die von den anderen samt ihrem
eingeschliffenen Autonomiegerede ermutigt wurde, sich selbst zu
preisen.

Immerhin, er hatte Anstand genug, um sich vor seiner Selbstprei-
sung zu ekeln. Schon ihre Möglichkeit ließ etwas wortlos Abgewand-
tes in ihm aufsteigen, zunächst als eine unangenehme Erinnerung an
kindliche Kirchenbesuche mit seinen Eltern, schließlich aber als ein
Bedürfnis, dem mehr und mehr Bilder und Worte zuwuchsen. Die
alten zerbröckelnden Kirchen, die sein Land durchsetzten, ja selbst
noch die halbverfallenen Marterln, die an einem anonymen
Wegsaum irgendein Maurer, husch, husch, aufgesetzt und ein Bau-
erntischler mit gedrechselten Figuren ausgestattet hatte, kamen ihm

nun als Gleichnisse dafür vor, was das Wort „Schöpfung" bedeutet haben mochte.

Gleichnisse, Gleichnisse, wie blinde Fenster ... Seine lieben, ach so liebevollen Eltern, die ihn, ihren einzigen Sohn über alles geliebt hatten, machten auf ihn, den Heranwachsenden, immerfort den Eindruck, als ob sie sich alle Mühe geben müssten, lebendig zu erscheinen. Man gab sich zukunftszuversichtlich, man lachte über jeden einigermaßen lachhaften Witz, man stand mit beiden Beinen im Leben, während man gleichzeitig tüchtig aus- und voranschritt. Und doch, und doch: Das alles, diese Lebenstüchtigkeit, dieser Lebensmut, diese Lebensfreude, machte auf ihn, sobald er in sich selber die Sehnsucht nach dem Leben hatte aufkeimen spüren, den Eindruck einer nicht nachlassenden Inszenierung. *Hatten seine lieben Eltern etwa schon längst aufgegeben?*

Sie starben, wie sie gelebt hatten. Voll jener Zuversicht, die für ihn, den äußerlich Erfolgreichen, die demonstrierte Lebensbejahung von zusammen in Liebe altgewordenen Schauspielern war: Schauspielern, die nun so taten, als ob sie den Tod *akzeptierten*, auch dann noch, als der übriggebliebene Partner sich dem geliebten anderen fast ein Jahrzehnt lang ins Grab nachsehnte. Niemand, und er, der Sohn, schon gar nicht, hätte guten Gewissens sagen können, ob dieses *als ob* – „als ob sie den Tod akzeptierten" – ein bloßes Als-ob war. Denn waren die Wahrheit und die Wirklichkeit seiner lieben Eltern nicht so beschaffen, dass, indem sie vor jedermann so taten, als ob sie den Tod akzeptierten, ihnen vor sich selbst dann aber auch keine Ausnahme zulässig schien? Was du den anderen vorspielst, dass sei der Ernst deines eigenen Lebens! Es wäre ihnen jedenfalls ein Gräuel gewesen, ihrem geliebten Sohn eine Lüge vorzuspielen; wenn schon, dann musste es eine aus der Liebe heraus geborene Lebenslüge sein, die dadurch, durch ihren Ursprung in der Liebe nämlich, eine eigene Würdigkeit und damit Wahrhaftigkeit erhielt, die so gut oder schlecht sein mochte wie die Wahrheit selbst.

All diese Vermutungen und Einsichten rund um das Lieben und Geliebtwerden konnten in ihm den albtraumartigen Eindruck nicht zerstreuen, die Lebendigkeit seiner Eltern habe niemals in einem wirklichen, kompakten Gefühl des Lebendigseins gegründet. Sie hatten ihm kein Beispiel geben können, so wie ihm später die verfallenden Gotteshäuser in den Städten und Orten, durch die ihn sein Beruf fuhrte, oder die fast vergessenen Marterln auf seinen Wanderungen durch all die Landschaften, in denen bald der verdichtete Flachbau regieren sollte, ein Gleichnis geben konnten. Aber ein Gleichnis wofür? Für die Welt, die zu preisen war, weil sie ist, wie sie ist? Ach, blindes Gleichnis, hässlicher Unsinn! So kam es, dass er einen Flug in die Wüste buchte (samt Vollmond, Kamelritt über die Abenddünen, Nachtservice in Thermozelten mit Wüstenfeinschmeckermenü), weil er, nach der Lektüre einiger Wüstenbücher, die in niveauvollen Spiritualitätsreihen erschienen waren, inbrünstig hoffte, dort das *Urbild* des Gleichnisses zu finden: die Schöpfung.

Er sehnte, ja verzehrte sich nach dem Schöpfungserlebnis, das nach seiner, wie er dachte, unwandelbaren Überzeugung darin bestand, klarsichtig zu erkennen (zu erkennen, während er bei offenen Augen die Augen aufschlug), dass die Welt, indem sie ist, wie sie ist, zu preisen war. Punkt. Das war, wie er dachte, sein existenzieller Punkt, der archimedische Punkt seiner Sehnsucht: Wenn er erst begriffen haben würde, dass die Welt, so wie sie ist, Sandkorn für Sandkorn, zu preisen war, dann – ja dann erst! – würde er von sich behaupten dürfen, lebendig zu sein.

Doch dann kam alles anders. Die Schöpfung erwies sich als ein Irrlicht im Dunkel seines überreizten Gehirns. Unter dem Vollmond, der ihm, dem ehrfürchtig Gebückten, in den Hintern schien, wurde ihm der rechte Weg gewiesen. So sah er das damals. Es war der Weg seines Mandala-Mantras: Ein Sandkorn ist ein Sandkorn ist ein Sandkorn, *und mehr ist da nicht.* So wenig es einen Schöpfer gibt, so wenig gibt es eine Schöpfung, wer A sagt, muss B sagen. Umso wunderbarer schien ihm nun ein jedes zu werden, das Sandkorn wie der Brustkrebs, der Sex, dem ein Kindlein der Liebe entspringt, nicht weniger als der Tsunami, der erst kürzlich eine Viertelmillion Menschen verschlang. *Es ist wie es ist wie es ist...* Das ist das Wunder, oder? Das, so schien ihm, galt es fortan zu meditieren, um sich in der Kunst zu üben, das ganze schöpfungslose Alles zu preisen, um sich auf diese Weise, *im Mitvollzug des Ungeschaffenen,* lebendig zu fühlen. Endlich lebendig!

***

Aber jetzt, nachdem er sich von seinem Spiritualitätstrainer getrennt hat (der freilich, wie er sagte, aus „psychotherapeutisch indizierten Gründen" von einer abrupten Beendigung der Existenzanalyse dringend abriet), jetzt fühlt er sich nicht nur nicht befreit, geschweige denn endgültig befreit, sondern auch noch außerdem so, als ob er von einer anonymen Macht an eine unsichtbare Glasscheibe gedrückt würde. Er muss an die Eingeschlossenen in Stephen Kings *Under the Dome* denken. Er liebt es, falls dieses Wort – „Liebe" – in seinem, wie ihm nun vorkommt, verdichteten Zustand zombieartigen Bei-sich-Seins überhaupt etwas bedeutet, Stephen King zu lesen, während er seine Intensivplanungsarbeiten an den öffentlich geförderten Cluster-projekten zum mittlerweile wieder entdichteten Flachbau vorantreibt. Denn in der Welt des King'schen Horrors, so kommt es ihm vor (Reflex seines unglücklichen Bei-sich-Seins?), verkörpern die Figuren, die am Abgrund entlangschrammen, eine unüberbietbar intensive Weise des Existierens: Glück im Unglück.

Ja, sie verkörpern eine Lebendigkeit „unter der Kuppel", der Kuppel des Seins, das ist, wie es ist (umfangen vom Unglück, durchtränkt mit Unglück), und ebendies ist eine Begnadung, die er gar nicht hoch genug schätzen mag. Denn er selber fühlt, wie das gerundete Schutz-schild seines Wortmandalas, das er zunächst, himmelhochjauchzend, gleich dem Wüstenvollmond über sich zu spüren vermeinte, durch die Beschwörung bei Tag und bei Nacht – *Es ist wie es ist wie es ist ...* – sich rund um ihn zu einer unsichtbaren Kuppel, seiner Mantra-Kuppel, geschlossen hat. Das ist absurd, aber das fühlt er, und besser kann er es nicht sagen.

Er fühlt, dass er gegen die Tatsachen gedrückt wird, bis er mit den Augen an den Dingen festklebt, die dadurch ihre Farbigkeit, ihre Umrisse, ihre Tiefe verlieren (und besser könnte er es nicht sagen). Er hat keine Kraft mehr, sich zu distanzieren. Er beginnt zu ahnen, was das wirklich ist: der wirklich erlebte Tod im Leben, nicht der literari-sierend herbeifabulierte und kokett vorausgeahnte, nicht der aus der Langeweile des Lebens herausphantasierte Tod.

Der Tod im Leben besteht aus zwei Koordinaten – ein typischer Architektentod, denkt er, im Professionistenjargon zu ironischer Selbstbezüglichkeit fähig –: Auf der einen Koordinate aufgetragen ist das rundgeschlossene *Ich bin ich*, auf der anderen das nach allen Richtungen hin nicht weniger fugenlose *Es ist, wie es ist*. In dieser existenziellen Flachzone lebt er nun, ohne Anschauung. Denn die Anschauung bedürfte jener Tiefe, die nur aus dem unerreichbar na-hen Sehnsuchtsbezug zwischen Schöpfung und Geschöpf erwächst und die er sich damals, in der Wüste, ein für alle Mal verbeten hat.

Und wenn Glück das Gefühl ist, lebendig zu sein, dann gehört er zu jenen Unglücklichen, die von sich sagen müssen, dass sie sich glücklich schätzen dürfen, es im Leben so gut getroffen zu haben. Er ist der unglücklich Glückliche. Er ist das Geschöpf, das nicht weiß, wie es eines werden könnte. Um Gnade will und kann er nicht bet-teln, auch nicht nach seinen beiden glücklich überstandenen Herzin-farkten. Wer könnte ihm denn Gnade gewähren? Ist er also reif für den Krieg? Und ist der Krieg, von dem unsere zartbesaiteten Denker auf der Zivilisationserbse schwadronieren, nicht ohnehin schon im Gange, ohne jemals erklärt worden zu sein? Das immerhin wäre eine Lösung des Flachbaus und Hochbaus und Tiefbaus: *Alles in die Luft sprengen!*

Doch wozu? Wenn sich der Tod erst so aufführt, als wäre er das Leben, bleibt er dennoch, was er ist. Und das Leben, das sich aufführt, als wäre es der Tod? Nun, von ihm ließe sich dasselbe sagen. Es ist, was es ist. Und eben darin liegt ein gewisses Maß an Hoffnung.

TEIL II
DIE GLÜCKLICH UNGLÜCKLICHEN

6. Verklärung und Vivisektion

Das Phänomen, von dem hier die Rede ist – Glück als das Gefühl, lebendig zu sein –, hat viele Gesichter und Spiegelungen. Seinen vielleicht tiefsinnigsten, jedenfalls universalen Ausdruck hat es im Reich des „schönen Scheins" gefunden, der, im Konkreten beheimatet, zugleich der Tiefenwahrheit allen Seins zustrebt: dem Lebendigen, das noch das stillste Stillleben durchwaltet. Indem der Künstler die im stillen Leben anwesenden Dinge durch Schönheit verklärt, macht er die toten Sachen lebendig und gibt uns, den Betrachtern, das beglückende Gefühl, lebendig zu sein: *Videmus nunc per speculum in enigmate*, wir blicken nun durch einen Spiegel wie durch ein Rätsel, durch ein dunkles Wort ...

Was aber, wenn das Moment der Verklärung in der Anschauung der Dinge schwächer und schwächer wird, bis es schließlich verschwindet? Dann, so ließe sich sagen, wird aus der einst begnadeten Aktivität des Künstlers ein ästhetisches Spiel, das einer Vivisektion des Sinnlichen gleichkommt: Es wird zur Dekonstruktion des Lebendigen, der Quelle allen wahren Glücks.

***

Und so gibt es ein Bild von Hans Holbein d. J., benannt *Der tote Christus im Grabe,* entstanden 1521/22. Das Format des Bildes ist ungewöhnlich: 31 cm hoch und 200 cm lang. Das Bild zeigt Jesus nach der Kreuzesabnahme, auf einem Tuch ausgestreckt, das einen harten Untergrund, vermutlich aus Stein, bedeckt. Der tote Körper ist der ganzen Länge nach zu sehen, von der Seite, am linken Bildrand der Kopf, am rechten die Füße. Der Körper ist nackt, mit Ausnahme eines Lendenschurzes, der die Scham kaum bedeckt. Das Format des Bildes erzwingt den Eindruck großer Enge nach oben und unten; es ist, als ob man in eine niedrige Grabkammer blickte. In dieser klaustrophoben Situation bleibt der Körper des Toten ganz auf sich selbst zurückgeworfen. Es gibt keine Umgebung, die imstande wäre, der Leiche im Bild eine Bedeutung zu verleihen, die über das Faktum „Leiche" hinausreichen würde. Es ist, so könnte man sagen, weniger ein Grablegungs- als ein Prosektur-Szenario, mit dem uns Holbein konfrontiert.

Bei genauerem Hinsehen werden überdies einige Details bemerkbar, die schlichtweg skandalös anmuten. Nicht nur, dass der Körper des Jesus ausgemergelt, spitzknochig und wundenzerfetzt dargestellt wird, Leidensmerkmale, die dem Genre gemäß bereits auf vielen mittelalterlichen Darstellungen zu sehen waren. Der Holbein'sche Jesus hat, als die Leiche, die er ist, bei leblos nach hinten fallendem Haar und halboffenem Mund *die toten Augen geöffnet*. Die Augäpfel sind nach oben gedreht und die Pupillen starren ins Leere. Das Ganze macht auf uns, die Betrachter, den Eindruck, als ob der Künstler sagen wollte: In welcher Welt auch immer eine Auferstehung von den Toten stattfinden mag, es ist nicht die Welt, in der jener tote Christus im Grab liegt; wer in diesem Grab liegt, ist tot und begraben für alle Zeiten.

Dostojewski hat das Bild 1867 in Basel gesehen[34] und war davon so beeindruckt, dass er es an einigen Stellen seines Romans *Der Idiot*, welcher ein Jahr später erscheint, eine wichtige Rolle spielen lässt. Das Bild taucht dort zunächst in Form einer Kopie im Hause des reichen Kaufmanns Rogoschin auf, der, ein Atheist, dem tiefgläubigen Fürsten Myschkin gegenüber durchblicken lässt, dass er vor Holbeins totem Jesus seinen Glauben verloren habe. Später im Roman wird der schwindsüchtige Ippolit Terentjew, Sohn einer Hauptmannswitwe, kurz vor seinem Tod bekennen, dass er bei der Betrachtung ebendieses Bildes ungläubig geworden sei. Auch Myschkin spürt die Wirkung des Bildes als Bedrohung, denn bei seinem Anblick schreit er auf: „... dieses Bild! Vor diesem Bilde kann noch mancher seinen Glauben verlieren!"[35] Warum, das wird vom todkranken, fiebernden Ippolit im Rahmen einer Art Selbstrechtfertigung mit dem Motto *Après moi le déluge*, „Nach mir die Sintflut", dargelegt. Bei der Betrachtung des Bildes, so Ippolit, erscheine die Natur wie ein „riesiges, unerbittliches, stummes Tier" oder, besser noch, wie eine ungeheure Maschine, „die sinnlos, taub und gefühllos ein großes und unschätzbares Wesen ergriffen, zerschmettert und verschlungen hat ..."

Dann kommt ein Satz von ungeheurer spekulativer Wucht: „Und wenn der Heiland selber am Tage vor der Kreuzigung sein Bild als Leichnam hätte sehen können, wäre Er dann wohl so aufs Kreuz gestiegen und wäre Er wohl so gestorben?"[36] Die Frage ist rhetorisch: Hätte Jesus seinen eigenen Tod als den erkannt, den Holbein als den Tod des Jesus darstellt, er wäre nicht aufs Kreuz gestiegen. Das leuchtet ein und bleibt doch eigentümlich abstrakt – „philosophisch". Schließlich lebt die Christenheit seit zwei Jahrtausenden in einer Kultur des Kreuzes und ist deswegen doch keine verzweifelte Kultur.

Der Grund dafür liegt, sehen wir einmal vom kindlichen Wunderglauben ab, in der Fähigkeit des großen Künstlers, die Passion des Jesus in ihrer Vollendung am Kreuz – eine real schreckliche Marter – *im Lichte der Verklärung darzustellen.*

Blicken wir auf den Isenheimer Altar des Matthias Grünewald, dessen Entstehung, 1510–15, kaum ein Jahrzehnt vor dem Holbein'schen *Christus im Grabe* liegt, dann sehen wir eine Kreuzigungsszene auf der vorderen Mitteltafel, die der Drastik des Martertodes nicht ausweicht. Die Verrenkungen der Hände und Füße des Gekreuzigten sind ein starr gewordener Ausdruck der Qual. Links im Bild sinkt die Muttergottes ohnmächtig in die Arme des Evangelisten Johannes. Das Bild, gemalt für das Kloster im elsässischen Isenheim, sollte den dort gepflegten Kranken Trost spenden und vielleicht sogar Heilung bringen! Diese Menschen litten am – wie man es damals nannte – „Heiligen Feuer" oder Ergotismus, einer Vergiftung durch den Mutterkornpilz, die zu eiternden Wunden, zersetzten Eingeweiden und verfaulten Gliedmaßen führte.[37] Wie ist es möglich, dass der Anblick des gemarterten Jesus am Kreuz solchen Kranken Trost spendete?

Die Antwort liegt in den Bezügen, die der Kreuzestod bei Grünewald über die verschiedenen Teile des Altars hinweg unterhält, von der Verkündigung über die Geburt Jesu bis zur Grablegung und Auferstehung. Der tote Leib ist zugleich der Leib des Herrn, der – so die endzeitliche Perspektive, die Perspektive der Verklärung – für immer leben wird. Bereits in der minutiösen Darstellung des geschundenen Messias öffnet der Maler sein Bild einem Horizont, von dem aus der schwarze Himmel über der Schädelstätte nicht zu einem Grabdeckel aus blinder, toter Natur, sondern – man möchte sagen – transparent wird durch ein Licht, dessen Leuchten aufgeht, sobald die große Altartafel sich in der Mitte öffnet und das Heilsgeschehen der dahinter liegenden Bilderfolge freigibt.

Das alles aber ist nicht bloß eine Frage der Erzählung oder frommen Legende; es ist in erster Linie die Botschaft des Bildes als Kunstwerk. Es ist die Art der Schönheit, in der sich das Leiden zeigt, wodurch das bloß Faktische des Todes transformiert wird. Es wird gleichsam *sub specie aeternitatis,* unter dem Gesichtspunkt der Ewigkeit, wahrgenommen und bedeutet dem Betrachter, dass es einen absoluten Standpunkt gibt – den Standpunkt Gottes, dem sich der Künstler bis zur Selbstaufgabe anzunähern versucht, indem er radikal möchte, dass im Bild das Übel vom Übel erlöst wird. Sein Werk ist ja wahrhaft gelungen erst dann, wenn sich sagen lässt: *Es ist, wie es ist, und es ist gut.* Der Standpunkt der Erlösung und des Lebendigseins fallen hier zusammen. Und die Anschauung dieses Zusammenfallens ist dann das wahre Glück, in dem Walker Percys Frage – die Frage des „religiösen Menschen" –, wie es möglich sei, an einem Mittwochnachmittag von Minute zu Minute zu leben, ihre Antwort gefunden hat.

***

1970 erscheint ein monumentaler Künstlerroman, ein Lebens-Epos mit dem Titel *The Vivisector.* Sein Autor ist der – bei uns mittlerweile so gut wie vergessene – Australier Patrick White, der 1973 den Nobelpreis erhielt. Von ihm stammen einige der bedeutendsten Romane des 20. Jahrhunderts, darunter *The Tree of Man,* „Zur Ruhe kam der Baum des Menschen" (1955, 1957), und *Riders in the Chariot,* „Die im feurigen Wagen" (1961, 1969).

Der Held im *Vivisector,* dessen deutscher Titel „Der Maler" (1972) lautet, ist tatsächlich Maler und nichts als Maler. Geboren in einer Familie aus dem australischen Proletariat – die Mutter ist Wäscherin, der Vater sammelt leere Flaschen, beide Eltern sind herzensgute Menschen –, wird Hurtle Duffield von reichen Leuten gekauft, zum Ausgleich für ihre leibliche, aber durch einen Buckel verunstaltete Tochter. Es ist das Schicksal des Hurtle Duffield, die Welt mit den Augen des Künstlers zu sehen. Aber was sind das für Augen? Nun, es sind die Augen des Vivisektors, von dem Hurtle zum ersten Mal bei seinen Zieheltern, den Courtneys, hört, weil *Maman,* seine Ziehmutter, sich im Rahmen all der schicken karitativen Tätigkeiten, denen sich die Reichen hingeben, auch gegen die Vivisektion bei Tieren engagiert. Sie ist Anti-Vivisektionistin.

Das Bild der Vivisektion benützt Patrick White auf eine komplexe Weise, um die ästhetische Grundsituation zu markieren. Die grausame Technik des Sezierens von lebendigen Tieren zu dem Zweck, die Funktionsweise ihrer Organe kennenzulernen, steht als Metapher für die Aktivität des Künstlers, dessen Auge im Dienste der Wahrheit zu einer Art Skalpell wird. Indem Hurtle Duffield-Courtney sein ganzes Leben lang versucht, die absolute Wahrheit im anderen – und in sich selbst als dem Anderen, der er sich bis zum Ende bleibt – auf die Leinwand zu bannen, zerstört er jede Möglichkeit, die ihm zugetanen Wesen zu lieben. Er zerstört ihre Liebe, und auch ihr Leben, wie das der armen Prostituierten Nance Lightfoot oder das der reichen Griechin Hero Pavloussi, indem er beide Frauen zum Gegenstand einer ästhetischen Suche macht, die – man kann das nicht anders sagen –

nach dem Absoluten unter den menschlichen Oberflächen strebt. Weder Nance noch Hero können es ertragen, sich in Hurtles Bildern als Vivisezierte wiederzufinden, nicht einfach als nackte Geliebte, als die sie Hurtle beglücken und seine Triebnot besänftigen, sondern in der unerträglichen Nacktheit ihres eigenen Wesens.

Möglich, dass das, was sich den Frauen zeigt, tatsächlich der Ausdruck einer Idiosynkrasie, das heißt einer Sichtweise ist, die der Überempfindlichkeit des Künstlers entstammt. Freilich, in dieser Überempfindlichkeit, die von Kälte, Grauen und einem Lust-Ekel vor den animalischen Funktionen des Lebens und Liebens begleitet wird, steckt eine metaphysische und, deutlicher noch, religiöse Reizbarkeit. Das zeigt sich schon darin, dass Hurtle Duffield eine Zeitlang, als stinkender Einsiedler am Rande einer Schlucht lebend, nichts Lebendiges, sondern Felsen zu malen versucht. Er möchte sie, die Unaufschließbaren, aufschließen, sie sezieren (*dissect*), um ihren Wesenskern freizulegen, um – die Sprachbilder weisen ins Pathologisch-Anatomische – „the nerves of matter" zu präparieren. Doch er scheitert, wie er glaubt, denn es ist die Wahrheit in ihrer eisigen Reinheit, die sich ihm entzieht.

Aber was ist die Wahrheit? Sie ist für den Künstler „the crystal eye". Das ist ein enthüllendes Bild. *The crystal eye* ist nämlich zugleich das kalte, seziermesserscharfe Kristallauge des makellosen Malers, der, als typisch Moderner, unerlöst bleibt – ein gnadenlos Leidender, dessen Schönheitsverlangen nichts Lebendiges schafft, sondern sich an den Leichen seiner ästhetischen Sezierkunst weidet und gleichzeitig daran verzweifelt. Denn was er sezierte, scheint ihm nun, festgehalten und widergespiegelt im Werk, niemals lebendig gewesen zu sein. Der moderne Künstler ist Dekonstruktivist, auf seiner Suche nach der Wahrheit des Lebendigen, nach der Beziehung dessen, was einst „Schöpfung" und „Geschöpf" hieß, ein schöpferischer Meister des Todes. Außerhalb des Geborgenheitskreises der Gnade fallen Wahrheit und Tod zusammen.

Ein Thema nun, das Patrick White im Laufe der Handlung immer stärker hervortreten lässt, besteht in der Verbindung zwischen dem Kristallauge des Künstlers und Gott als Vivisektor. In die gekalkte Wand der Latrine, die er benützt, kritzelt Hurtle Duffield einmal drei Zeilen; sie lauten:

God the Vivisector
God the Artist
God

Der Künstler glaubt an die Wahrheit als an das Absolute, das sich für ihn in das Bild von Gott, dem Vivisektor, kleidet.[38] Und er glaubt daran, dass er, der Künstler, nur dann nicht scheitert, wenn es ihm gelingt, *God the Artist* zu werden. Als Künstler ahmt er Gottes Werk nicht bloß nach, indem er Abbilder schafft; nein, er selbst ist begnadet zum Vollzug, ja zur Vollendung der Schöpfung. Dieser Gedanke ist typisch romantisch, ein Erbe der Tradition des Idealismus, zugleich ist er Ausdruck einer tiefen Krise, die darin gipfelt, dass sich die Kunst als Kunstreligion zu verstehen beginnt. Indem sich an das ästhetische Schaffen und damit an dessen Urheber, den Künstler, zunehmend göttliche Attribute anlagern, wird ein Prozess der Umsetzung und Vermischung in Gang gebracht: Göttliche und menschliche Abgründe fangen an, einander zu spiegeln, was bedeutet, dass der schöpferische Mensch demiurgische Züge annimmt, während Gott, der entthronte Schöpfer, ins Dämonische changiert. So entsteht ein tragisches Vexierbild, in dem der Künstler zugleich Gott und Gott zugleich ein Vivisektor ist.

Im Kunstwerk muss dem Künstler kristalläugig eine makellose Vivisektion gelingen, um die reine absolute Wahrheit freizulegen. Eines der Motti, das Patrick White seinem *Vivisector* voranstellt, stammt von dem englischen Maler Ben Nicholson (1894–1982), einem Vertreter der abstrakten Moderne. Es lautet: „Wie ich es sehe, sind Malen und religiöses Erfahren dasselbe, und wir alle streben danach, das Unendliche zu verstehen und zu realisieren."[39] Und es war wohl Patrick Whites eigene Überzeugung, dass sich die „Unendlichkeit", das göttlich Absolute, nicht anders fassen lässt als durch die ästhetische Formung des Abgrundes, des „hungrigen Schlundes", der nach William Blake das menschliche Herz ist. In ihm, seiner Grausamkeit und seinem Terror, muss der Künstler das Göttliche sichtbar machen, ansonsten verfehlt er es ganz – verfehlt er als Künstler seine Teilhabe am Göttlichen und damit die Kunst selbst.

Es handelt sich hier um eine Gemengelage aus Bildern, in denen Archaisches, Biblisches und Romantisches ineinanderspielt, ohne dass daraus ein klarer, eindeutiger Sinn hervorspränge – so wenig wie aus jenem Vers des Psalmisten, in dem angesichts der „Katarakte Gottes", des Schöpfungsbrausens und seiner alle Begriffe übersteigenden Gewalten, gesagt wird, dass der Abgrund nach dem Abgrund rufe, *abyssus abyssum invocat* (Vulgata, Psalm 41,8): Und welches ist nun der menschliche und welches der göttliche?[40] Man kann das unmöglich wissen. Nur eines scheint gewiss: Die Kunst zu verfehlen, heißt, das Leben zu verfehlen. In diesem Sinne ist es der Künstler, und nur der

Künstler, der uns zugleich exemplarisch und einzigartig, durch die grausame Gnade seines Werks hindurch, modellhaft offenbart, was es bedeutet, lebendig zu sein.

***

Auch im Bereich der Kunst ist es verführerisch, vor lauter Wald die Bäume nicht mehr zu sehen; es ist für den Analytiker verlockend, die Vielfalt der ästhetischen Einzelheiten, Perspektiven und Tendenzen, die oft durcheinander und gegeneinander laufen, auf wenige Grundmuster zurückzuführen: auf Schemata, die den konkreten Kunsttatbeständen äußerlich bleiben, ja, sie verzerren. Dies einmal zugestanden, scheint mir dann aber, dass die Wahrheit der Kunst nirgendwo anders ihren Platz hat als *im Bogen von Verklärung und Vivisektion*. Dieser Bogen meint eine metaphysische Spannung und Triebfeder zugleich.

Der wahrheitsorientierte Künstler will auf den Grund der Dinge gehen, er will ihr ewiges, absolutes Dasein erfassen. Insofern ist sein Blick kalt, sezierend, gegen das Lügenhafte des sinnlichen Scheins gerichtet, den schon Platon samt dem Homer aus der Kunst verbannen wollte. Dabei ist das ästhetisch Absolute, auch wenn seine Gegenstände das Hässliche, der Krieg, die Verzweiflung sind, zugleich immer das Schöne. Denken wir an Picassos *Guernica*, die Bild gewordene Klage über die gleichnamige spanisch-baskische Stadt, die von der deutschen Legion Condor 1937 zerstört wurde. So stellen die großen Werke die schäbigen, armen, bösen Dinge wahrheitsgemäß dar: *als ob sie bereits (und schon immer) erlöst wären – verklärt im Stofflichen, mit den Mitteln des sinnlichen Scheins.* Das zuwege zu bringen ist das eigentümliche Wunder, das Transformationswunder der Kunst. Man begreift das Wahrheitsverlangen des authentischen Künstlers nur richtig, wenn man ihn als eine paradoxe, teils amoralisch sezierende, teils inspiriert „gutmachende" Gestalt begreift: als Vivisektor im Dienste der Erlösung.

Nun möchte ich aber dieser grundsätzlichen Bemerkung noch eine zweite, eher zeitdiagnostische und – für mein Empfinden – traurige These hinzufügen: Weil das Erlösungsverlangen der Kunst im Laufe der Moderne immer heftiger der Lüge bezichtigt wird, verlagert sich der ästhetische Wahrheitswille immer stärker in das Gebiet der Dekonstruktion. Das ist die Dynamik der klassischen Avantgarde, die im Wesen der Dinge schließlich nichts weiter mehr findet als eine Leere, zum Beispiel ein weißes Quadrat auf weißem Grund, oder die radikale Subjektivität des Künstlers. Diese muss sich, um der Kulturlüge zu entkommen, aller Konventionen entwinden, bis hin zu autistischen und privatsprachlichen Produktionen, etwa dem Action Painting oder der konkreten Poesie.

Kurz gesagt: Die ästhetische Wahrheitssuche der Moderne vollzieht sich im Medium der Vivisektion, der Kälte des Sezierens, der Dekonstruktion des schönen und daher als verlogen empfundenen Scheins, der radikalen Relativierung aller Anschauungsgewissheiten und ihrer Form des Glücks, der seligen Hingebung an das sinnlich Gegebene. Die Kälte des Sezierens geht an manchen Punkten in Starre über, schlägt an manch anderen Punkten in den Eskapismus der Regellosigkeit um, an wieder anderen verbindet sie sich mit dem moralischen Diskurs und wird zur Sozialkritik. Gegenläufig dazu führt schließlich das ontologische Moment des Schönen, verstanden als der menschenmögliche Ausdruck von Verklärung, im ironischen Spiel der Pop-Art, im Kitsch und im Design eine wahrheitsferne Existenz. Dementsprechend ironisch formuliert ein Kalauer: Sein ist Design.

Die Moderne kennt aber auch Brüche, die unüberbrückbar sind. Patrick Whites Roman-Epos *Riders in the Chariot* zelebriert am Schicksal einiger Personen, die das tiefste Elend ertragen – sie sind die titelgebenden Passagiere des Himmelswagens –, noch einmal das Wahrheitspathos der abendländischen Kunst. Eine der Figuren, der gebildete Jude Mordecai Himmelfarb, wird nach einer Lebensodyssee, die ihn seiner geliebten Frau beraubt und selbst nur knapp der Gaskammer entkommen lässt, schließlich in seiner Wahlheimat Australien, wo er am Fließband einer Fahrradlampenfabrik arbeitet, von seinen Arbeitskollegen an einen Baum geschnürt. Er wird auf diese Weise „gekreuzigt" (es ist gerade Ostern), mit dem Vorsatz einer Revanche für das, was die Juden – wie das antijudaistische Christentum seit jeher behauptet – Jesus antaten. Himmelfarbs Tod ist eine der letzten großen Kunstpassionen, welche die moderne Literatur hervorbrachte, eine Verklärungsparabel von ungeheurer Innigkeit und Wucht: als ob die vertierte Menschheit durch den Martertod des armen Juden erlöst würde ... Und doch: *Riders in the Chariot* erschien 1961, zu jener in sich zerfallenen Zeit, als Andy Warhol auf einem anderen Kontinent dabei war, die Kunstwelt, die Geldwelt und überhaupt alle todschicken Menschen in das gelobte Land der Postmoderne zu führen. 1964 veranstaltet Warhol seine legendäre Ausstellung in der New Yorker Stable Gallery, wo er Warenkartons aus den Lagerräumen der Supermärkte stapelt, und zwar ungefähr so, wie man Warenkartons in den Lagerräumen der Supermärkte stapelt, darunter die seither hunderttausendfach abgebildeten *Brillo*-Boxen für *soap pads*, seifige Topfkratzer.

Einer der scharfsinnigsten Kunsttheoretiker, Arthur C. Danto, würdigt in seinem Buch *The Transformation of the Commonplace* Warhols Werk als die typisch postmoderne Form der „Verklärung des Gewöhnlichen". Zu Recht. Indem nämlich die Dinge aus ihrer alltäglichen Umgebung herausgenommen und auf die Bühne der Kunst gehoben werden – auf diese Bühne mit einer noch immer religiösen Rest-Aura, niemand wagt es ja, eine ausgestellte *Brillo*-Schachtel auch nur anzurühren –, werden sie selbst zu Kunst: Sie erhalten eine Tiefe und einen Glanz. Allerdings, so müssen wir hinzufügen, eine Tiefe und einen Glanz, die bloß daher kommen, dass die Dinge das, was einst ein Kunstwerk war, nun durch Platzierung und Geste imitieren und dabei einen möglichst hohen Preis erzielen. Warhol macht auf seine „nette" Weise – *nice* ist bekanntlich eines seiner Lieblingswörter – Schluss mit dem Wahrheitsstreben in der Kunst. Warhol ist der Hohepriester der *Niceness*-Kunst. Was bedeuten seine *Brillo*-Boxen? Sie bedeuten, dass die ästhetische Wahrheit etwas ist, das sich jederzeit und überall herstellen lässt, vorausgesetzt, die Trinität aus Kunstwelt, Geldwelt und überhaupt allem, was todschick ist, gibt sich netterweise die Ehre.[41] Im Aura-Kreis wahrheitsferner Verklärung stützt sich das Gefühl, lebendig zu sein, auf die Society-Gleichung: *Niceness ist* Erlösung.

All die berühmten Porträts, die Warhol, ohne sich im Geringsten zu exponieren, nach Fotografien von Berühmtheiten anfertigt, ob von Marilyn Monroe, Mao Tse-tung oder dem Elektrischen Stuhl, sind ebenso schön wie nichtssagend. Sie sind leer. Sie sind, um einen hier passenden Ausdruck Jean Baudrillards zu verwenden, „Simulakren" der Verklärung. Warhol ist nur der spektakulärste Pop-Zeuge dafür, dass das Abendland schmerzlos untergegangen ist. Die Fundamente, aus denen der Tiefen- und Wahrheitsdrang der großen europäischen Kunst erwuchs – ein Drang, von dem die Künstler der klassischen Avantgarde, allen voran Cézanne, bei tiefer Krise noch tief beseelt sind –, scheinen sich in nichts aufgelöst zu haben.[42]

***

Hip und polemisch verspielt reflektiert den Untergang des Abendlandes eine Textsammlung wie die von Peter Handke: *Die Innenwelt der Außenwelt der Innenwelt*. 1969 erschienen, bedeutet uns der Titel, dass der Wahrheitsdrang der Kunst in einer Endlosschleife abläuft.

Dagegen hilft weder die Vivisektion noch der Versuch, die Dinge *sub specie aeternitatis* zu sehen. Die Trennung von Innen und Außen, Subjekt und Welt, Sprache und Wirklichkeit wird geradezu lässig beiseitegeschoben. Der Satz „Da sitzt etwas auf dem Papier" wird an jener Stelle fast unleserlich, wo etwas auf dem Papier sitzt.[43] Im Übrigen wird das massenhaft Banale zelebriert, indem es – so wie Warhol die *Brillo*-Boxen als *Brillo*-Boxen präsentierte – einfach als das, was es ist, zu Papier gebracht wird: die Aufstellung des 1. FC Nürnberg am 27. Januar 1968, die japanische Hitparade vom 25. Mai 1968, ein Kreuzworträtsel, die Besetzungsliste zu einem amerikanischen Film usw. usf.

Bekanntlich hat Handke später einen Kurs eingeschlagen, der es ihm ermöglichen sollte, an den verlorenen Wahrheitsdrang der Kunst wieder anzuschließen. Am Beginn dieser Phase stehen Werke wie *Die Stunde der wahren Empfindung* und *Die linkshändige Frau*, 1975 und '76 erschienen. In beiden Erzählungen ist der Wille zur Verklärung, ja Erlösung der Hauptfiguren unverkennbar, doch zugleich sind Stil und Blickweise jedes Mal von einer Art, die John Updike zu dem Urteil bewog: *There is no denying Handke's willful intensity and knifelike clarity of emotion.* Denn: Handkes „Ort des Schreibens liegt jenseits der Psychologie, dort, wo die Gefühle die Härte von Kieselsteinen annehmen, die zufällig am Weg liegen und mit dem Blick des Geologen analysiert werden."[44]

Beides stimmt: die messerscharfe Klarheit des Gefühls und der Ort, von wo sie stammen. Dementsprechend werden die Geschichten bei Handke nicht psychologisch vorangetrieben, sie sind kein folgerechtes Ergebnis einer Beziehungskausalität. Der Dichter und seine Figuren begegnen ihren Erlebnissen vielmehr „zufällig", sie stoßen ihnen zu – was auf eine verborgene, vorerst noch unbegriffene Wahrheit hindeutet, einen eröffnungsbedürftigen Sinn –, um ebendiese Ereignisse dann, im Erzählvorgang, mit der Objektivität und Tiefenschärfe eines Geologen zu analysieren. Denkt man sich die Kiesel als Teile des Lebensganzen, der „Schöpfung", dann wird aus dem Updike' schen Geologen der Vivisektor des Patrick White.

Doch das Erlösungsbedürfnis, das den Wahrheitswillen Handkes antreibt, ist zuinnerst haltlos. Erlösung ist ein letzten Endes transhistorischer Vorgang, gerichtet auf einen Absoluthorizont jenseits aller geschichtlichen Bedingtheit. Aber gerade deshalb ist dieser Vorgang – wenn hier von einem „Vorgang" die Rede sein darf – im Raum des Ästhetischen, das heißt, der Anschauung und des schöne Scheins, nicht anders vermittelbar als durch die Ausdrucksmittel einer kulturellen und im engeren Sinne religiösen Tradition. Ohne diese Ausdrucksmittel wäre die Kreuzigung des Jesus immer nur, was sie *auch* war: eine abscheuliche Todesmarter, an die sich die verrückten Phantasien eines Grüppchens sogenannter Apostel geheftet hätten. Holbeins Christus im Grabe wäre dann ungeeignet gewesen, bei Dostojewski jene Erschütterung auszulösen, die im *Idioten* eine zentrale Erzählrolle spielt. Jesus wäre tot gewesen, tot und im Begriffe, wie alle Toten zu verwesen. Dagegen stand Dostojewskis Sehnsuchtsblick, ein Blick, der im „Leib des Herrn" zugleich den Erlöser *sehen* wollte; doch so ein Blick ist nur möglich, *wenn das Auge imprägniert ist mit einer Kultur der Lebendigkeit, die noch im Tod das Glück von dessen Überwindung zu sehen vermag.* Handke verhält sich demgegenüber als ein entschieden moderner Autor. Er lehnt, implizit und ausdrücklich, die große Geschichte als das Medium, in dem die kleine Erlösungsgeschichte seiner Heldinnen und Helden erst eine Struktur und Bedeutung bekäme, kategorisch ab. Handke vollzieht, was Arthur C. Danto an den Beispielen van Goghs und Gauguins als den Beginn der ästhetischen Moderne diagnostiziert: die Abwendung von der eigenen Tradition.[45]

Doch zugleich weigert sich der reife Handke, das Spiel der Postmoderne mitzuspielen. Stattdessen nähert er sich mehr und mehr einer Kunsthaltung an, die mit den Mitteln einer sakralen Ästhetik arbeitet[46], und zwar paradoxerweise so, als ob das Sakrale, „Heilige", keiner Vermittlung, keines geschichtlichen Kontexts bedürfte. Das führt dazu, dass die *Stunde der wahren Empfindung* sich im Kontextlosen vollzieht: Sie ist eisig, ihre Bedeutung gipfelt in Bedeutungslosigkeit, und diejenigen, denen sie gewährt wird, existieren in autistischer Isolation. Das macht ihre Erlebnisse zu Kieseln, ihre Gefühle bleiben in sich verkapselt, auch wenn diese so wirken, als ob es sich um Weltgefühle handelte. Und obwohl sich alles durch alles hindurch zu verklären scheint, ist doch jedes Einzelne ohne Bezug zum anderen. Dabei nützt der Vivisektor Handke die Bilder tiefer Beziehungslosigkeit und Kälte, um im Leser den paradoxen Eindruck hervorzurufen, da sei etwas, wodurch das Disparate, Verstreute, Einsame – all das Kalte in der Welt – für immer tröstlich zusammengehörte.

Und das ist sie, die Stunde der wahren Empfindung, die Keuschnig, dem selbstmordgefährdeten Helden, gnadenhalber zuteil wird: „Als er in der Nähe der Gare de l'Est über eine Brücke ging, sah er darunter, neben den Eisenbahngleisen, einen alten schwarzen Schirm liegen: er war kein Hinweis auf etwas anderes mehr, sondern eine Sa-

che für sich, für sich schön oder hässlich, und hässlich und schön gemeinsam mit allem anderen. [...] Weit auseinanderliegende Einzelheiten, ein von Eidotter gelber Löffel auf der Straße, die Schwalben
hoch oben, vibrierten in einer Zusammengehörigkeit, für die er jetzt
keine Erinnerung und keinen Traum mehr brauchte: ein Gefühl, dass
man von jedem Punkt nach Hause gehen konnte."[47]
Dieses behauptete, erinnerungslose Zusammengehörigkeitsvibrie-
ren von Dingen, die nicht zusammengehören, suggeriert ein Welteinverständnis, eine Geborgenheit, kurz: eine schlagartige Verklärung
des Gewöhnlichen, die jedoch, außerhalb aller religiösen Vermittlun-
gen, bloße Behauptung bleibt. Handkes Erlösungsszenarien sind eu-
phorisierte Tableaus der Vivisektion. Sie wirken, als ob in der Pro-
sektur des Lebens plötzlich eine Gnadenmaschine angesprungen wäre
und die im Leben Toten nun Tote im Heil wären – im Heil eingeschlossen wie das Insekt im Bernstein.
    Am Ende, nach der Befreiung aus ihrer Existenznot, lässt Handke
seine linkshändige Frau im Schaukelstuhl auf der Terrasse sitzen, allein, leicht angezogen, ohne Decke auf den Knien; sie beginnt zu
schaukeln, hebt die Arme und ... aus![48] In der Erzählung *Langsame
Heimkehr* aus dem Jahre 1979 wiederum bringt der Gnadenruck den
zur Welt hin erlösten Sorger dazu, sich auf den Treppen eines Museums im fernen Amerika die Schuhbänder langsam auf- und zuzubin-
den, wobei er die Vorstellung hat, „dass die Geschichte der Menschheit bald vollendet sein würde, harmonisch und ohne Schrecken".[49]
    Die Menschheitserlösungsphantasie, die ja diejenige des Dichters
selbst ist, zeigt uns seine Helden als einsam schaukelnde, sich die
Schuhe auf- und zubindende Gnadenroboter oder im Stillstand, das
Handke-Wort dafür ist „eingesonnen". Sie zeigt uns die Erlösten als
Präparate der Gnade. Das ist ein existenzieller Zustand, der das Glück
erstarren und die ihm zugrunde liegende Lebendigkeit, die „wahre
Empfindung", eisig werden lässt, dem Grab des Holbein'schen Jesus
vergleichbar.
    Es ließe sich sagen, dass die typisch moderne Form des unglückli-
chen Bewusstseins, deren subjektiver Ausdruck darin besteht, trotz
aller Selbstbestimmtheit nicht zum Leben durchdringen zu können –
existenziell irgendwie tot zu sein –, bei Handke dadurch „überwunden" wird, dass seine Helden dieses Gefühl euphorisieren. Bei Handkes Glück handelt es sich um eine Form der *euphorisierten Misströst-
lichkeit*, um die Verklärung des Gefühls, nicht wirklich zu leben.

***

Während der *sezierende Blick,* absolut gesetzt, die Dinge der Welt nicht mehr als Teile der Schöpfung und damit des geistdurchwirkt Lebendigen erkennt, sie also tötet, führt der Versuch, den *Blick der Erlösung* absolut zu setzen, in eine andere Form der Leblosigkeit, für die sich schwer ein Wort finden lässt: „Eisige Verklärung" könnte man sie, im Anschluss an Handkes Erlösungswerk, nennen. Ein Grunddefekt der ästhetischen Moderne wäre demnach in der gestörten und stillgelegten Dialektik zwischen jenen beiden Arten des Blicks zu suchen. Und eine kulturell tiefreichende Folge des Defekts besteht nun darin, dass ein Großteil der Moderne und Postmoderne die Suche nach der Wahrheit als die Suche nach dem, was sich an den Dingen beharrlich der Kontingenz – dem Zufall und aller Bedingtheit – entwindet, überhaupt aufgegeben hat.

Von da aus gesehen kommt künstlerischen Äußerungen ein besonderer Stellenwert zu, die für den Defekt selbst eine ästhetisch aufschlussreiche Darstellungsform gefunden haben, statt ihn zu überspielen, ob durch neoklassische Gebärden oder durch einen gesamtkunstwerklichen Verschnitt aus allen Tiefen und Höhen, in denen die Menschheit bisher ihr Heil suchte (wozu heute das Werk des Hermann Nitsch gehört, mit seinem Orgien-Mysterien-Theater, in dem sich archaische, christliche, tiefenpsychologische und aktionistische Elemente in penibel durchgeführtem, dennoch wüstem Synkretismus mischen).

1991 erscheint *American Psycho* von Bret Easton Ellis. Held des Romans ist ein Wallstreet-Yuppie namens Patrick Bateman, ein postmoderner Wiedergänger des Norman Bates aus Hitchcocks *Psycho.* Am Ende der Handlung ist er gerade 27 Jahre alt. Es fällt nicht schwer, Bateman als eine künstlerische Existenz zu entschlüsseln, wenn auch als eine, für die das Leben selbst zur Kunst geworden ist, freilich einer Kunst, die alle Tiefe zutiefst verabscheut. Nicht zufällig verbat sich schon Warhol in seiner Zeitschrift *Interview* jede ernsthafte Art von Lyrik, die er konsequent durch Klatsch und Tratsch ersetzte. Ebenso besteht Bateman nur noch aus Kontingenz: aus dem Hypermodischen, dem Chic-Flüchtigen, das sich, mangels anderer Universalien, als Absolutes aufführt. Bateman ist ständig auf der Suche nach dem totalen Lebensdesign, das aber Tag für Tag, stündlich und minütlich ein anderes ist oder sein kann oder auch nur könnte, ja, sein könnte jedenfalls. Labels, *brandnames,* Lokale, TV-Shows, Songs und Stars – das sind Batemans Konstanten. Deren fortwährendes Kommen und Gehen, das womöglich schon vorbei ist, wenn man es bemerkt, nimmt seine ganze Existenz in Anspruch.

Zwanghaft fürchtet und hasst Bateman alles, was die Welt der Oberflächen durch Tiefendrang, Ambition oder Kulturbeflissenheit irritieren könnte. Von Songs, die in den Charts sind, hört er am liebsten die Version der Shopping-Malls, das Muzak-Arrangement: ohne *lyrics,* ohne Bass. Doch in Bateman ist etwas, was kein noch so großes Pensum an Workouts, kein Xanax und kein Kokain besänftigen kann. Er ist von etwas undurchdringlich Opakem, Irrem besessen, dagegen sind religiöse Besessenheiten regelrecht beruhigend, man weiß immerhin, woran man ist. Dieses Opak-Irre, Irr-Opake zwingt Patrick Bateman, in den lebendigen Frauenleibern, die er – phantasiert oder real – nachts abschlachtet und seziert, blindwütig einen Weg nach draußen zu suchen, weg aus der Immanenz, die alles tötet, alles Lebendige, alles Glück. Aber die sexuelle Lust, die ihren Exekutor, den Lebenskünstler Patrick Bateman, gnadenlos anstachelt, sich immer neue, noch raffiniertere Vivisektionsmethoden auszudenken, zeigt ihm immer nur die blutige, schreiende, wimmernde Innenwelt der Außenwelt der Innenwelt. Der Roman endet mit einer Aufschrift über einer verdeckten Tür in einem Lokal: *There is not an exit.*

„Hier ist kein Ausgang": Diese Aufschrift klingt wie das Resümee zu jener kleinen Tagträumerei, der sich Bateman überlässt, während er, fast siebenundzwanzig Jahre alt, mit seiner Sekretärin ein *date* hat: *... where there was nature and earth, life and water, I saw a desert landscape that was unending, resembling some sort of crater, so devoid of reason and light and spirit that the mind could not grasp it on any sort of conscious level,* „... wo Natur und Erde, Leben und Wasser war, da sah ich eine endlose Ödnis, einer Art Krater vergleichbar, so entleert von Vernunft und Licht und Geist, dass keine Ebene des Bewusstseins sie zu fassen vermochte." *Surface, surface, surface was all that anyone found meaning in ...* [50]
Das ist es also: Bedeutung ließ sich nur noch an der Oberfläche finden, das heißt dort, wo keine Bedeutung mehr zu finden war, weil es am geistig durchwirkten Anschauungsgehalt fehlte. An die Stelle der Phänomenologie des Bewusstseins war der reine, geistlose Oberflächenreiz getreten. Der sensibilisierte Leser solcher Zeilen kann sich die Frage nicht verkneifen: Hat er das denn nicht schon alles tausendmal gehört, und zwar aus dem Mund von deklassierten Bildungsbürgern, die nichts lieber tun, als über verlorene Werte zu salbadern? Und die Antwort lautet: So ist es. Sobald Bateman versucht, seine Wahrheit zu buchstabieren, produziert er einen lächerlichen Haufen humanistischer Klischees.

Im Kontext des Bret Easton Ellis wird daraus eine gewaltige Metapher. Denn die Klischees sind Rationalisierungen, Scheinbegründungen nicht für eine ebenso chronische wie harmlose kulturelle Übellaunigkeit; die Klischees sind vielmehr Versatzstücke von Sonntagsreden, mit denen sich ein sozial höchst erfolgreicher Serienkiller der Wahnsinnsextraklasse die Zeit vertreibt. Sie sind Teile eines Unterhaltungsprogramms zur Auflockerung der denkbar schlimmsten Form existenzieller Leblosigkeit. Das Unglück des Patrick Bateman ist unüberbietbar, und die Frauenleichen, die seinen Weg pflastern, sind Ausgeburten, Emanationen dieses Unglücks. Nach jeder Vivisektion steht immer nur eines fest: *There is not an exit.*

Vier Jahre nach *American Psycho* erscheint im deutschen Sprachraum ein ganz anderer Kälte-Roman, der die Weltliteratur um eine Störungsmetapher bereichert: *Morbus Kitahara* von Christoph Ransmayr. Auch auf die Gefahr hin, abgedroschen zu klingen, muss man sagen: Beide Romane trennen Welten. Ellis schwelgt in nervösen Einzelheiten, in Daten, Fakten, Tratschgeschichten. Ellis, das ist ein aufgeregter 24-Stunden-Jahrmarkt der Nichtigkeiten über dem Abgrund. Demgegenüber haben Ransmayrs Orte und Menschen, selbst wenn sie Namen tragen, stets etwas Getragenes: als ob ein Verhängnis mit ihnen wäre, das ihre Substanz ausmacht.

Irgendwie sind sie alle exemplarisch, auch wenn niemals klar wird, wofür sie eigentlich stehen. Die Stiege zum Steinbruch im Nachkriegs-KZ, das auf Befehl des Besatzungsmajors von der Bevölkerung nachgestellt werden musste, ist nicht die, die wir aus der realen KZ-Geschichte kennen; und das Steinerne Meer im Roman ist nicht das Steinerne Meer, also jener Gebirgszug der Nördlichen Kalkalpen, der in Wirklichkeit so heißt. Diese Technik Ransmayrs erweckt beim Leser den Eindruck, an den realen Dingen sei noch etwas über ihr faktisches Sein hinaus, eine dunkle Seite oder Potenz, die bisher übersehen wurde, aber nichtsdestoweniger *da* ist – ihr eigentliches Sein.

Man *kann* die Geschichte, die Ransmayr erzählt, als ein Gedankenexperiment lesen: Was wäre geschehen, wenn nach dem Zweiten Weltkrieg die Politik der Sieger sich nicht am Marshall-, sondern am Morgenthau-Plan orientiert hätte? Man *kann* den Symbolismus Ransmayrs mit jenem vergleichen, den Ernst Jünger in seiner Erzählung *Über den Mamorklippen* bemühte, wenn er einen dämonischen Oberförster sein Unwesen treiben lässt, das auf das Wesen Hitlers hindeutet – so, als ob Hitler mehr gewesen wäre als eine Gestalt der Politik, nämlich die Inkarnation einer mythischen Katastrophe. Man kann sich fragen: Sind das bloß äußerliche, literarisch geschickt platzierte Tiefeneffekte, etwa so, wie Bret Easton Ellis, in der Nachfolge von *American Psycho*, seinem Roman *Glamorama* (1998) ein Hitler-zitat auf Amerikanisch voranstellt: *You make a mistake if you see what we do as merely political?* Bei Ellis hat ohnehin immer alles eine mehr als politische Bedeutung, weil es nämlich in einem tiefreichenden Sinne gar keine Bedeutung hat, was dann so ausschaut, als hätte es einen besonders tiefen, geradezu metaphysischen Sinn. Zwischen all diesen Mehrdeutigkeiten nun taucht bei Ransmayr das titelgebende Motiv auf, der Morbus Kitahara, eine Augenkrankheit, an der Bering, die Hauptfigur des Romans, zu leiden beginnt.

Die Krankheit bewirkt, dass Löcher in der Netzhaut entstehen. Dadurch dringt Gewebsflüssigkeit in das Augeninnere ein und im Gesichtsfeld des Erkrankten entstehen dunkle Flecken. Schreitet die Krankheit voran, dann verdunkelt sich das Gesichtsfeld, bis, laut Auskunft des Sanitäters, der Kranke die Welt für den Rest seines Lebens „wie durch geschwärztes Glas" sehe.[51] Doch in den meisten Fällen verschwinde die Krankheit nach einiger Zeit von selbst: „Die Wolken lösen sich auf, der Blick wird wieder heller, und schließlich bleiben nicht mehr als zwei, drei hauchzarte Spuren ihrer [*gemeint sind die Kranken*] Angst auf der Netzhaut zurück."[52] Auch Bering wird nicht erblinden. Während seiner Schiffsreise nach Brasilien wird er eines Morgens in den blauen Himmel hineinschauen, und dort, in der Wolkenlosigkeit, werden „nur noch hauchzarte, glasige Narben schweben"[53].

Auf der Netzhaut bleiben *Spuren der Angst* zurück, die im Blickfeld als hauchzarte Narben schweben: Das ist bestimmt nicht die Sprache des Augenarztes. Auch die Art, wie der Sanitäter die Entstehung der Krankheit erklärt, zeigt, dass es um eine Störung des Blicks geht, die mit medizinischen Mitteln gar nicht auslotbar wäre. Die Krankheit befalle Leute, „die sich aus Angst oder Hass oder eiserner Wachsamkeit ein Loch ins eigene Auge starren, Löcher in die eigene Netzhaut, undichte Stellen, *Quellpunkte*"[54].

Das, was durch Ransmayrs Quellpunkte in den Blick eindringt und ihn im Extremfall zerstört, ist etwas Unheimliches, das seine eigene Schönheit hat, zumindest für den Beobachter von außen, etwa den Sanitäter, der die Trübungen im Auge mit Quallen und Atombombenpilzen vergleicht. Aber das, was den Blick trübt, ist die Folge eines Starrens. Die, die so schrecklich angestrengt starren, sind in Ransmayrs Geschichte Kriegsleute, welche nach dem Gegner Ausschau halten, bis sie beim Rasieren im Spiegel das Fadenkreuz und im Fadenkreuz ihr eigenes Gesicht sehen. Handelt es sich also bei der seltsamen Augenkrankheit um die psychosomatische Folge von Kriegserlebnissen, um eine – banal gesprochen – Kriegsneurose?

Ja und nein, das Prinzip der Mehrfachkodierung erreicht an dieser Stelle der Erzählung seinen Höhepunkt. Der Morbus Kitahara ist nicht nur eine Augenkrankheit; zugleich handelt es sich um eine Störung existenzieller Art, ein Phänomen des unglücklichen Bewusstseins, das allgemein verstanden werden will. Es handelt sich um eine Störung der im weitesten Sinne ästhetischen Wahrnehmungslage. Eignet nicht der Art, wie Holbein den Christus im Grabe zeigt, etwas von jenem Starren? Und zeigt sich für Holbach im Spiegel des toten Fleisches, das er selbst entwirft, nicht seine eigene Angst vor einem Tod ohne Erlösung?

Starren aus Angst, aus Hass, um den richtigen Ansatzpunkt zu finden, für das Skalpell, das Präzisionsgewehr, den Pinsel, die Feder: Das ist, könnte man mit einiger Berechtigung sagen, die Stille, die Angespanntheit vor der Vivisektion. Die Aktion wird nicht darauf dringen, am anderen das unverletzbare Wesen auszumachen, es mit den Mitteln der Schönheit freizulegen, wie es die inspirierten Künstler der Passion einst zu tun unternahmen. Jene versuchten noch, *Wahrheit und Verklärung zusammenzuschauen*. Der Morbus Kitahara hingegen ist die Folge eines erstarrten Denkens und Sehens, das auf Tötung, Auslöschung, ästhetisch gesprochen: auf die Dekonstruktion der Gegenstände und schließlich, im paranoiden Extrem, der ganzen Welt aus ist.

Die Welt wie durch geschwärztes Glas sehen: Das ist ein Defektzustand des Blicks, den viele Kunstwerke der Moderne reflektieren. Und so liefert Ransmayrs Morbus Kitahara, was immer er sonst noch sein und bedeuten mag, ein eindringliches Bild für die Unfähigkeit, im ständigen dialektischen Wechselspiel, im Ineinander von Vivisektion und Verklärung nach der Wahrheit der Dinge zu forschen. Starrt man lange genug auf den Christus im Grabe, dann beginnt sich der eigene Blick zu verdunkeln. Am Ende werden die Angst und der Hass auf das, was man *nicht* sieht, so groß sein, dass in dem geschwärzten Glas, als welches die Welt nun erscheint, sich nur mehr die eigene Angst und der eigene Hass spiegeln können und man die Welt im Spiegel splittern hören möchte.

Immerhin, Ransmayrs Erzählung, die aus der Kälte kommt und kein glückliches Ende kennt, kennt doch ein Ende, das dem befreiten Blick des tragischen Helden entspricht. Am Schluss empfindet Bering weder Angst noch Hass; er stürzt vom Felsen in den Tod. Doch es ist ein Sturz in den Himmel, ein Sturz – man kann das nicht anders sagen – der Erlösung: „Eine Handvoll Blätter und weißer Blüten, das ist alles, was er im Flug noch zu fassen bekommt, dann ist auch der Lianenvorhang, aus dem die Vögel flüchten, zerrissen. Sind das Möwen? Schwingen, Federn streifen ihn. Und dieses tiefe Blau – ist das der Himmel oder das Meer? Die Wellenkämme sind ganz nah. Oder sind das Wolken? Dochdoch, das sind Wolken. Das müssen Wolken sein. Also stürzt er, ein Fliegender unter Vögeln, auf einen wirbelnden Himmel zu."[55]

An Ransmayrs Ende könnte als störend empfunden werden, dass es buchstäblich herbeigeschrieben ist. Es ergibt sich nicht aus dem Vorhergehenden. Ja, es ist dort nicht einmal angelegt. Dennoch: Das Herbeigeschriebene markiert zugleich eine Notlage, die *nicht* zu durchbrechen dem Künstler, der etwas ahnt vom großen abendländischen Versuch, die Wahrheit der Schöpfung durch den schönen Schein der Kunst zu vollenden, als vollkommen intolerabel abstoßen muss. Diese Notlage besteht eben darin, dass aus der Welt des Morbus Kitahara kein Weg mehr nach draußen führt, hinaus aus dem Schattenreich der Vivisektion ins Reich des Lebendigen. Es sei denn der Künstler, der, aus Wahrhaftigkeitsgründen, zur Verklärung des Gewöhnlichen unfähig wurde – und damit freilich auch unfähig, an den Dingen des einfachen Lebens einen Vorschein des Ewigen sichtbar werden zu lassen –, schwingt sich selbst zum Gnadenspender auf. An ihm, und nur an ihm, liegt es dann, seinen Helden gottgleich zu erlösen.

Freilich, indem er das tut, demonstriert er die Notlage umso deutlicher, und zwar je weniger er verbergen will und kann, dass das menschlich erreichbare Glück der Erlösung, der Verklärungsruck und sein zeitloser Glanz bloß auf dem Papier stehen. Als Herbeigeschriebenes bleibt das Leben dem Werk äußerlich, wodurch erst klar zutage tritt, wie sehr ihm das Werk hilflos entgegenstrebt.

7. EINE ROH GEZIMMERTE BANK

Das Glück der einfachen Dinge des Lebens ... Redewendungen sind niemals unschuldig. Weit davon entfernt, unbeschriebene Blätter zu sein, ist in ihnen das Erbe vieler beschriebener Blätter enthalten, vom Nachhall unzähliger Gespräche ganz zu schweigen. Das gilt auch – und in besonderem Maße – für die Wendung von den „einfachen Dingen des Lebens". Gewiss, die einfachen Dinge des Lebens heißen so, weil ihnen zugeschrieben wird, „einfach" zu sein. Dennoch ist es kein bloßer Sophismus, wenn man hier stutzt und nachfragt: Einfach, na schön, aber in welchem Sinne von „einfach"? Und so viel scheint schon auf den zweiten Blick hinlänglich klar: Die Bedeutung des Wörtchens „einfach" in der Wendung „die einfachen Dinge des Lebens" ist alles andere als einfach.

Treten wir, um diesen Punkt gebührend zu würdigen, mit Martin Heidegger hinaus auf den Feldweg. Nicht irgendeinen Feldweg, sondern jenen mittlerweile weltberühmten, den der Philosoph von *Sein und Zeit*, einem der großen Symptomwerke des 20. Jahrhunderts, selbst beschrieben hat. Dieser Feldweg, das ist der Weg von Heideggers Elternhaus, dem sogenannten Mesmerhaus, ein Stück weit hinein in die oberschwäbische Landschaft rund um Meßkirch, heute eine Kleinstadt mit rund 8000 Einwohnern im baden-württembergischen Landkreis Sigmaringen. Für Heidegger war der schlichte Weg, den er als Kind so oft benutzt hatte, zugleich ein ausgezeichneter Ort – ein Bedenk- und Anschauungsort, um im einfachen Leben auch des Einfachen gewahr zu werden[56]:

„Er läuft aus dem Hofgartentor zum Ehnried. Die alten Linden des Schlossgartens schauen ihm über die Mauer nach, mag er um die Osterzeit hell zwischen den aufgehenden Saaten und erwachenden Wiesen leuchten oder um Weihnachten unter Schneewehen hinter dem nächsten Hügel verschwinden. Vom Feldkreuz her biegt er auf den Wald zu. An dessen Saum vorbei grüßt er eine hohe Eiche, unter der eine roh gezimmerte Bank steht."[57]

Lassen wir die Frage, ob das Kitsch sei, beiseite. Jedenfalls ist es eine Inszenierung. Alles in dieser Landschaft ist gerichtet, hergerichtet zur Idylle. Die Linden des Schlossgartens schauen dem Weg – und damit dem Spaziergänger – nach. Dann, ein wenig später, grüßt der Weg eine hohe Eiche. Dazwischen findet sich reichlich Stifter'sches Land-schaftsmobiliar: das Feldkreuz an der Wegbiegung, die roh gezim-merte Bank am Waldsaum. Auch der Jahreszeitenkranz wird angeru-fen, Ostern, wo bei erwachenden Wiesen die Saat aufgeht, und Weihnachten, das auf dem Feldweg ohne Schneewehen nicht vorzu-kommen scheint.

Die Schrift über den Feldweg erschien zum ersten Mal 1949.[58] Da-zwischen lagen der Nationalsozialismus, der Zweite Weltkrieg, die Millionen Toten, der Völkermord an den Juden. Das kann dem Feldweg nichts anhaben. Denn: „In der jahreszeitlich wechselnden Luft des Feldweges gedeiht die Heiterkeit, deren Miene oft schwer-mütig scheint."[59] Ja, was weiß denn diese von Kriegen, Mordgräueln und allen anderen Weltübeln seltsam unberührte Heiterkeit, deren Miene nicht schwermütig ist, sondern nur scheint, wenn sie den Spa-ziergänger nach 1945 am Feldweg des Seins anwandelt? Dazu muss man ein wenig ausholen:

„Ob das Alpengebirge über den Wäldern in die Abenddämmerung wegsinkt, ob dort, wo der Feldweg sich über eine Hügelwelle schwingt, die Lerche in den Sommermorgen steigt, ob aus der Ge-gend, wo das Heimatdorf der Mutter liegt, der [kein Druckfehler] Ostluft herüberströmt, ob ein Holzhauer beim Zunachten sein Rei-sigbündel zum Herd schleppt, ob ein Erntewagen in den Fuhren des Feldweges heimwärtsschwankt, ob Kinder die ersten Schlüsselblumen am Wiesenrain pflücken, ob der Nebel tagelang seine Düsternis und Last über die Fluren schiebt, immer und von überall her steht um den Feldweg der Zuspruch des Selben: // Das Einfache verwahrt das Rät-sel des Bleibenden und des Großen. Unvermittelt kehrt es bei den Menschen ein und braucht doch ein langes Gedeihen. Im Unschein-baren des immer Selben verbirgt es seinen Segen. Die Weite aller ge-wachsenen Dinge, die um den Feldweg verweilen, spendet Welt."[60]

Aber der Zuspruch des Feldweges wird nur denen zuteil, die ihn hören können, weil sie, so Heidegger, „in seiner Luft geboren" sind. Wir Heutigen, so Heidegger weiter, sind schwerhörig geworden für den Zuspruch des Feldwegs, denn wir hören bloß den Lärm der Ap-parate, die wir „fast für die Stimme Gottes halten". Auf diese Weise werden wir zerstreut und weglos. Das Einfache erscheint uns als ein-förmig. Es macht uns überdrüssig. Wir werden verdrießlich, „finden nur noch das Einerlei".[61]

Die Luft des Feldwegs – so viel steht fest – ist geschwängert mit einer Fata Morgana aus Begriffsmarkern, deren schönfärbende Land-schafts- und Bauernmalerei sich mit trotziger Unschuld an einer Bildsprache orientiert, die von den Nazis endgültig desavouiert wurde. Der Feldweg spricht – folgen wir dem dichtenden Philosophen – mit der Stimme des Einfachen; und diese Stimme spricht, paradox genug, nur im „Ungesprochenen der Sprache", so, wie sie von den Dingen rund um den Feldweg „gesprochen" wird; nur dort ist, wie Heidegger schreibt, „Gott erst Gott".[62]

Zugegeben, es fällt leicht, sich darüber zu mokieren, dass es offenbar nicht einfach gezimmerter, sondern „roh" gezimmerter Bänke an Waldsäumen bedarf, um als Betrachter in den Zustand jener wissenden Heiterkeit zu geraten, die im wortlos, aber beredt Einfachen Gott erst Gott sein lässt. Doch über das vordergründig Befremdliche, ja Verschrobene der Heidegger'schen Lyrismen hinweg spüren wir doch, worauf die *Feldweg*-Schrift hinauswill. Was macht aus Dingen einfache Dinge in einem Sinne, der keine bloß konventionelle, für die Natur der Sache belanglose, dem Wesen des Objekts äußerliche Zuschreibung bedeutet? Was ist das Wesen des Einfachen der sich dem Wanderer am Feldweg als „einfach" offenbarenden Dinge?

Charakteristisch ist, dass für Heidegger das Einfache nicht – wie er sagt – im Lärm der Apparate anwest. Ja, Heidegger hat, um das Alldurchdringende des technischen Denkstils zu charakterisieren, ein Wort verwendet, das einer Verschwörungstheorie des Seins entstammen könnte. Unsere Welt, sagt Heidegger, sei vom „Gestell" beherrscht. Damit meint er nicht das Offenkundige, nämlich dass unser Leben, und zwar das an praktischen Zwecken ausgerichtete ebenso wie das an reiner Erkenntnis orientierte, von A bis Z nur möglich ist, indem wir uns technischer Hilfsmittel bedienen, also mehr oder minder komplizierter Gerätschaften, von Wasserkochern bis zu Wasserkraftwerken, um von Atomkraftwerken und Teilchenbeschleunigern, in denen angeblich der Urknall simuliert wird, ganz zu schweigen. Nein, für Heidegger bedient sich der moderne Mensch nicht bloß der Technik, sondern sein ganzes Dasein, das heißt die Form seines Erlebens, Empfindens und Erkennens, ist vom Wesen des Technischen her bestimmt, eben „gestellhaft".

Hier geht es aber weniger darum, Heideggers Kritik der Moderne zu kommentieren (denn um eine solche handelt es sich). Vielmehr soll auf den Gegensatz hingewiesen werden, der Heidegger im *Feldweg* vorschwebt, wenn er das Einfache der Landschaft, die seinen Worten zufolge das Rätsel des Bleibenden verwahrt, mit dem Lärm der Apparate konfrontiert, den wir – wie er sagt – fast für die Stimme Gottes halten. Dieser Gegensatz ist nämlich alles andere als einfach. Schließlich ist ja auch Heideggers Landschaft weder bloß unbearbei-

tete Natur, noch ist sie kulturell gleichsam unschuldig, gewissermaßen ein unbeschriebenes Blatt. Hinter der Art und Weise, wie die
Natur dem Blick des Philosophen anschaulich wird, steckt eine komplexe Tradition, eigentlich eine Weltanschauung, in der das Boden-
nahe, Bäuerliche, Heimatverbunde, und in diesem Sinne begrifflich,
wertend und metaphysisch „Ursprüngliche", sich dem abgeleitet Ur-
banen entgegenstellt. Das Abgeleitete erscheint als das sozial Ver-
masste, begleitet von Anonymität und Entwurzelung, eingepfercht in
den Primat der Lohnarbeit. Dementsprechend gibt es, als Gegenbild,
ein ursprüngliches Werken, „ob ein Holzhauer beim Zunachten sein
Reisigbündel zum Herd schleppt, ob ein Erntewagen in den Fuhren
des Feldweges heimwärtsschwankt". Mit den Apparaten und ihrem
Lärm, mit der ganzen Welt des im modernen Verstande Technischen
hat das bäuerliche Besorgen von Boden, Haus und Hof nichts zu tun.

Die einfachen Dinge Heideggers sind Chiffren, Symbole, sie stehen für etwas, nämlich für einen ursprünglichen Bezug des Menschen
zum Absoluten, Göttlichen. Das Rätsel des Einfachen, das sich nicht
in der Sprache, sondern im Ungesprochenen der Sprache offenbart,
ist ein Rätsel ja nur deshalb, weil das Einfache zugleich das Tiefste
und Letzte und Sinnreichste ist. Um in der Sprache und durch die
Sprache hindurch zeigen zu können, in welcher Art von Erfahrung
sich die Göttlichkeit der Dinge dem Menschen auftut, bemüht der
Philosoph eine Begrifflichkeit, die wir ebenso verstehen, wie wir sie
als kulturell gebunden und – jedenfalls die Demokraten unter uns –
als ideologisch korrumpiert empfinden.

Theodor W. Adorno hat verächtlich von Heideggers „Jargon der
Eigentlichkeit" gesprochen. Und ich bin mir sicher, dass er, dessen
1966 publiziertes Hauptwerk den Titel *Negative Dialektik* trug, auch
die Rede von den einfachen Dingen des Lebens als Teil eines Jargons
gegeißelt hätte, nämlich des Jargons der postnazistischen Humanis-
ten, die Adalbert Stifter statt Marcel Proust, Bert Brecht oder Paul
Celan zu lesen pflegten; jener scheinheiligen Biedermänner des Geistes, die nach 1945 vom „sanften Gesetz" und der „Ehrfurcht vorm
Leben" schwafelten, während sie vor 1938 von Ernst Jüngers *Stahl-
gewittern* geschwärmt hatten, jenen Schützengrabentagebüchern aus
dem Ersten Weltkrieg, die als Apotheose des Soldatentums Furore
machten. Negative Dialektik: Das hieß für Adorno, dass nach der
Katastrophe des Holocaust sich so etwas wie Wahrheit, Schönheit
oder das Gute nur noch in der Kritik eines allfällig erhobenen An-
spruchs, wahr, schön oder gut zu sein, behaupten konnte. Es gibt – so
Adornos Devise – kein richtiges Leben im falschen.

Heute, im Rückblick, darf man die Dinge wohl etwas entspannter betrachten, auch die Rede von den einfachen Dingen des Lebens. Man darf, denke ich, zugestehen, dass uns an dieser Rede, bei aller Vorsicht gegenüber Versimpelungen und den dahinter stehenden anti-intellektuellen Affekten, etwas tiefer anspricht, als wir vielleicht wahrhaben wollen. Nachdem wir nämlich bereits alle möglichen Formen der Aufklärung, der Skepsis, des Subjektivismus und der postmodernen Relativierung durchlaufen haben, bemerken wir, dass wir gar nicht wirklich vom Fleck gekommen sind, was unsere urei-genste, unsere allgemein menschliche Ausgangslage betrifft. Weder sind wir Götter geworden, wie uns Hegel in seiner Lehre vom abso-luten Geist versprochen hatte, noch sind wir zu jenem letzten Men-schen degeneriert, vor dem Nietzsche graute.

Nun, es ist wohl wahr: Wir sind durch unsere Maschinen, die un-seren Alltag vollständig durchdrungen haben, dem Himmel ein wenig nähergerückt, und zwar schon deshalb, weil in der Welt des Heideg-ger'schen Gestells alles Himmelhafte ein wenig gemacht, „designt", alles Götterwerk mehr nach Menschenwerk ausschaut als jemals zu-vor. Ja, wir Menschen der technisch hochgerüsteten Moderne haben angefangen, den Göttern zu ähneln, die einst von unseren Ahnen herbeiphantasiert worden waren, indem sie die Himmlischen don-nern und blitzen, durch ihre Huld die Saat aufgehen und durch ihren Unmut die Weltreiche untergehen ließen. Heute sind wir soweit, dass wir über Ovids *Metamorphosen*, die vielfältige Verwandlung und Ver-mischung der Geschöpfe, in Begriffen der Gentechnik nachzudenken beginnen; wir sind dabei, die Ingenieure unserer eigenen Chimären, Zwitterwesen aus Mensch und Tier und wer weiß was noch allem, zu werden.

Und dabei sind wir aber zugleich, trotz technischer Himmelstür-merei, erdflohhafter geworden. Was wir vom Leben wollen, ist das Maximum, aber kein Maximum ohne jenes Glück, vor dem Nietz-sche so sehr graute: das Glück, das keinen Stern gebären, den Pfeil der Sehnsucht nicht über den Menschen hinausschleudern will, son-dern in einer stabilen Genuss- und Entspannungskultur, einer le-benslangen Wellness schon alles beieinander sieht, was letzten Endes den Sinn des Lebens ausmacht. Man hat diese Haltung abschätzig „hedonistisch" genannt, und dennoch handelt es sich hier um das Allermenschlichste: Wir wollen nicht elend sein, sondern uns wohl-befinden.

***

Unsere Lage ist also eine weitgespannte, auch gespannte, durchsetzt mit vielerlei religiösen und abergläubischen Einsprengseln, mit irrlichternden Resten uralter Befangenheiten, die uns noch immer zur kollektiven Paranoia hin ausrichten, hin zum Hass gegen die dunklen Mächte des Bösen und zu den Ekstasen des heiligen Kriegs. Ansonsten sind wir, was wir immer schon waren. Wir sind existenziell zentriert um die einfachen Dinge des Lebens, und zwar selbst dann, wenn wir ein Penthouse in New Yorks Upper East Side oder eine 400-Quadratmeter-Suite im 60. Stockwerk eines Siebensternehotels in Dubai bewohnen. Nicht nur, dass uns unsere menschliche Natur auf bestimmte Konstanten festlegt, ob es sich dabei um unseren Köper oder Geist, um unsere Gefühle oder Beziehungen handelt. Angesichts der großen kulturellen Unterschiede, die heute nach wie vor, ja auch heute wieder mit einem gewissen militanten Selbstbehauptungswillen, das Gesicht unserer Welt prägen, sind wir nur allzu leicht geneigt, die fundamentalen Gemeinsamkeiten, die wir alle mit allen teilen, zu übersehen.

Kein Zweifel, das patriarchale Liebesleben eines iranischen Großbauern, der mehrere Frauen geheiratet hat, die alle quasi sein Eigentum sind, unterscheidet sich von den erotischen Passionen eines jüdischen Intellektuellen à la Woody Allen. Dennoch haben beide etwas gemeinsam, wenn sie lieben und mit Frauen zusammenleben. Häufig wird dieses Gemeinsame zu schnell als zu fundamental oder zu „abstrakt" qualifiziert, um daraus einen gehaltvollen Begriff der einfachen Dinge des Lebens, in diesem Fall der Liebesdinge, zu gewinnen. Denn wie unterschiedlich die Sitten und Empfindsamkeiten sein mögen, durch welche die Menschen weit auseinanderliegender Kulturkreise voneinander getrennt scheinen – diese so unterschiedlichen Momente unterliegen alle einer kulturbildenden Dialektik, die, auf ein ideales Ende hin gedacht, die Menschheit in ihren Grundangelegenheiten zugleich als *eine* Menschheit konstituiert.

Was ist das für eine Dialektik?

Nun, alle Kulturen entwickeln eine Tradition, die mehr oder minder detailliert festlegt, wie Menschen sich in den allgemeinmenschlichen Angelegenheiten verhalten sollten, einzeln und wechselseitig, wobei Verhaltenskodex und Gefühl nicht voneinander zu trennen sind. Die Liebe des iranischen Bauern entfaltet sich vor einem anderen typischen Bild der geliebten Frau und stützt sich dementsprechend auf anders gefärbte Empfindungen als die des jüdischen Großstadtintellektuellen. Gleichzeitig jedoch kennt jede Kultur von einiger Komplexität, auch die archaische, den Unterschied zwischen dem, wie „man" es gemäß der Tradition tut, und dem, wie es gemäß der menschlichen Natur, dem allgemeinmenschlichen Streben nach Selbstachtung, Autonomie und Wohlbefinden, getan werden *sollte.* Dieser Unterschied ist fundamental, und er ist es, der die menschlichen Verhältnisse in eine *entwicklungslogische Perspektive* mit universalistischem Horizont einrückt.

Ich denke also, dass der Begriff der einfachen Dinge des Lebens weder notwendig in den Kitsch noch in die Ideologie abgleiten muss. Ihm wohnt vielmehr ein Anspruchsüberschuss inne, der das kulturell Gebundene auf die Universalität des Menschlichen – das heißt des Moralischen und für den, den's angeht, des Göttlichen – hin öffnet. Es handelt sich, praktisch gesehen, um die Dialektik zwischen traditionsgebundener, nicht selten abergläubischer, brutaler, diskriminierender Sitte und dem regulativen Ideal eines Lebens, das zu Recht „human" heißen dürfte: Es ist diese Dialektik zwischen dem zeitgebunden Kulturellen und dem überzeitlich Ethischen, welche die Rede von den einfachen Dingen mit einem eigentümlichen Pathos ausstattet.

Dem Humanismus als Menschheitsideologie, als Gattungshochmut und Vernunftreligion abgeneigt, ist jenes Pathos doch auch aus fast jedem Wort des Heidegger'schen *Feldwegs* herauszuhören. Freilich, hier begegnen wir einem Horizont, der zugleich weit über alles Ethische hinausreicht. Als einfach offenbaren sich die Dinge erst vor dem Letzten, dem Absoluten, das, schenken wir Heidegger Glauben, in der Moderne keine andere Wohnstadt mehr hat als – sagen wir – bei einer schlichten Bank am Waldsaum, die dort roh gezimmert herumsteht, umringt von einer Natur, der sich das Gestellhafte unserer Zivilisation, der sekundären Welt, noch nicht bemächtigen konnte.

Tatsächlich erhellt das eigentümliche Pathos der einfachen Dinge nur unzulänglich, wenn wir es nicht mit einer Idee des guten Lebens in Zusammenhang bringen, die ein Fundament in den Dingen selbst hat. Was wir mit den einfachen Dinge des Lebens meinen, zergeht wie der Nebel unter den Strahlen der Mittagssonne, sobald wir eine exklusiv wissenschaftliche Perspektive einnehmen; und auch die ethische Menschheitsperspektive bringt kaum auf den Punkt, was wir eigentlich meinen. Denn das hier eigentlich Gemeinte führt über Erkenntnis und Menschheitsmoral hinaus in das Gebiet einer Ästhetik des Absoluten. Es handelt sich letzten Endes um die Anschauung der Dinge *sub specie aeternitatis,* so, als ob sie sich trotz aller Vergänglichkeit, ja gerade durch sie hindurch, als Teile einer zeitlosen Ordnung offenbarten. Und tun sie es denn nicht? – so die epochenüberspannende Frage der Künstler, Philosophen und Theologen.

Dieses Moment geht allerdings umso gründlicher, rascher und radikaler verloren, je gefertigter, technischer, massenhaft gleichförmig produzierter uns die Dinge entgegentreten. Deshalb Heideggers eigentümlich ungelenke Warnung vor dem „Gestell". Der Mann aus Meßkirch, Sohn eines Küfnermeisters und Messners, spürte wohl tiefer als andere, weltgewandtere Denker, dass die Rede von den einfachen Dingen nur dann einen Sinn hat, wenn sie noch im Alltag ein liturgisches Moment gelten lässt, ein – wie ich sagen möchte – *alltagsliturgisches Moment*.

Der Liturge des Alltags ist kein Liturge im gewöhnlichen Verständnis des Wortes. Er ist kein Geistlicher, der den Gottesdienst zelebriert. Viel eher ist er, als aufgeklärter Mensch, kirchenliturgisch enttäuscht, während sein Widerpart, der – ich greife auf eine plakative Wendung zurück – religiös Unmusikalische[63], erst gar nicht an die Mystik der einfachen Dinge des Lebens glaubt.

„Liturgie" im üblichen Verständnis meint den geregelten Ablauf einer Messfeier. Die Regeln sind komplex, oft kompliziert, dem Laien nicht immer verständlich, man denke nur an die lateinische Messe, nach der nicht wenige Katholiken heute wieder Sehnsucht zu haben scheinen – wohl auch wegen der Magie der unverstandenen Worte und der Rätselhaftigkeit des sich daraus ableitenden Rituals. Aber das Ziel ist stets einfach. Es ist das denkbar einfachste Ziel, das zugleich das mysteriöseste ist: die Beschwörung des Heiligen, die Realpräsenz des Göttlichen. Auf diese Weise entsteht die dichteste und zugleich lebendigste aller Atmosphären: eine umhüllende Aura, die, obwohl erst durch die Befolgung von Regeln spürbar gemacht, dann, im erlebten Mitvollzug, eine Geborgenheitsatmosphäre des Bedingungslosen heraufbeschwört. Gott ist immer da, aber er ist nicht immer erlebbar: Das ist der Standpunkt des Liturgen.

Der Standpunkt des religiös Unmusikalischen hingegen lautet: „Da kann ich nicht mitmachen. Das alles ist Hokuspokus, Aberglaube, Götzendienst. Ich kann in der Liturgie die Einfachheit Gottes nicht spüren, weil ich nämlich überhaupt nichts Göttliches spüren kann. Ich erkenne bloß Umständlichkeiten, ein kompliziertes Ballett rund um einen transzendenten Popanz, der mit heißem Bemühen aus leerlaufenden Begriffen, Formeln und Gesten zusammenphantasiert wurde."

Und doch – so insistiert der Liturge des Alltags –, wer im Alltag nach dem Sinn seines Lebens sucht, der befindet sich auf der Suche nach etwas, das *absolut einfach* ist. Ludwig Wittgenstein drückte diesen eigentümlichen Umstand in seinem *Tractatus logico-philosophicus* aus, indem er sagte, dass diejenigen, denen der Sinn ihres Lebens nach langen Zweifeln klar wird, dann nicht sagen können, worin er besteht (Satz 6.521). Es handelt sich im Grunde um immer die gleiche Suche: die Suche nach dem archimedischen Punkt der Existenz, vor dem sich alle Fragen erübrigen, weil alle Antworten belanglos geworden sind. Wer nach dem Sinn des Lebens sucht, für den wird der Alltag zu einer Art Liturgie der einfachen Dinge des Lebens.

„Aber sollte man denn sein Leben damit verschwenden, nach dem Sinn des Lebens zu suchen?", fragt der religiös Unmusikalische und schüttelt gleich verneinend den Kopf – eine Geste, die den Liturgen des Alltags nicht sonderlich überrascht und dennoch misslaunig stimmt, so wie das Jucken an einer altbekannten Stelle, an der man sich nicht kratzen kann. Er hat das zwiespältige Gefühl, als ob er nicht umhin könnte, seinen eigenen Kopf ein wenig mitzuschütteln.[64]

Denn liegt es nicht auf der Hand, dass der Liturge des Alltags und sein Widerpart im Normalfall Aspekte ein und derselben Person sind? Bildet nicht das ganze Szenario ein Vexierbild unser aller Alltagsexistenz, die sich, ohne deswegen im Mindesten psychisch gefährdet zu sein, stets irgendwo zwischen den Polen reiner Profanität und mystischer Intimität, *moments of being*[65], bewegt? Anlass genug, um sich vor Augen zu führen, wie auf Heideggers Bank, die uns nicht schlicht profan als „gezimmert", sondern alltagsliturgisch als „roh gezimmert" vorgeführt wird, im Laufe der Zeiten ihres stillen Daseins am Saum des Feldwegs reagiert hätte werden können – und tatsächlich reagiert wurde.

Zunächst, so will ich ohne großes spekulatives Risiko annehmen, gab es einen Meßkircher Tischler. Vielleicht tischlerte er nur nebenher, weil er seiner angestammten Tätigkeit nach Bauer war; er zimmerte mit seinen einfachen Werkzeugen die Bank am Waldsaum. Auf jener Bank mochte es schon möglich sein, dass man sich einen Holzsplitter einzog, wenn man auf den ungehobelten, schief verfugten, grob zusammengenagelten Brettern herumwetzte. Gehen wir davon aus, dass zunächst alle, die an dieser Stelle des Feldwegs eine Rast einlegen wollten, mit der dort hingezimmerten Bank zufrieden waren. Warum nicht? Jedenfalls wäre kein Mensch aus der Meßkircher Gegend auf die Idee gekommen, die Bank als „roh gezimmert" zu bezeichnen.

Als sich dann aber, Jahre oder vielleicht Generationen später, das Tischlerhandwerk auch auf dem tiefen Lande modernerer Geräte zu bedienen gelernt hatte – und im Übrigen schon von einer stattlichen Anzahl von Wanderern über das Einziehen von schmerzhaften Holzspänen geklagt worden war –, da mochte es vorgekommen sein, dass ein Berufstischler seine professionelle Hilfe anbot, indem er dem Meßkircher Gemeinderat offerierte, eine anständig gehobelte, zusammengenutete und verschraubte, wetterfest gemachte und lackierte Bank – eine Bank sozusagen *state of the art* – auf Heideggers Feldweg hinzustellen.

Wäre Heidegger im Gemeinderat gesessen (oder wie immer sich das Gremium nannte, das über die Zukunft der roh gezimmerten Bank zu beschließen hatte), dann hätte er zweifellos protestiert. Denn was vom Berufstischler im Rahmen seines Gewerbes, verglichen mit der Fabrikation und Montage von Kücheneinbauten, Wohnzimmerverbauten und Ähnlichem, ohne Umstände als ein einfaches Ding namhaft gemacht worden wäre, davor hätte dem Philosophen des Seins gegraut. Der Übergang von der roh gezimmerten zur maschinell gefertigten Bank wäre ihm zweifellos als ein weiterer kleiner Triumph jenes Unwesens erschienen, das sich, in Heideggers Schreibweise, „das Ge-Stell" nannte, mit dem unter Heideggerianern berühmten Bindestrich zwischen dem „Ge" und dem „Stell", welch Letzteres – das „Stell" nämlich – ebenfalls groß zu schreiben war. Heidegger hätte den modernisierungslustigen Meßkirchern mit folgenden Worten, die ich wortwörtlich seinem Vortrag *Das Ge-Stell* aus dem Jahre 1949 entnehme, die Leviten gelesen:

„Das Ge-Stell ist das Wesen der Technik. Sein Stellen ist universal. Es wendet sich an das Eine des Ganzen alles Anwesenden. Das Ge-Stell stellt dann die Weise, wie jedes Anwesende jetzt anwest. Alles, was ist, ist […], offenkundig oder noch versteckt, Bestand-Stück des Bestandes im Bestellen des Ge-Stells. Das Beständige besteht in der bestellbaren Ersetzlichkeit durch das bestellte Gleiche."[66]

Es fällt nicht schwer, sich das Meßkircher gemeinderätliche Erstaunen akkurat bei dem Gedanken vorzustellen, dass am Waldsaum des Feldwegs nun das Beständige der Bank nicht mehr im Spenden von Welt liegen sollte, sondern in der „bestellbaren Ersetzlichkeit durch das bestellte Gleiche". Man kennt das ja: Die verschiedenen Bänke, die in den Katalogen großer Baumärkte angeboten werden, sind alle gleich und daher nicht nur immerfort bestellbar, sondern auch jederzeit ersetzbar. Eben diese bestellbare Ersetzbarkeit des Gleichen, in diesem Fall einer wetterfesten Holzbank, mag so manchem Meßkircher klammheimlich als echter Fortschritt eingeleuchtet haben. Dennoch, so will ich weiter annehmen, schenkte der Gemeinderat dem

Einspruch des großen Sohnes der Stadt, der bereits weltweiten Ruhm genoss, einhellig Gehör. Da die ursprünglich roh gezimmerte Bank jedoch, wie wir annehmen wollen, durch und durch morsch und buchstäblich am Zusammenbrechen war, beschloss der Gemeinderat also Folgendes: Es solle eine Bank Nr. 2 angefertigt werden, und zwar mit der kunsttischlerischen Auflage: „roh gezimmert".

Ich weiß nicht, ob Heidegger schon das Wort „Simulakrum" kannte, das durch Jean Baudrillard in die Literatur als Signalbegriff der sekundären Welt Eingang fand. Wie auch immer, es kann kein Zweifel bestehen, dass die roh gezimmerte Bank Nr. 2, die in einer Zeit des industrialisierten Handwerks als Liebhaberstück nach dem Vorbild der roh gezimmerten Bank Nr. 1 von Hand angefertigt wird, eben jener Echtheit entbehrt, um die es Heidegger ging, wenn er schrieb: „Das Einfache verwahrt das Rätsel des Bleibenden und des Großen. Unvermittelt kehrt es bei den Menschen ein und braucht doch ein langes Gedeihen." Auf die Frage, ob sich die roh gezimmerte Bank Nr. 2 in die Vorstellungswelt von den einfachen Dingen des Lebens einfüge, lautet die Antwort: Naja.

Und diese Antwort lautet nun, wie sie lautet, ganz unabhängig davon, ob man sich zu Heidegger bekennt oder nicht. Von den einfachen Dingen des Lebens erwarten wir uns, dass sie nicht bloß *Imitationen* einfacher Dinge sind. Warum ist das so? Weil die Simulation des existenziell Einfachen eben nicht jene Situation der Einfachheit zu bewahren vermag, die uns auf das grundlegend Menschliche und zugleich Alltagsliturgische unseres Fühlens und Tuns verweist. Stattdessen haben wir die Ebene des Zitats, der bloß noch zitierenden Nachbildung dessen, was in authentischer Form nicht mehr verfügbar ist, betreten.

Das meint der Ausdruck „sekundäre Welt". In ihr sind die einfachen Dinge des Lebens einzig als Ableitungen verfügbar, die sich der Verfremdung nahelegen. Der Meßkircher Fremdenverkehrsverein trug im Rahmen seiner bescheidenen Verhältnisse längst dazu bei, die *Feldweg*-Liturgie Heideggers zu „aktualisieren", indem er 2001 die roh gezimmerte Bank durch ein zeitgemäßes Exemplar für Heideggertouristen ersetzen ließ. Demgegenüber bestünde die erwartbare Reaktion der sekundären Welt auf höchstem Niveau darin, Heideggers roh gezimmerte Bank als eine Eins-zu-eins-Nachbildung im mehrfachkodierten Kunstraum zu platzieren. Dort ließen sich, auf kahlen Wänden rundum, in einer Endlosschleife ebenjene YouTube-Videos abspielen, die Heideggers Feldweg gleichzeitig pathetisch überhöhen und ironisch dekonstruieren. Zu sehen ist das unbewegte Bild einer asphaltierten Landstraße in grüner Umgebung, während

aus dem Off Heideggers Stimme zu hören ist, die den *Feldweg*-Text
pastoral zu Gehör bringt.[67]

***

Je mehr unsere Welt aus Simulakren einst authentischer Gegenstände
und Situationen besteht, aus Zitaten, ironischen Verfremdungen,
kritischen Kommentaren, umso stärker wird das Bedürfnis, dieser
Welt zu entkommen – einer Welt, in der alles, was ist, von
menschgemachter Technik umhüllt und durchdrungen wird. Diese
Welt schirmt uns immerfort und immer ausnahmsloser von dem ab,
was uns als Ursprüngliches, als primäre Offenheit des Wirklichen, im
anschauenden Begreifen offenbar werden *sollte*.

Heideggers Inbild dafür ist die roh gezimmerte Bank, Heideggers
inbildliche Stimmung dazu eine Art von Heiterkeit, der die Schwer-
mut des Getrenntseins vom Ursprung beigegeben ist. Wenn wir über
Heideggers Wortwahl nicht rechten, dann leuchtet uns ein, dass es
hier um die Sehnsucht nach etwas Verlorenem geht, das in seiner
Substanz dennoch unzerstörbar bleibt. Es geht, unverblümt gesprochen, um unsere Sehnsucht, uns wieder als Teil der Schöpfung, das
heißt: der Welt als eines lebendigen Ganzen, zu erfahren. Das mag in
vielen Ohren anstößig klingen, jedenfalls so lange, als nicht durch die
Begrifflichkeit hindurch auf das Wesentliche geachtet wird. Und das
Wesentliche an der Kritik der sekundären Welt besteht nun aber
darin, dass es diese Welt, dieses globale Weltkonstrukt ist, das es seinen Bewohnern bei aller Glückstechnologie immer weniger gestattet,
sich glücklich, weil lebendig zu fühlen.

Gewiss, das Bedürfnis, sich lebendig zu fühlen, kann bis zur religiösen Raserei führen, mitten hinein in den Furor der Zivilisations-
stürmerei, hinein in die Agonie blindwütigen Kulturhasses. Wenn
erst alles Unechte zerschlagen sein wird, so die agonale Hoffnung,
dann wird dahinter, hinter den Trümmern der innerlich abgestorbe-
nen Moderne und ihrer zombieartigen Unruhe, wieder das lebendige
Urbild zum Vorschein kommen ... Was mich betrifft, so möchte ich
bei derlei Freilegungsarbeiten des Absoluten herzlich gerne nicht dabei sein müssen. Denn mich schaudert vor der Vernunftlosigkeit des
absoluten Anfangs, der kollektiv herbeigezwungen werden soll. Außerdem graut mir – ich gestehe, nicht besonders wagemutig zu sein –
vor der Gewalt, die mit derlei ursprungswütigen Enthemmungsschü-
ben gewöhnlich einhergeht.

Umgekehrt jedoch finde ich gerade deshalb Gefallen an einer Kultivierung des Gedankens, dass das, worauf es letzten Endes ankommt,

die einfachen Dinge des Lebens seien. Ich sage vorsichtshalber „ich",
aber was ich meine, ist letzten Endes: „wir". *Wir sollten Gefallen finden an einer Kultur der einfachen Dinge des Lebens, ja, an ihrer sorgsa-
men Kultivierung, denn sie sind es, die unser Gefühl, lebendig zu sein –
und deshalb wahrhaft glücklich –, auf die am meisten friedliche Art und
Weise formen und stärken.* Dabei sollten wir nicht allzu sehr darüber
erschrecken, dass man uns in Kreisen nietzscheanischer Ästheten und
anderer Spitzensportler des Lebens den Vorwurf kaum ersparen wird,
auf ein kleinkrämerisches Lebensideal zu setzen.

Den Gedanken einer alltagsliturgischen Kultur zu vertiefen,
scheint mir vielmehr eine würdige Aufgabe jeder Philosophie und
Kunst zu sein, der es, statt auf den angeblich unvermeidbaren Kampf
der Kulturen zu starren, wahrhaft um das ginge, was uns alle verbindet, nämlich – mit Heidegger gesprochen – um das „Rätsel des Bleibenden und Großen". Aus gegebenem Anlass, nämlich der Fertig-
stellung eines Buches mit dem Titel *Die einfachen Dinge des Lebens*,
habe ich diesen Gedanken, ein wenig gedämpft, der Vorstellungswelt
eines mir Nahestehenden namens Hans zugeschrieben, von dem es
im Text heißt, er sei weder ein Idylliker noch ein Weltverbesserer gewesen. An dessen Grab wusste der Trauerredner vielmehr Folgendes
zu berichten:

*Man konnte – das war Hansens feste Überzeugung – sich die Welt
und das Leben gar nicht anders denn als Schöpfung denken. Fragte man
Hans allerdings, was er damit meine, dann freilich wich er aus. Einmal,
so schloss der Trauerredner, habe Hans augenzwinkernd doziert, man
solle den Alltag, ob Schuhputzen, Liebemachen oder Gedichteschreiben,
als eine Art Liturgie feiern. Und dabei habe er ein heißes Bügeleisen ge-
schwungen, aus dem der Dampf aufstieg wie der Rauch aus einem Weih-
rauchkessel. Denn nur selten, so Hansens geistiges Vermächtnis (wenn
hier von „geistig" und gar von „Vermächtnis" die Rede sein darf), gelinge
es, die Anwesenheit Gottes im Mitvollzug der Schöpfung beim Hemdenbügeln zu beschwören.*

*Meistens war Hemdenbügeln nichts weiter als Hemdenbügeln. Aber,
so Hans, der sich gerne ein bisschen als Liturgiekenner aufspielte, meistens
war auch Weihrauchkesselschwingen nichts weiter als Weihrauchkesselschwingen. Man durfte, so Hans – und das Augenzwinkern reicherte sich
mit Lachfältchen an –, vom Mitvollzug der Schöpfung eben nicht erwarten, dass über der alltagsliturgischen Szenerie des Hemdenbügelns eine Re-
klametafel blinkte, die weithin leuchtend annoncierte: „Täglich Schöpfung, durchgehend geöffnet."*[68]

8. EHRFURCHT, LEBENDIGKEIT & GLÜCK

Ich habe niemals Ehrfurcht empfunden, wie es hätte der Fall sein sollen. Es gab Menschen, die ich verehrte, zumindest aus der Entfernung, bei unklaren Umrissen und fehlender Tiefenschärfe. Und es ist wahr: Mein Gefühl der Verehrung schloss stets ein Moment der Ehrfurcht in sich. Aber Verehrung und Ehrfurcht sind nicht dasselbe.

Ich würde mich absichtlich dummstellen, wollte ich behaupten, Albert Schweitzers „Ehrfurcht vor dem Leben" sei für mich eine sinnlose Phrase. Doch gleichzeitig muss ich einräumen, dass mein Verständnis Schweitzers vor allem ein ästhetisches ist. Ich weiß, wie es sich *anfühlt,* ein Gedicht von Walt Whitman zu lesen, Adalbert Stifters Sanftem Gesetz nachzuspüren oder mit Peter Handke durch den „Großen Wald" zu streifen, der als Bild, von Ruisdael gemalt, im Holländersaal des Wiener Kunsthistorischen Museums zu bewundern ist. Demgegenüber – daran besteht für mich kein Zweifel – schwebte Schweitzer eine tiefere, ursprünglichere Form der Ehrfurcht vor, eine Ehrfurcht, die auch noch alle Zerbrechlichkeit der naturehrfürchtigen Kunst transzendiert.

Es bedeutet einen Mangel an menschlicher Existenz, in einer Welt leben zu müssen, in der es ein Zeichen der Schwäche des eigenen Urteils oder gar des Charakters wäre, Ehrfurcht zu empfinden. Und ich will auch gleich den Grund dafür nennen, der, wie ich glaube, zugleich der einzige sein könnte, um in einer so unvollkommenen, von so viel Verachtenswertem durchdrungenen Welt, wie es die unsere nun einmal ist, dennoch Ehrfurcht nicht nur zu empfinden, sondern mehr noch: empfinden zu *sollen.* Dieser Grund könnte kein anderer sein als der, dass eine Sache, mag sie nach menschlichen Maßstäben höchst unvollkommen sein, einen inneren Bezug zur Schöpfung unterhält.

Man hat behauptet, es gehöre notwendig zur Definition Gottes, dass ER existiert. Mir kommt diese Behauptung trotz aller Einwände, die gegen sie bereits vorgebracht wurden, nichtsdestoweniger regelrecht trivial vor. Denn wenn es nicht im Wesen Gottes läge zu existieren, dann wäre dieses Wesen keines, von dem irgendjemand ernsthaft würde behaupten wollen, es sei das Wesen des einen einzigen Gottes, von dem wir reden, wenn wir IHN meinen. So hat es bereits Anselm von Canterbury zu Beginn des 11. Jahrhunderts formuliert, und so ist es – da hege ich keinen Zweifel – bis heute geblieben. Freilich ist auch das Problem des Anselm'schen Gottesbeweises dasselbe geblieben. Wir wissen, dass Gottes Wesen notwendig Gottes Existenz einschließt, aber wir wissen nicht und werden, solange wir die Endlichen bleiben, die wir sind, niemals wissen können, was das bedeutet.

Denn in solchen Unendlichkeitsbelangen, den Modalitäten des Absoluten, versinken unsere Begriffe rasch im Nebel und in der Trunkenheit des Mysteriums. Gerade deshalb jedoch – weil und insofern vor Gottes Existenz unsere Definitionen zergehen wie die Traumgespinste der Nacht unter den Strahlen der Morgensonne –, ist ER, dessen Name uns unaussprechbar bleibt, der *absolut Ehrfurchtgebietende.* Er ist der Grund aller Ehrfurcht. Denn er ist der Schöpfer. In ihm gründet das unergründliche Geheimnis der Existenz selbst, die unentschlüsselbare Antwort auf die rätselhafte Frage, warum überhaupt etwas existiert und nicht vielmehr nichts.

Deshalb redet Schweitzer von der Ehrfurcht vor dem Leben und meint, genau besehen, die Ehrfurcht, die der ganzen Schöpfung gilt. Denn Schöpfung *ist* Leben, auch wenn es sich um das Blatt handelt, das vom Baum geweht wird, oder um die Schneeflocke, die auf der warmen Hand zergeht. Und deshalb ist, nach menschenmöglichem Maßstab, Ehrfurcht allen Wesen und Dingen gegenüber angebracht, welche die Schöpfung in nicht bloß angemaßter, selbstherrlich humanistischer Weise, sondern authentisch verkörpern, nämlich – wie anders sollte man es sagen? – als das, was sie alle allezeit sind, waren und sein werden: Geschöpfe.

Es geht in Schweitzers Formulierung also gar nicht primär um uns selbst, ja nicht einmal um das, was wir als Leben erkennen und anerkennen im Unterschied zur „toten Natur". Vom Standpunkt der Schöpfung aus gibt es keine tote Natur, ob es sich um einen gewaltigen Stern oder einen unscheinbaren Kiesel handelt. Schweitzers Ehrfurcht vor dem Leben appelliert an uns. Wir *sollten* in uns ein Gefühl dafür bewahren und wachhalten, was es bedeutet, dass die Dinge Teil und Ausdruck jenes lebendigen Ganzen sind, das die Welt *ist.* Denn nur wenn es uns gelingt, dieses Gefühl in uns zu nähren und zu kultivieren, werden wir uns selbst als lebendig erfahren. *Sich als Geschöpf zu fühlen, heißt, sich als lebendig zu erfahren. Das ist der metaphysische Kern des Satzes, dass das Glück in dem Gefühl besteht, lebendig zu sein.*

Die Todsünde der Gottesanmaßung – *unserer* Anmaßung, der wir freilich nicht abschwören können wie einer schlechten Angewohnheit, und die wir nicht bereuen können wie eine unethische Tat – besteht hingegen darin, die Geschöpflichkeitsgewissheit abzudrängen: Sind wir nicht die einzigen möglichen Schöpfer, auch wenn wir nicht imstande sind, einen Stern zu gebären und den Pfeil des Menschen über den Menschen hinauszuschleudern? Mit dieser Rhetorik und ihrem Gefühlsanhang schleicht sich in unser Leben eine Fahlheit ein, das Leblose, dessen vordergründigster Ausdruck darin besteht, dass wir zur Ehrfurcht unfähig werden. Es ist dann, als ob wir nicht mehr begnadet wären. Denn die Fähigkeit zur Ehrfurcht vor dem, was ist (und nicht vielmehr nicht ist), lässt sich nicht herbeizitieren. Sie wird gewährt. Sie ist eine Gnade, die wie der Flügel eines Engels alles Sterbliche noch im Tod umhüllt und strahlen macht.

***

Wer spricht hier? So fragst du, und du fragst zu Recht. Denn du weißt, dass die Stimme, die hier spricht, diese Stimme, welche die großen Wörter – „Gott", „Schöpfung", „Gnade" – hastig zusammenrafft, doch zögert, als ob sie sich selbst zuhören müsste, um sicher zu sein, dass sie es ist. Es ist ein Nachhall ihrer selbst, der macht, dass sie fremd in den Ohren dessen klingt, der spricht: als ob gar nicht ich es wäre …

Und habe ich denn gesprochen? So fragst du hartnäckig. Denn schreibt da einer nicht die großen Worte nieder, an die er bloß glauben *möchte*? Er schreibt „Gott" – er nennt ihn „Schöpfer" –, er spricht von „Gottes Schöpfung", und dabei spricht er mit gleichsam nachhallender Stimme, die ihn fremd vor sich selbst hinführt. Ist er es, der in sich hinein- und nachhallt. Bin ich es? Oder ist da ein anderer, nein, weniger und mehr, ein *Anderes* in meiner Stimme, dem ich beim Schreiben lausche?

Er lauscht beim Schreiben. Er gibt sich der Illusion hin, dass das Schreiben der Worte, nach deren Wahrheit er sich verzehrt wie einst der Psalmist nach der Stimme des Herrn, ihn schließlich einhüllen wird wie das Rauschen des Flügels eines Engels; und dass das Rauschen des Flügels ihn strahlen machen wird, erstrahlen im Glanz der Wahrheit: und dass sich dann, plötzlich, die Illusion, der er sich hingibt beim Lauschen und Schreiben mitten im immerfort untergehenden Abendland, als der Glanz einer noch nicht zu Ende geborenen Umfangenheit herausstellen wird:

Nichts ist jemals zugrunde gegangen im Wandel der Zeit, die nichts weiter war, ist und sein wird als Wandel in der Herrlichkeit der einen Schöpfung, deren Ewigkeitsnachhall die Schneeflocke, der Kieselstein und ich, ihr hoffentlich treuer Chronist, war, bin und sein werde.
Doch du hast recht. Indem er sich der Illusion vom Wahrwerden seiner Worte hingibt, zögert er. Er zögert, weil er sich nicht nur seiner Sehnsucht hingibt, sondern auch weiß, dass er sich danach sehnt, in seiner Illusion aufzugehen. In ihr zu verschwinden. Er möchte in seinen Worten, in sie hineinlauschend, verschwinden, damit er endlich – endlich! – unerreichbar wird. Unempfänglich für die üblichen schlauen Fragen, Anfragen aller Art, auch und vor allem deine: „Wer spricht hier?" Wie anders wäre die Wahrheit, die auszusprechen und hinzuschreiben ihm ein derart großes, ja ein seine Existenz fundierendes Bedürfnis ist, jemals ohne Vorbehalt, ohne schiefes Grinsen zu erreichen? Glaubt er denn an etwas von dem, was er da, in seine Worte hineinlauschend, schreibt? Gott, Schöpfung, Ehrfurcht, das lebendig Unbedingte?

Einmal hat er einbekannt: „Ich glaube nicht an das, was ich weiß." So hat er geschrieben: *Ich glaube nicht an das, was ich weiß.* Weil es doch heißt, dass man nur wissen könne, woran man auch glaube. Was wollte er damit sagen? Weiß er das noch? Hat er es jemals gewusst? Ging es ihm bloß um das eitel funkelnde Paradox? Ja und nein. Nein. Er wollte sagen, er sei kein Lügner, nur einer, der noch nicht mutig genug ist, dem Nachhall seiner Stimme, der beim Hinschreiben schon einbrechenden Worte – er schreibt sie hin wie über einem Abgrund, von einer Stimmschicht brüchig überzogen – vorauszueilen, um, auf sie zurückblickend, ihre Wahrheit aufleuchten zu sehen.

Er schreibt. Er dunkelt. Er ist sich des Dunkels seiner Geschöpflichkeit bewusst, seiner grobschlächtigen Erdgebundenheit. Er weiß, ihr wachsen Flügel zu im Rauchen seiner Neuronen, seines phantasierenden Gehirns, bloß, um als tote Gedanken wieder abzufallen, vergilbte Euphorien des Absoluten auf Blättern, die keiner lesen mag. Vor allem er selber nicht.

Scham statt Ehrfurcht. Während er hinwill vor das Angesicht Gottes, während er im Sandkorn die Katarakte der Schöpfung brausen hören möchte – ach, Gottes Sprache ist die, die du nicht verstehst! –, um endlich, endlich Ehrfurcht bezeugen zu dürfen, nicht besinnungslos, sondern in der Hellwachheit seiner zur Wahrheit erweckten Sinne, wird er von Scham überflutet, überschlammt: Ist das nicht alles, Staubkorn für Staubkorn, ein Ducken, Kniefall um Kniefall vor einem Popanz, einer lächerlichen Illusion? Er hört das Gelächter, das ihn am meisten beschämt. Das Gelächter der herzlich Erzgesunden, der Bodenständigen mit dem guten Herzen. Er hört das parfümierte Gelächter Voltaires unter seiner gepuderten Perücke, und er sieht die verdrehten Augen der Pilgerströme rund um den Globus: Als ob es da irgendwo, in den sich selbst organisierenden Netzwerken der Neuronencluster unter den Milliarden und Abermilliarden Schädeldecken, einen Winkel gäbe, einen winzigen prozesslosen Winkel, in dem es nicht wäre, als ob dich die Scham überlebte.

Er schreibt Worte nieder, an die er nur allzu gerne glauben möchte, weil er weiß, dass sie wahr sind. Aber er glaubt nicht an das, was er weiß. Er kann nicht. Noch nicht. Sein Wissen fühlt sich an, als ob es ein Berg aus Scham wäre. Ja, du hast recht. Fragst du mich, wer hier spricht, so zögere ich. Denn obwohl er nichts so sehr herbeisehnt, als dass sein Schamberg dahinschmelzen möge, so spürt er doch, wie er gegen den Berg gepresst wird, sich auch lustvoll gegen ihn presst.

Er hat Angst, durch das glühende Eis seiner Scham einzubrechen. Er hat Angst davor, dass es die tote Welt ist, die sich ins Unendliche dehnt und nicht der Himmel, dessen Hintergrundglanz, dessen Geborgenheitsstrahlen erst das Gefühl erwecken und wachhalten könnte, wirklich lebendig zu sein, wirklich und wahrhaft lebendig:

Wonach er sich verzehrt, ist das Gefühl, Teil der Schöpfung zu sein, das heißt, eine Kreatur. Aus diesem Gefühl müsste alles kommen, alles hervorwachsen wie der tausendjährige Rosenstrauch, der tausendjährige Ölbaum: Liebe, Glaube, Hoffnung; und das Glück, das alle drei zusammen bedeuten: das Glück des Lebendigseins. Nur Kreaturen sind lebendig genug, um der Schöpfung ehrfürchtig zu begegnen: um sie empfangen und preisen zu dürfen. Und eben darin liegt ihr tiefstes Glück, das wahre Glück, Urbild und Grund allen ferneren Glücklichseins.

***

DIE VEREHRUNGSSÜCHTIGE:

Als er der Verehrungssüchtigen zum ersten Mal begegnete, fühlte er sich geniert. Das hätte er sich sparen können. Er stand auf dem Katheder, ein rüstiger Postsechziger (sein Pensionierungsdatum war bereits seit Jahren aktenkundig), sie saß unten, in der ersten Reihe, ihm praktisch zu Füßen. Sie war noch nicht fünfundzwanzig, und wenn sie ihr kindliches Lachen lachte, das sie sich gerne im Spiegel selber vorlachte, dann sah sie aus wie achtzehn, nein, siebzehn, oder?

Aber noch lachte sie nicht, sie schaute bloß auf. Er sprach über das Problem sogenannter – er sagte „sogenannter", das ließ ihn distinguiert erscheinen, sachkundig bis zur Ironie – intrinsischer Werte. Intrinsische Werte also, zum Beispiel die Liebe: Angenommen, so gab er in die Runde hinein zu bedenken, wobei er im strahlenden, ihn anstrahlenden Blick der Verehrungssüchtigen einen Augenblick lang – zu lang – hängenblieb (wofür er sich noch im selben Moment genierte), angenommen also, die Liebe sei ein sogenannter intrinsischer Wert: dann streben wir die Liebe um ihrer selbst willen an, nicht wahr? Wir streben sie an, ganz gleich, was die Konsequenzen davon sein mögen, dass wir lieben, ob uns der siebente Himmel beschieden ist oder das frühe Grab. Denken wir nur an Romeo und Julia, an die Olympioniken und Olympionikinnen der Liebe ... Aber, großes Aber, wenn wir sagen, die Liebe sei ein Wert, der einem Verhältnis intrinsisch sei, meinen wir dann, dass dieser Wert dem Verhältnis, das ihn verkörpert, dem Liebesverhältnis, innewohne?

Aber – großes Aber, er glaubte aus den Augenwinkeln einen Sog zu bemerken, der vom strahlenden Blick der Verehrungssüchtigen ausging –: Heißt das nun, dass die Liebe dem Verhältnis und Verhalten der einander Liebenden als etwas objektiv Seiendes innewohnt, nämlich als Verkörperung jenes um seiner selbst willen angestrebten Wertes, den wir „Liebe" nennen? Seine Antwort, kurz gefasst: Ja und nein. Denn diese, ontologisch gesprochen, Verkörperungsrelation – er dozierte jetzt wie auf Stelzen – müsste, falls ihre Annahme unter der Voraussetzung sogenannter intrinsischer Werte unvermeidlich wäre (was sie seiner Meinung nach jenseits jeden vernünftigen Zweifels war), logischerweise zur Folge haben, dass das Abstraktum „Liebe" unabhängig davon existierte, ob es nun gerade in einem Verhältnis verkörpert wäre oder nicht. Aber – abermals großes Aber –: Falls man sich die Welt als entleert von allen Gefühlen denken wollte, die dank der Körper, die sie bewohnten, so etwas wie Liebe zu verkörpern imstande wären, dann könnte auch ontologisch sinnvoll nicht mehr die Rede davon sein, dass ein Wertabstraktum namens „Liebe" existierte.

Das, meine Damen und Herren, ist nicht akkurat die Lehre Platons, die doch ganz aufs Ideale setzt, auf das Leben der körperlosen Ideen. Nein, er, ihr Lehrer, stehe nicht an, sich in aller Bescheidenheit als Aristoteliker der Liebe zu bekennen. Denn was hätte die Liebe für einen Wert, wäre sie bloß, im Ursprung und Ende, eine körperlose Idee, statt sich durch ihre Verkörperungsformen hindurch als das Abstraktum, als welches Platon sie einzig gelten lässt, erst zu konstituieren? – freilich stets und notwendig vor dem (das sei nicht bestritten, sondern ausdrücklich eingeräumt und bestärkt) idealen Horizont dessen, was wir als wahre Liebe ewig anstreben und doch niemals erreichen! Ja, es gibt einen Absoluthorizont der Liebe. Freilich ist das grenzenlose Land des Begehrens, vor dem er sich öffnet, nicht Platons zusammenphilosophierter Ideenhimmel, sondern unser aller Leiblichkeit, die über sich hinauswill zur wahrhaft himmlischen Lust, von der schon Nietzsche sagte, dass sie nichts wolle als Ewigkeit – ein Wollen, das, theologisch gesprochen, seinerseits wiederum nichts anderes bedeutet als Erlösung. Was denn sonst könnte es bedeuten …?

An dieser Stelle war die Vorlesungsstunde zu Ende, er machte zwei ostentativ beschwingte Schritte über die Stufen des Katheders, hinunter ins Auditorium. Dabei wusste er mit einiger Beklommenheit im Voraus: Zu ebener Erde würde er in den strahlenden Blick seiner Verehrerin geradezu einsinken, ach, was für ein peinsames, peinliches, sein Lehrerethos strapazierendes Missverständnis!

Nehmen wir an, sie hieß Alma, „wie die Mahler-Werfel". Und nehmen wir an, dass sie bloß so redete – „ich heiße Alma, wie die Mahler-Werfel" –, um durch eine Anspielung, die ihre, Almas, im Grunde unschuldige Lage in ein schiefes Licht rückte, ihrem Lehrer gegenüber strahlenden Blicks klarzustellen, worum es ihrer Meinung nach hier und jetzt einzig ging und gehen musste. Er hatte einen weißen Bart. Er war eine Autorität. Er hätte ihr Vater sein können. Man sprach über ihn, wie man nur über Männer seiner Art sprach. Männer seiner Art hatten Marotten, über die sich die anderen endlos lustig machten, bloß, um nicht einbekennen zu müssen, wie sehr sie ihn verehrten. Das reichte ihr, sie machte sich vor, er mache ihren Körper strahlen. Mit jungen Männern ließ sie sich gar nicht erst ein. Er war dreißig Jahre älter, mindestens! Alma machte keinerlei Umstände, wozu auch?

Er wusste, was sie wollte, als sie neben ihm stand und ihm mit diesem strahlenden Blick ihren strahlenden Körper umstandslos annoncierte, während sie vorgab, sich für das Phänomen der Verkörperung zu interessieren. Sie sagte „Phänomen der Verkörperung", und er wusste, worauf das hinauslaufen wollte. Sie sagte, sie spiele mit dem Gedanken, ihre Diplomarbeit über den strahlenden Eros bei Josef Kuczinski zu schreiben (wer, um Himmels willen, dachte er, war Josef Kuczinski?). Denn gerade Kuczinskis Konzeptualisierung des strahlenden Eros sei ihrer Meinung nach ideal dafür, um das Phänomen der Verkörperung zu studieren, und zwar gerade wegen der für

Kuczinskis Wertstrahlungsaxiologie typischen „Ausgespanntheit zwischen transzendenter Immanenz und immanenter Transzendenz".

Ja, dachte er – und er dachte das nicht ohne Beklemmung, womöglich war er es ja, der dieses Kind dem strahlenden Eros Kuczinskis hatte ins Netz gehen lassen –, es lag eine große Unschuld in dem Begriffsschrott, den Alma heraussprudelte. Sie hatte ihm, dem von ihr verehrten Lehrer, ihren Vornamen, Alma, hingeworfen, „wie die Mahler-Werfel", als ob sie beide sich mitten in einem Ballspiel an einem sonnigen Strand befänden, ohne Hintergedanken, nichts als anstrengungslos freudvolle Gegenwart, die alles Gegenwärtige glücklich sein ließ, bloß weil es *da* war.

Und dieses Kind, diese Unschuld, die reine Freude war, strahlende Vorfreude – worauf bloß? Doch nicht auf seinen alten, müden, schlaffen Körper, der wegen des langen Stehens auf dem Katheder von den Füßen bis in die Haarspitzen hinein schmerzte! –, ließ ihn wider Willen Rührung und Dankbarkeit empfinden. Wie sollte er Alma gleichsam zwischen Tür und Angel (er hatte es eilig, von hier wegzukommen) ohne Grobheit, ohne Beschämung klarmachen, dass es ihre Unschuld war und die mit dieser ihrer Unschuld einhergehende Freude, lebendig zu sein, die sie dazu brachte, das denkbar untauglichste Objekt zu begehren, nämlich den von ihr verehrten Lehrer, der seinerseits nur eines wollte: seine von den Schuhen endlich befreiten Füße auf der Kante seines Arbeitstisches hochlagern?

Es war das Jahr, in dem Michael Jackson starb. In diesem Jahr ging den Verehrungssüchtigen der ganzen westlichen Welt nicht nur eines der wirkmächtigsten Objekte ihres Begehrens verloren; durch dessen Tod erwuchs ihnen auch ein neues, nun vollständig imaginäres Objekt. Der tote Popstar löste sich für kurze Zeit aus seiner innerweltlichen Verkörperung. Indem das millionenfach kopierte Bild des Singenden und Tanzenden, des choreographierten Toten, des ewigen *Moonwalkers*, allgegenwärtig wurde, wurde zugleich sein trauriges, einsames, ebenso infantiles wie pädophiles Leben, das ganz und gar öffentlich auch noch dort gewesen war, wo es sich schon im Narkotika-Rausch hinter dicken Villenmauern eingebunkert hatte, unter dem ekstatischen Verehrungswillen seiner sich alterslos fühlenden Fans zersetzt. Es zersetzte sich, wie die Heiligen sich zersetzen: Was blieb, war der Astralleib Michael Jacksons, ein reines, makellos strahlendes Energiefeld, dem der dünne Körper des Kindmannes mit dem zerfallenden Gesicht nur als Vorwand, als Paravent diente. Die Wonnen der Verehrung spielten im Ätherischen, die Klischees des immergleichen Starkultus wiesen auf ein unaussprechbar Höheres, das sich nur noch in den Formen reiner Begriffslosigkeit ausdrücken ließ. Michael Jackson war, tiefinnerlich in der Seele seiner Fans, ein wortloser Schrei geworden.

Der nicht enden wollende Schrei des weltumspannenden Verehrungskollektivs war eine Demonstration unüberbietbarer, höchster, ja transzendenter Verehrungsintensität, am Rande der Sprachlosigkeit und darüber hinaus: *Voll total krass! Echt megageil!! Megasuperhammergeil!!!* Die liturgischen Bilder zum stampfenden Beat der Songs, auf den Bildschirmen rund um den Globus bis an die untere Grenze zur Sichtbarkeit zerlegt, wurden ununterscheidbar vom Glanz des Unwandelbaren. Was, so mochte sich der Außenstehende tief befremdet fragen, hatte denn diese elektronische Welle, diese irrlichternde Lebendigkeit, dieses elektrische Gekreische zu *bedeuten*? Zu groß war für den, der sich nicht im Bannkreis der Verehrungsekstase befand, der Abstand zwischen dem Popclown in allen möglichen Verrenkungen, gipfelnd in dessen alle Schwerkraft überwindendem Moonwalk, mit dem schon Jesus übers Wasser gewandelt war, und dem hysterischen Leuchten, dem irren Glanz, der sich über die Gesichter der schreienden Fans ausgebreitet hatte.

Das Wort von der „religiösen Ersatzdroge" fand sich gebetsmühlenartig in den Kommentaren der Qualitätsblätter und war doch nichts weiter als die floskelhafte Konversationsverlegenheit jener, denen jedes Bedürfnis, sich lebendig zu fühlen, abhanden gekommen schien. Denn dieses abgedroschene, zum Abkanzelungsklischee verkommene Wort – *religiöse Ersatzdroge* – zeugte von keiner Einsicht, bloß vom Unverständnis der agnostisch Distanzierten, denen vor lauter aufgeklärtem Erwachsensein, lauter Relativierungszwang, Ironie und Realismus längst die Begabung fehlte, aus der puren Unschuld des Lebens heraus zu verehren, was die Freude am Leben zu steigern vermochte.

Ja, der Superfan des toten Michael Jackson liebt jedes noch so lächerliche, groteske, kindische Detail seines Helden. Er liebt es mit der Inbrunst, die kein Wenn und Aber der Kulturkritik, keinen Wankelmut des Herzens kennt. Er ist ein aus der Entfernung enthusiastisch Liebender. Und ausnahmslos antworten alle bösen Mädchen, die sich hingabebereit zu ihrem toten Idol bekennen wie sonst nur katholisch Pubertierende zu *Jesuschrist Superstar*, auf die Frage, was sie denn, wenn sie die ungeheure astrale Möglichkeit bekämen, mit ihrem Angehimmelten im Himmel gerne treiben möchten: *Jajajaja!* Das alles ist makellos rein, weil der ohnehin bloß vorstellungslos phantasierte Sex bloß dazu da ist, ein inniges Gefühl dafür zu bekommen, worauf die Verehrungssehnsucht eigentlich *hinauswill,* nämlich ein Verkörperungsgefühl der Lebendigkeit zu bekommen, die sich immer nur in Begriffen des Absoluten ausdrücken lässt, das heißt in Begriffen des Nichtbegrifflichen, um nicht zu sagen: der Erlösung. Und das sagt ja auch keiner, jedenfalls nicht im Profipopbusiness, es sei denn, die Fans hören den *Scheiß* gerne, „Redemption", und kaufen den *Erlösungsscheiß* dann auch, die „Fucking Redemption".

Und natürlich ist der Körper des toten Michael Jackson ein Phantasma, das zur schwärmerischen Idolatrie, aber nicht wirklich dazu taugt, der Verehrungssehnsucht einen Horizont zu öffnen, nicht einmal in der Übersteigerungsform seiner endgültigen realen Abwesenheit. Denn all den Idolen, den Göttern und Göttinnen des Pops und Poppens, von den Bewohnern androgyner Glitzerwelten bis zu den vor Brillanten starrenden Hypermachos des *Gangsta Rap,* eignet keine echte Tiefe, keine Transzendenz, die nicht simuliert wäre. Alles Transzendente ist hier, im Sinnenrausch des Kalkulierten und Synthetischen, nichts weiter als ein lebloses Versprechen. Der Glanz in den Augen der kreischenden Verehrungssüchtigen ist blind. Es ist der Glanz der Spiegelkabinette, in denen sich die Spiegel selbst bespiegeln, sodass der Eindruck der Unendlichkeit entsteht, während sich doch hier, am Ort der Raserei rund um den mausetoten Michael Jackson, der Verehrungssehnsucht nichts entbirgt, sondern alles nur Oberfläche und optische Täuschung bleibt, der grellfalsche Vorschein jenes Glücks, das in dem Gefühl besteht, lebendig zu sein.

Das alles hätte er Alma sagen wollen, hätten ihn seine Füße nicht über seine Wirbelsäule hinauf bis in seine Haarwurzeln hinein geplagt. Doch dann, hast du's nicht gesehen, sagte Alma den Satz, der, so einfach, wie er ausgesprochen wurde, keine einfache Replik zuließ: „Sie können von mir haben, was Sie wollen." Ach, was hätte er nicht alles haben wollen! Ja, er versuchte, sich einen Moment lang vorzustellen, wie es in Almas Armen wäre, aber einzig, um dessen gewahr zu werden, dass er dabei war, sich vor sich selbst zu erniedrigen.

Alma, die Verehrungssüchtige, machte sich ihm, dem von ihr verehrten Lehrer, in der Unschuld ihres verehrungssehnsüchtigen Herzens mit geradezu leichthin religiöser Bedingungslosigkeit zum Geschenk, freilich, das wusste er, nie und nimmer allen Ernstes, das heißt, mit dem Ernst der bedingungslosen Liebe. Das wäre dann ein Fall für den Psychiater gewesen, und er, ihr Lehrer, hätte nicht gewusst, was tun, vor allem aber: wohin mit ihr. Gottlob, das hier war nicht der Ernstfall. Der Verehrungsernstfall war härter ins Leben eingegraben, in seinen Konsequenzen vieldeutiger, auch grausamer.

Erst kürzlich hatte er die Erinnerungsbücher des Oxforder Literaturwissenschaftlers und Kritikers John Bayley gelesen. Sie handelten von dessen lebenslanger Liebe zu Iris Murdoch, der Schriftstellerin und Philosophin, die im Alter an Alzheimer erkrankt war. In jungen Jahren fühlte sich die Murdoch zu älteren Männern hingezogen, die ihr als Lehrmeister imponierten. Einer davon war Elias Canetti, sie Jahrgang 1929, er Jahrgang 1905. Canetti hatte vor den Nazis fliehen müssen. Nun lebte er, der Autor des Romans *Die Blendung*, mit seiner Frau zusammen im Londoner Hampstead und dachte über das gewaltige Thema *Masse und Macht* nach. Kein Zweifel, das Thema wurde gewaltig durch *ihn,* der sein Nachdenken, wie er betonte, vor mehr als einem Jahrzehnt begonnen hatte ...[69] Canetti war seiner Gattin nicht treu. Kleinwüchsig und großköpfig, imponierte er intellektuellen Frauen durch seine überragende Geistigkeit, seinen durchdringenden Blick für menschliche Schwächen und einem nach außen gekehrten, furchteinflößenden Moralismus, den sich Wiens jüdische Intelligenz bei dem katholischen Karl Kraus abgeschaut hatte. So fand sich Iris Murdoch, durchaus mit Absicht, eines Tages in Canettis Bett wieder. Er gab ihr das Gefühl, eine begabte Autorin zu sein, was ihn nicht daran hinderte, sich gelegentlich abfällig über ihr Talent zu äußern. Sie wiederum nützte die Gespräche mit ihm, wohl mehr bewusst als unbewusst, zur eigenen künstlerischen Inspiration.

Bayley macht aus seinem Abscheu vor Canetti kein Hehl, er nennt ihn „the God-Monster of Hampstead". In den Romanen von Iris Murdoch, deren Verehrungspassion einige Jahre anhielt (vollzogen im Haus der Canettis nach einem stundenweisen, exakten Besuchsplan), tauchen da und dort Männer auf, die erotisch faszinieren, weil sie eine Art Trickbetrügerei des Geistes beherrschen. Sie sind Geistespopanze. In allen Fragen des Intellekts und der Kunst demonstrieren sie Unfehlbarkeit. Dabei haben sie ihre Vitalität, nicht unbedingt ihre sexuelle, meist schon verloren. Sie sind in einem enigmatischen Sinn lebende Tote. Gerade dieser Umstand wird für die weibliche Verehrungsklientel zu einem Ansporn devoter mütterlicher Anteilnahme. Die Frauen lassen sich von den männlichen Zombies aussaugen. Das Verlorene, die Potenz des Lebens, wirkt im falschen Glanz einer fiebrigen, autoritären Geistigkeit als Hintergrundstrahlung weiter und wirkt dabei, paradoxerweise, nach außen hin wie das Leuchten eines in der Tiefe ruhenden Gottes, der, befangen in Träumen genialer Wirrsal, darauf harrt, endlich erweckt zu werden.

Was Alma betraf, so endete – wie wir annehmen wollen – alles dort, wo solche Sachen enden sollten. Er, ihr verehrter Lehrer, dessen

Pensionierungsdatum bereits aktenkundig war, hätte sie gerne besänftigend an sich gedrückt und ihr die Stirne geküsst, diese Stirne voll schöner Flausen, die über einem vor Sehnsucht früh ernst und schwer gewordenen Grund dahinstöberten. Er erinnerte sich, wie wunderbar es gewesen war, als er noch an die *Erlösung durch tiefes Wissen* glauben und sich eine Hingabe, die alles Körperglück mit einschloss, dazuphantasieren konnte. Aber hier und jetzt blieb ihm nichts, als seine Verehrerin bitter zu enttäuschen. Er sagte ihr, dass er ihr Angebot „wirklich" schätze und dass er umso mehr bedaure, es nicht annehmen zu können, als sie eine „wirklich" bezaubernde junge Frau sei. Und dabei wusste er (und fühlte sich herzlos): In einem solchen Fall und unter solchen Umständen das Wort „wirklich" zweimal hintereinander zu verwenden ist der Gipfelpunkt an geistloser Schöntuerei, die offensichtlich, jedenfalls aus der Sicht der Zurückgewiesenen, nur einem Zweck dienen konnte: der Abwimmelung. Ach, und dabei meinte er alles genau, wie er es sagte!

Er sah, wie Alma übers ganze Gesicht glanzlos wurde und kaum noch imstande war, ihren Zorn über so viel herzlose Banalität hintanzuhalten. Dann drehte sie sich um und ging. Ging weg. Sie rannte nicht, sie ging, äußerlich leichthin, mit verächtlichen Schultern. Innerlich jedoch rannte sie, stürzte, überschlug sich, zerriss ihre Kleider, *ratsch* (wie die verschmähte Prinzessin im Märchen), kam wieder hoch und rannte. Sie rannte – so sah sie sich selbst auf der Suche nach einem geeigneten Leidensbild – in eine Sackgasse hinein (sie dachte das Wort auf Französisch: *cul-de-sac*), rannte auf eine Wand zu, um gegen die Wand zu prallen, *bumms* (wie einst Romy Schneider in der *Spaziergängerin von Sans-Souci*).

Ratsch und bumms, schon hatte sie aufgehört, ihn zu verehren, *den alten Sack*. Aber da war der Stachel der Demütigung, dessen sich das junge Leben nicht einfach entledigen konnte; der Stachel wurde zur Gier, die der Sättigung bedurfte. Rasch fand Alma einen anderen Lehrer, der ihr halbwegs verehrungswürdig zu sein schien, auch er um vieles älter, auch er eine Autorität, die sich zur Not, bei geschlossenen Augen, als *monstre sacré* phantasieren ließ. Und er bekam von ihr alles, was er wollte, und er wollte von ihr mehr, als er brauchen konnte. Sie begann ihn zu bemuttern, um ihn anschließend guten Gewissens verachten zu dürfen.

Und das war das, wie man so sagt, und dann kam noch einer und noch einer, und dann war Schluss. Denn Alma war keine vaterfixiert Verehrungssüchtige, sie war eine Verehrungssehnsüchtige, die zurückgewiesen worden war. Nun aber war sie ausgenüchtert, und wie!

Ausgenüchtert „auf der ganzen Linie", soweit es ihre Lehrer anging, die sie sich stets als Männer mit Tiefe ausgemalt hatte, um Jahrzehnte älter, begabt mit dem heiligem Geist und – na ja – den Lenden biblischer Patriarchen. Doch nun glaubte sie entdeckt zu haben, und zwar mit Lust und Lebenshunger und einer gehörigen Portion Revanchismus, dass der sprichwörtliche „Eros des Geistes" eine kleine, sorgsam stilisierte, akademisch abgeschirmte Funzel war, die es nie und nimmer rechtfertigte, sich glanzlosen männlichen Körpern hinzugeben, in denen keine Glut, ja nicht einmal die Asche des Absoluten bemerkbar wurde. Zeigten sich diese Popanze des Geistes in ihrer Nacktheit, dann blieb bloß die Beklemmung, dem ungelenken Ringen um eine Lüsternheit beiwohnen zu müssen, die ebenso banal wie, abzüglich stillschweigend konsumierter Potenzmittel, nicht mehr lebendig war.

Ihre Diplomarbeit über den strahlenden Eros bei Josef Kuczinski schrieb Alma, wie man so sagt, herunter, lustlos, geistlos, aber nach allen Regeln der akademischen Kunst, in einem Semester bei einem Gutachter, den sie sich der Einfachheit halber über das Dekanat zuweisen ließ. Ihre Note: Sehr gut. Als ihr der Gutachter während der abschließenden Diplomprüfung ein Kompliment über ihre kritischen Anmerkungen zum strahlenden Eros bei Josef Kuczinski machen wollte, wies sie ihn, noch bevor er ausgeredet hatte, grob zurecht. Er sei bloß ein alter Mann, der sich nach dem Leben sehne, nach dem Glück der verlorenen Tage, nach dem Salz der vertanen Jahre. Auch die Diplomprüfung bestand Alma mit sehr gutem Erfolg.

Und die Moral von der Geschichte?

Sagen wir so – und um den Unterschied zwischen Verehrungssucht und Verehrungssehnsucht im Augen zu behalten –: Die Liebe oder Quasiliebe der jungen Frau zu älteren und alten Männern, die, umflort von geistiger Aura und mit Kunstsinn aufgedonnert, absolute Autorität durch höchste Lebendigkeit zu verkörpern scheinen, ist ein prekärer Sonderfall der Verehrungslust. Denn die Liebe will sich hier nicht mit dem abgezirkelt geistreichen Dialog, nicht mit der einfühlsamen, zart erotischen Hingabe an das Höhere begnügen, kurz: nicht mit der Eckermann-Haltung.

Die Verehrung Eckermanns für seinen Leitstern Goethe funktionierte ja gerade deshalb dauerhaft und gleichsam krisensicher, weil sie in jener Gesittung verharrte, die dem Verehrten nicht mehr entreißen möchte, als er zu geben bereit ist – und vor allem: als er zu geben vermag.[70] Alles Drängen nach dem Unbedingten, Absoluten, nach dem Heiligen Geist oder Gral, blieb zwischen Goethe und Eckermann in den Vorhöfen angesiedelt: im Goetheschen Palais unter den

Gipsbüsten, Münzsammlungen und Bildwerken eines Zeitgeistes, den man später „klassisch" nennen wird. Man könnte, übelwollend – in Verkennung der sich maßvoll verhüllenden Sehnsucht, die Eckermanns Verehrung für den Meister beseelte –, auch von der Haltung gepflegter Geisteslangeweile oder kultivierter Leblosigkeit sprechen, die sich vorgenommen hat, das Erforschliche zu erforschen und das Unerforschliche still zu verehren.

Wo hingegen die Verehrung, von der jüngeren Frau ausgehend, den älteren Mann zur Erleuchtung durch körperliche Besitzergreifung auffordert, dort wird die Lage brüchig. Denn das Ideelle wird zu einer Art Vorspiel, das danach drängt und dazu gedrängt wird, sich *buchstäblich* als Lebendiges zu verkörpern. Aus der Libido der schönen Geistigkeit soll der vollkommene sexuelle Akt, die höchste Lust werden. Der Orgasmus, der umso mehr Ewigkeit will, je rascher er stirbt, soll sich als unmittelbar gefühltes, von allen Begriffshüllen befreites Inbild des Absoluten enthüllen.

***

EXKURS ÜBER DEN RELIGIÖS UNMUSIKALISCHEN
(EHRFURCHTSVERÄCHTER):

„Aber brauchen wir nicht alle irgendwann jemanden, den wir verehren können? Ist der Hang zu verehren nicht ein Grundbedürfnis des Menschen?"

Dazu fällt dem Ehrfurchtsverächter bloß eines ein: Fragen dieser Art siedeln rhetorisch auf einer humanistischen Biederkeitsstufe, die geradezu herausfordert, sie mit Verachtung zu strafen. Solche Fragen unterstellen, dass der Durchschnittsmensch gar nicht anders kann, als sich einem anderen, der an Rang, Ansehen oder Begabung höher steht, mit dem sattsam bekannten Blick der Anhimmelung unterzuordnen; und dass, falls kein geeignetes Anhimmelungsobjekt vorhanden ist, der Durchschnittsmensch dann eben ein ungeeignetes Objekt zusammenphantasieren muss oder für immer unbefriedigt bleiben wird. Das aber – so das biederkeitshumanistische Argument weiter –, was man unter einem derart ungünstigen Vorzeichen vor allem zu fürchten hätte, wäre der Ungeist der Überhebung:

„Ist es erst soweit, dass wir uns über all das Unerforschliche, das wir laut Goethe still verehren sollten, erhaben glauben, dann werden wir uns bald auch über alle wahre Autorität erhaben dünken. Die

Folge: Selbstvergottung des Mittelmaßes, Atheismus der Herzen, glaubensloser Aufstand der Massen mit dem Ergebnis, dass alles, auch das Heiligste, gleich gültig und daher allen demokratisch legitimierten Leidenschaften unterzuordnen sei."

Ist es bei so viel Biederkeit verwunderlich, dass es heute aufgeklärte Menschen gibt, die ihren „aufrechten Gang" unter keinen Umständen missen möchten? Menschen, die es ihrer Selbstachtung schuldig zu sein glauben, dass Verehrung in jedem Fall nicht mehr und nicht weniger bedeuten dürfe, als dass man die Verdienste eines anderen gebührend anerkennt?

Verehrung als *Verdienstanerkennung*: Das ist ein Gefühlsmodus, vor allem aber eine Konvention der Ehrung, die der Ehrfurchtsverächter toleriert, ja unter Umständen gutheißt; jede darüber hinausgehende Form der Verehrung jedoch geißelt er, und zwar vom Standpunkt des mündigen Menschen aus, als eine unwürdige Demutshaltung. Dabei wird er die Unterwürfigkeit einer Studentin, die ihrem verehrten Lehrer zu Füßen sitzt und ihn anhimmelt, als eine vorübergehende Verirrung des Gefühlslebens zwar nicht gutheißen, aber auch nicht als eine bösartige Leidenschaft dramatisieren, die eigens und weithin sichtbar an den Pranger zu stellen wäre. Und was den guten Eckermann betrifft: Dessen Verehrungsfehllage ist erst gar nicht der Rede wert (und wenig zu tadeln). Schließlich erfordert es die Lebensklugheit, noch dazu, wenn man ein armer Schlucker der Poesie ist, nicht akkurat jene Hand zu beißen, die einen füttert – eine Großmut, die der Dichterfürst seinem Günstling mehrfach erwies.

In jedem Fall aber handelt es sich hier um eine Beziehung zwischen Einzelnen, nicht um Affekte, die geeignet wären, die Massen in ihren Bann zu ziehen und aufzuputschen. Dabei scheint dem Ehrfurchtsverächter die kollektive Spielform der religiösen Verehrung, also der religiöse Normalfall, besonders verachtenswert und gefährlich. In ihm nämlich drückt sich eine ursprüngliche Form der Ungleichheit aus, welche viel ursprünglicher ist als jene, die den jeweils aktuellen MTV-Gottheiten entgegengebracht wird, ob sie nun Michael Jackson, Madonna, 50 Cent oder Lady Gaga heißen.

Im Ursprung nämlich gründet jede religiöse Verehrung, die einem Menschen zuteilwird, notwendig darin, dass es sich um einen Auserwählten handelt. Einem solchen Menschen wurde etwas gewährt, was es unmöglich macht, ihm auf gleicher Augenhöhe zu begegnen. Ein solcher Mensch steht in der Gnade. Er steht in der Gnade Gottes, der Götter oder des Heiligen Geistes. Der Auserwählte ist dem Absoluten näher als alle anderen, und alle anderen, namentlich seine Verehrer, zehren vom Abglanz der Gnade. Seine Verehrer dürfen im Schatten des übernatürlichen Lichts, des *lumen supranaturale,* verweilen: Es handelt sich um den Illuminierungsschatten des Begnadeten, dem das Licht der Offenbarung in seiner ganzen Helligkeit leuchtet. Dieses hierarchische Beziehungsmodell, das Modell der Offenbarung, widersetzt sich dem Mündigkeitsmodell der aufgeklärten Weltsicht am meisten. Deshalb verachtet es der Ehrfurchtsverächter am tiefsten und er bekämpft es am heftigsten.

Denn dieses Modell hat eine unaufhaltsam expansive Tendenz. Es ist aggressiv auf Überwältigung bedacht. Vom religiösen Bereich breitet es sich ins Weltliche hinein aus, um dort die Menschen in Begnadete und den untergeordneten Rest zu sortieren. Verehrungselite und Ehrfurchtsmasse stehen einander gegenüber, ausgestattet mit unterschiedlichen Rechten, unterschiedlichen Chancen und Gütern, in strenger Gehorsamsordnung.

So wird aus einem Fürsten, der seine Macht der brutalen Gewalt, Heimtücke und berechnenden Klugheit verdankt, die er und seine Männer mobilisierten, durch geheiligte Tradition und Legendenbildung nach und nach ein Führer, der mit den höheren Mächten, ja mit IHM höchstpersönlich einen privilegierten Kontakt unterhält. Aus einem Hetzer, der das Volk gegen seine demokratisch gewählten Repräsentanten aufzuwiegeln versteht, wird, wie die Geschichte lehrt, der große Erretter. Auf dem Bauche liegend hat ihm das Volk zu danken, dass er die Ordnung, die er selbst zerrüttete, wieder herstellt, nun freilich als totalitäres Gefüge, in dem er die Rolle des charismatisch-totalitären, des totalen Führers übernimmt, der sich gerne mit den Attributen des gottgewollten Schicksalsbringers schmückt. Muss man den Namen Hitlers in den Mund nehmen?

Ja, auch aus Autoverkäufern, Trickbetrügern, Hochstaplern und Verrückten sind schon Erlöser geworden, ausgestattet mit einem heiligen Sonderwissen. Sie alle hatten das Ziel – die „Mission" –, eine gläubige Anhängerschaft zu formieren. Gelang das Unternehmen, so waren sie dank der Gehorsamswilligkeit und Leidensleidenschaft des Verehrer-Rudels fähig, ihren höchstpersönlichen Ameisenstaat aufzubauen, worin sie selbst prächtig gediehen, während alle anderen buchstäblich ihr Letztes gaben. Denn nur wer ohne zu fragen sein Letztes gibt, schafft es durch das Nadelöhr der Erlösung, um wiedergeboren zu werden als der *neue Mensch*, dem die Notlagen und Wechselfälle des Lebens nichts mehr anhaben können. Amen!

***

Wir alle sind vernunftbegabt, nicht wahr? Daher sind wir alle zur Anwendung unserer Vernunft verpflichtet! – Das ist der Punkt, um den der Ehrfurchtsverächter unablässig kreist. Auch er hat einen Popanz, den er verehrt, ein Goldenes Kalb, um das er herumtanzt: die VERNUNFT.

Und hat er nicht recht? Wer wollte die Würdelosigkeit einer Haltung ernsthaft bezweifeln, die aufgrund der selbstverschuldeten Nichtbetätigung der eigenen Vernunft zur Unmündigkeit, zur Kritiklosigkeit, zur Unfähigkeit, sich ein Urteil zu bilden, führt? Jede Unmündigkeit, die nicht in einem Defekt der menschlichen Natur oder mangelnder Bildung gründet, ist ein triftiger Grund, sich selbst zu verachten. Ein Mensch, der darauf beharren wollte, er weigere sich, aus seiner Unmündigkeit herauszutreten, obwohl er frei von aller Nötigung wäre, ist entweder ein Kriecher, ein Rückenkrummmacher, der seine gebückte Haltung bestenfalls fadenscheinig zu bemänteln vermag, etwa durch die Aufzählung all der Vorteile, die er sich auf diese Weise verschafft; oder aber so ein Mensch ist das Opfer einer ideologischen Indoktrination, die den Gebrauch der eigenen Vernunft als ketzerisch, verhetzend und sündhaft darzustellen weiß. § 2039 des geltenden Katechismus der Katholischen Kirche, Fassung 1993, postuliert, indem er sich an die kirchlichen Amtsinhaber wendet: „Es ist nicht angemessen, das persönliche Gewissen und die Vernunft [...] dem Lehramt der Kirche entgegenzusetzen."

Wenn der Ehrfurchtsverächter darauf beharrt, dass wir bloß unserer Pflicht gegen uns selbst nachkommen, die darin besteht, bei uns selbst keine Unmündigkeit zu dulden, sofern uns Mündigkeit möglich und zumutbar ist, dann kann er sich der Zustimmung aller gewiss sein, die ihrer Selbstachtung (und darüber hinaus der Achtung aller anderen) nicht verloren gehen möchten. Es scheint indes, als ob der Ehrfurchtsverächter uns noch wesentlich mehr sagen wollte. Es bereitet ihm, seiner Rhetorik nach zu schließen, tiefes Unbehagen, sobald einer auftaucht und willens ist, sich als Verehrender zu exponieren. Denn obwohl der Ehrfurchtsverächter einräumt, dass von den Almas und Eckermanns dieser Welt keine Gefahr für das Gemeinwohl ausgeht, bildet ihre individuelle Bereitschaft, sich unterzuordnen, unter welchen *Leitstern* auch immer, ein bedenkliches Symptom, ausgenommen, dieser Leitstern wäre die VERNUNFT. Denn, so der Befund des Ehrfurchtsverächters, mit dem er uns unbeirrbar wieder und wieder konfrontiert, von den kleinen, höchstpersönlichen Passionen des still Verehrenden und drängend Verehrungssehnsüchtigen führt eine Leidenschaftslinie, eine Sehnsuchtsader, ein untergründiger

Glutstrom zu den radikal irrationalen, zur Militanz des Glaubens entflammten Verehrungsmassen. Im Kleinen fängt es an, tief drinnen im pochenden Herzen, und eines Tages lodert es dann auf, bis die Scheiterhaufen brennen, die Leichenfelder dampfen und das Gebrüll des Wahnsinns jeden menschlichen Laut erstickt ...

Hier nun trennen sich Welten und Geister. Was ist denn *seine* Demut? Worin besteht *sein* Ernst- und Weitwerden vor den Seltenen, den wahrhaft Begnadeten, die etwas Größeres verkörpern, als je ein Mensch kraft seiner Freiheit, seiner Mündigkeit – als je ein Mensch an und für sich – verkörpern könnte? Da stellt sich auf einmal heraus, dass der Ehrfurchtsverächter die Frage nicht versteht. Er will oder kann sie nicht verstehen. Er ist oder stellt sich unverständig. Denn was er uns allen antwortet, die wir von Zeit zu Zeit – und manche zeit ihres Lebens – Verehrende sind, ist Folgendes:

Wie könnte ein Mensch etwas Größeres verkörpern als den Menschen? Das sind doch Sprüche aus dem Brevier. Fromme Sprüche. Jesussprüche, „ich bin der Sohn Gottes", usw. usf. Damit sollte sich niemand, der seine Vernunft beisammen hat, auch nur eine Sekunde lang aufhalten! Menschen sind Menschen, und sofern sie etwas verkörpern, was größer ist als sie selbst, ist es stets eine Autorität, deren Regeln sie auch dann noch anerkennen, wenn ihnen schon längst nicht mehr danach zumute ist.

Gott? Dass ich nicht lache, und ich lache gerne und laut, wenn es darum geht, Mythen vom Sockel zu lachen. Gott ist, wie uns die heutige Wissenschaft lehrt, der die Vernunft weder widersprechen will noch kann – vorausgesetzt, das, was die Wissenschaft behauptet, ist zugleich das, was die Vernunft als das Vernünftige erkennt und daher anerkennt –, eine Illusion unseres Gehirns, die dort, tief drinnen in der genetischen Hardware unseres neuronalen Systems, fest verankert ist: hardwired.

Nein, nein, wenn die Menschen etwas verkörpern, das größer ist als sie selbst, dann ist es die Vernunft, deren Regeln der Mensch, mag er sich auch zu Recht vor sich selbst als höchster Gesetzgeber einsetzen, nicht außer Kraft zu setzen vermag. Der Mensch als sein eigener höchster Gesetzgeber ist vor sich selbst einer nur, wenn und solange er immerhin Vernunft genug hat, um die Regeln seiner Vernunft zu respektieren. Bitte sehr, hier sind Respekt, Achtung und Gehorsam am Platz. Hier hat die Autonomie einen Schritt zurückzutreten, denn sie darf sich nicht anmaßen, die Regeln der Vernunft ignorieren zu wollen. Zwei mal zwei ist vier, das ist sicherer als das sprichwörtliche Amen im Gebet. Ebenso hat kein Mensch auch nur die geringste Macht darüber, dass „A = A" wahr ist, während „A = nicht-A" nie und nimmer, unter keinen wie immer denkbaren Umständen, wahr sein kann. Logik ist Logik.

Ergo: Es ist etwas dran an der Behauptung, dass die Vernunft größer sei als der Mensch. Aber andererseits, sind wir deshalb geneigt, sie zu verehren? Nein, respektieren, achten, das schon, doch nicht verehren. Denn der Mensch und seine Vernunft gehören zusammen, sie sind wie Pat und Patachon. Der Mensch fühlt, dass er ohne seine Vernunft nichts wäre; nicht Mensch im Vollsinn des Wortes. Und das ist sogar dann noch gültig, wenn in dem einen oder anderen von uns nicht so viel Vernunft ist, wie eigentlich sein sollte. Egal, indem der Mensch fühlt, dass er ohne seine Vernunft nichts wäre, fühlt er zugleich, dass es sich um seine *Vernunft handelt, um die menschliche Vernunft, um das Vernünftige,* das mit der Natur des Menschen als ihr Eigenstes mitgesetzt ist.

Seine eigene Vernunft zu verehren, das würde bedeuten, sich selbst über sich selbst zu stellen, oder um es so unverblümt wie möglich zu sagen: sich seiner Vernunft zu bedienen, um sich größer zu machen, als man es ohnehin schon ist – und man ist, zugegeben, ein unbedeutender, ja nichtswürdiger Winzling des Universums, der Entfaltung der Welt, der, alles in allem betrachtet, ungeheuerlichen Evolution des Lebendigen. In der Verehrung der Vernunft liegt seit jeher ein Keim der Selbstvergottung; und es ist dieser unselige und, wie es scheint, nicht abzutötende Keim, der in uns Postmodernen, uns agnostisch trainierten Spiritualitätsarbeitern, ein ganz besonders günstiges Biotop vorfindet. Was auf der einen Seite als Dekonstruktivismus und relativierende Ironie daherkommt, das plustert sich auf der anderen Seite als Hyperpathos auf, als der neureligiöse Ehrfurchtsdrang, dem nichts Sakrales sakral genug sein kann.

Das also ist der Angelpunkt, um den sich beim Ehrfurchtsverächter alles dreht: Er wüsste auf der ganzen Welt, im ganzen Universum nichts Größeres zu benennen als den Menschen. Was immer der Mensch, und sei es der vorzüglichste, zu *verkörpern* vermag, ist stets das Menschliche an ihm. Folglich ist es ausschließlich der Mensch, der sich über den Menschen zu erheben vermag, und zwar ausschließlich kraft seiner VERNUNFT. Sie ist die Instanz, die den Menschen über sich selbst hinaushebt, und doch ist sie nichts weiter als ein Produkt – Hardware und Ausfluss, determinierter Zufall – des menschlichen Gehirns.

Darin liegt, so die Diagnose des Ehrfurchtsverächters, zugleich das Glück und Unglück des Menschen beschlossen. Einerseits hebt der Verstand, die Vernunft, der Geist – das Wort tut nichts zur Sache, sobald es um natürliche Sachen geht und nicht um übernatürlichen Schmonzes – den Menschen noch über die erhabensten Dinge hinaus, und sei es den vielzitierten gestirnten Himmel, der geistfern seine Massen kreisen lässt und tote Energien verstrahlt. Und deshalb entsteht, andererseits, der unselige Hang des Menschen, sich selbst zu verehren. Das ist das metaphysische Idealismus-Syndrom: Indem der Mensch sein ureigenstes Menschliches verkörpert, verkörpert er da nicht stets und notwendig mehr als bloß sich selbst? Verkörpert er nicht die zu sich selbst kommende Schöpfung, mit einem knappen Wort: das Göttliche, mit einem noch knapperen: Gott?

Der Ehrfurchtsverächter verneint kategorisch, dass der Mensch, wie auch immer hochgemut hingegeben den Begriffshochschwüngen des metaphysischen Idealismus, jemals mehr verkörpern könnte als eine übersteigerte Idee seiner selbst, seiner menschlichen Natur. Ja, hier scheiden sich Welten und Geister. Es ist zunächst bloß ein Auseinanderdriften, dann ein Riss, ein Zerwürfnis, und es beginnt irgendwo, an einer Stelle im Diffusen, die zu markieren schwerfällt.

***

LITURGE DES ALLTAGS (EHRFURCHTSSEHNSÜCHTIGER):

Ehrfurcht entsteht, sobald wir auf ein Phänomen stoßen, das in uns etwas Tiefes anrührt, nämlich das Gefühl, welches Lise, die Sternseherin des Matthias Claudius, im Gedicht ausspricht, wenn sie angesichts des gestirnten Himmels sagt: „Es gibt was Bessers in der Welt, als all ihr Schmerz und Lust …" Von der Bildwelt Pascals, der vom ewigen Schweigen der unendlichen Räume sprach, vor denen ihm schauderte, sind wir bei der *Sternseherin Lise* des Matthias Claudius weit entfernt. Denn Lises Glück im Anblick des gestirnten Himmels wird durch den Eindruck hervorgerufen, unter dem Dach der Schöpfung zu ruhen, umwölbt von einem lebendigen Himmel. Pascals Erschaudern hat demgegenüber damit zu tun, dass das neue Weltwissen den Himmel aus dem Himmel ausgetrieben zu haben scheint: Was da draußen und dort oben ist, schweigt für immer und ewig – ist es also nicht tot?

Mir scheint, *der Zusammenhang zwischen Glück, Lebendigkeit und Ehrfurcht* ist hier evident. Glück ist das Gefühl, lebendig zu sein. Aber das Gefühl, lebendig zu sein, hängt an der Bedingung, dass wir nicht bloß im biologischen Sinne lebendig sind, wenn „biologisch" meint, aus toter Materie herrührend, die vom Schweigen der unendlichen Räume Pascals und der dort herrschenden Gesetze bestimmt wird. Nein, unser Gefühl, lebendig zu sein, rührt daher, dass wir uns als Teil der Schöpfung empfinden, ja empfinden dürfen. Unsere Lebendigkeit ist nicht denkbar, ohne jene bedingungslose Verehrung, die Schweitzer meinte, als er von Ehrfurcht vor dem Leben sprach. Es ist die Ehrfurcht des Geschöpfs, das die Schöpfung innig verehrt: „Es gibt was Bessers in der Welt ...“

Die großteils glücklose Nervigkeit dessen, was wir „Glück“ nennen, rührt hingegen daher, dass all unserem Wohlbefinden, selbst in seinen orgiastischen Höchstlagen, die rechte Art von Lebendigkeit fehlt. Gewiss, unser Fleisch reagiert, wir haben unsere Lüste und Gelüste. Ständig sind wir auf der Suche nach Befriedigungen unseres niederen und höheren Trieblebens, und sofern es uns nicht an Gütern und Gelegenheiten mangelt, können wir unsere Bedürfnisse auch einigermaßen stillen. Es muss ja nicht immer die große Liebe oder der große Karrieresprung sein! Auch wer auf kleiner Flamme kocht, bekommt ein Lebensmenü mit vielen kleinen Zwischengerichten, die Freude machen und davon ablenken, dass der große Plan nicht aufging. So weit, so gut. Dennoch fühlen sich viele unter eben diesen komfortablen Umständen umtriebig, unbefriedigt und auf eine schwer definierbare Weise so, als ob das Leben von ihnen zurückwiche, je mehr sie sich anstrengen, *es zu spüren.*

Woran liegt das? Wir wissen es, alle wissen es: Das Gefühl der Leblosigkeit stellt sich ein, sobald wir die Dinge der Welt, uns eingeschlossen, nicht mehr als Teil der Schöpfung erfahren können. Denn die Dinge als Teil der Schöpfung zu erfahren, heißt, sie als lebendige Teile eines lebendigen Ganzen zu erfahren. Aber wie, so fragt der skeptisch Gestimmte in uns – und so hat er seit jeher gefragt –, könnten wir uns jemals als lebendige Teile eines lebendigen Ganzen *erfahren?* Und seit jeher, das wir wissen wir heute so gut wie einst, war die Antwort, die uns aus der Tiefe der Zeiten zugesprochen wird, immer dieselbe: Als lebendige Teile des lebendigen Ganzen können wir uns nur erfahren, wenn wir von den Dingen als Teil der Schöpfung *ergriffen* werden. Indem wir von den Dingen derart ergriffen werden, werden wir zu ehrfürchtig Lebenden. Und das ist dasselbe, als ob wir sagen wollten: Wir werden unserer Geschöpflichkeit inne. Danach – nämlich unserer Geschöpflichkeit innezuwerden – sehnen wir uns, wenn wir uns nach dem lebendigen Glück, dem Glück des Lebendigseins sehnen. Und sobald wir uns nicht mehr danach sehnen, sind wir lebendig tot. Irgendwie tot.

Was erfährt jemand angesichts einer Schneeflocke, die auf seiner warmen Hand zerschmilzt, gleichsam stirbt, wenn er dabei „Ehrfurcht vor dem Leben“ empfindet? In seinen Straßburger Predigten über die Ehrfurcht vor dem Leben, gehalten am Morgen des 16. und

23. Februar 1919, hat Albert Schweitzer unter anderem Folgendes gesagt:

„Die Ehrfurcht vor dem Leben und das Miterleben des andern Lebens ist das große Ereignis für die Welt. Die Natur kennt keine Ehrfurcht vor dem Leben. [...] Die Natur ist schön und großartig, von außen betrachtet, aber in ihrem Buche zu lesen ist schaurig. Und ihre Grausamkeit ist so sinnlos! [...] Die Welt, dem unwissenden Egoismus überantwortet, ist wie ein Tal, das im Finstern liegt; nur oben auf den Höhen liegt Helligkeit. Alle müssen in dem Dunkel leben, nur eines darf hinaus, das Licht schauen: das Höchste, der Mensch. Er darf zur Erkenntnis der Ehrfurcht vor dem Leben gelangen, er darf zu der Erkenntnis des Miterlebens und Mitleidens gelangen, aus der Unwissenheit heraustreten, in der die übrige Kreatur schmachtet."[71]

Das sind wunderbare Stellen, gesprochen nicht von einem philosophierenden Schnösel in der Nachfolge des Erzpessimisten Arthur Schopenhauer, sondern von dem 44-jährigen Philosophen, Theologen, Orgel-Enthusiasten und Arzt, der bereits einen mehrjährigen Aufenthalt im Tropenhospital hinter sich hat. Doch diese Stellen werfen auch ein tiefes Problem auf, das Schweitzer mit größtmöglicher Deutlichkeit vor seinen Hörern ausbreitet.

Die Natur, heißt es, kenne keine Ehrfurcht vor dem Leben, sie sei ein Musterfall größter, sinnloser Grausamkeit. Nur der Mensch könne über die Finsternis des Tales, in dem er sein Leben lang wandern muss, auf die sonnigen Höhen darüber hinausblicken, nur er sei zum Miterleben und daher Mitleiden fähig. Und nur so könne jene Ehrfurcht entstehen, die – das sind jetzt meine Worte – eine Wandlung, eine *Transformation* der Welt zur Folge haben, eine Transformation nicht nach unten, sondern nach oben (nicht zur unbewussten Glückseligkeit, sondern zur glückseligen Bewusstheit). Was hier passiert, ist mitten im Weltelend, Weltgrauen wie ein Vorschein der Erlösung. Wäre es nicht so, ergäbe der folgende Satz Schweitzers bloß Unsinn:

„Die Flocke, die aus dem unendlichen Raum auf deine Hand fiel, dort glänzte, zuckte und starb – das bist du. Überall, wo du Leben siehst – das bist du!"[72]

Denn auch die Flocke, obwohl nicht lebendig im biologischen Sinne des Wortes, ist Teil der Schöpfung. Sie ist *geschöpflich*, aus dem göttlichen Urgrund kommend und deshalb Teil des Lebens, auf das sich die Ehrfurcht nicht weniger richtet als auf ein Ungeborenes im Mutterleib oder einen Kranken im Tropenhospital. Als Arzt sieht Schweitzer die Natur unter dem Aspekt ihrer sinnlosen Grausamkeit, als einen Mechanismus, der zwar im Laufe der Evolution Lust und

Lebensfreude generiert, aber auch gnadenlos über die Bedürfnisse und Leiden der empfindungsfähigen Organismen hinweggeht. Doch der Blick des Arztes ist bei Schweitzer nicht der fundamentale Blick, sondern der Überlebensblick, der im Dienst der Ehrfurcht vor dem Leben seine begrenzte Funktion hat. Fundamental für Schweitzers Anschauung der Welt ist hingegen, wenn man so will – und ich denke, das ist die richtige Art, die Dinge hier zu sehen –, der *ergriffene Blick*. Dank dieses Blicks kann Schweitzer von der Schneeflocke, die auf seine Hand fiel, dort glänzte, zuckte und starb (wohlgemerkt: starb), sagen: Das bist du!

Es ist dieses ergriffene „Das bis du!", das die Menschen, die am Montagmorgen in die Welt hinauskriechen, vorbei an den hellauf blühenden Azaleenbüschen, und vom Krieg phantasieren, der allein sie noch lebendig machen könnte – es ist diese Ergriffenheit, zu der wir Modernen und Postmodernen und Postpostmodernen immer weniger fähig sind. Zwischen uns und die Welt hat sich ein Graufilter geschoben. Er besteht aus all dem Wissen über die Welt, das sie uns, mit den Worten Schweitzers, als einen grausamen, sinnlosen, toten Ort vor Augen führt. Dieser Welt bleiben wir äußerlich. Unser Zutritt zu ihr kann nur technisch und instrumentell sein. Wir nützen sie selbst dann, wenn wir sie scheinbar zwecklos genießen. Unsere Bewusstseinsesoterik ist eine Entspannungsmaßnahme unter der Bedingung eines gestressten Lebens, an dessen Rändern die Symptome des Ausgebranntseins irrlichtern: *burnt-out*.

In unserem Genuss steckt nichts mehr von jener ehrfürchtigen Lebendigkeit, die sich gegen alle empirische und theoretische Intelligenz von den Dingen ergriffen fühlte, weil sich in ihnen etwas verkörperte, wofür es keinen anderen Begriff gibt als den der *bedingungslosen Liebe*. Sie ist der Quellgrund der Lebendigkeit des ergriffenen Menschen; sie ist das Glück des Geschöpfs, welches nicht versucht, das Mysterium der Bedingungslosigkeit zu ergründen. In aller Ergriffenheit steckt ein Welteinverständnis, das absolut ist – ein Einverständnis „trotz allem". Und darin, in diesem Trotz-allem, steckt zugleich ein grundsätzliches Moment der Kapitulation: „Das bist du!" Das heißt auch: Das verstehst du nicht; es gibt was Bessers in der Welt als all ihr Lust und Leid, aber du verstehst es nicht. Doch du siehst es, da, auf deiner warmen Hand: Es offenbart sich dir in der Gestalt dieser Schneeflocke, deren Lebendigkeit in ihrer schönen Zerbrechlichkeit ebenso liegt wie in ihrem raschen Dahinschmelzen. Das bist du!

Es ist die Abwehr gegen das Weltwunder, das Wunder des Da- und Soseins, das die Dinge noch in ihren lebendigsten Augenblicken

erscheinen lässt, als wären sie „Simulakren" der Lebendigkeit: Imitationen von etwas, dessen Urbild uns verloren ging. Und ging – so
fragt der Nichtergriffene – das Urbild etwa deshalb verloren, weil es
ohnehin immer nur der Fiebertraum unseres sehnsuchtsschwangeren
Gehirns war? Die Antwort des Nichtergriffenen, des Ehrfurchtsverächters ist klar: So ist es. Im Zustand der Nichtergriffenheit gelesen,
sind die Dinge, ob tot oder lebendig, nichts weiter als Todesanzeigen
der Schöpfung.

***

„Das Leben? Der älteste Mythos!"

*So spricht der Ehrfurchtsverächter, der Nichtergriffene. So spricht der
Sehnsuchtslose angesichts der Schneeflocke, die auf seiner warmen leben-
digen Hand schmilzt und im Dahinschmelzen noch vom lebendigen
Ganzen kündet.*

„Das Leben? Der älteste Mythos!"

*Und so entsteht der zählebigste von allen: der Mythos der Erdflöhe –
der Erdflohmythos.*

9. BEDINGUNGSLOSE LIEBE

Unser Ausgangspunkt, zugleich Leidenspunkt des Ehrfurchtssehnsüchtigen in uns, war eine eigentümliche Fahlheit, durch die sich die Gefühlslage der intellektuellen, literarischen, künstlerischen Moderne und Postmoderne auszeichnet. Viele Texte beschrieben dieses Gefühl als eine Form der Leblosigkeit, die wir – in Wiederaufnahme einer Begrifflichkeit mit Tradition – als eine schwer fassbare Form des unglücklichen Bewusstseins charakterisierten; des „Unglücks im Glück". Von da aus definierten wir den Begriff des Glücks als das Gefühl, lebendig zu sein, und wir versuchten zu demonstrieren, dass die Lebendigkeit, von der hier die Rede ist, sich angemessen nur in einem Kontext verstehen lässt, in dem die Welt nicht bloß als Faktum, sondern als Schöpfung – und damit als zuinnerst „lebendig" – begriffen wird.

An Albert Schweitzers Lebendigkeitsformel „Ehrfurcht vor dem Leben", die schon so oft verkitscht wurde, haben wir den Unterschied zwischen einer Auffassung der Natur, die grausam und sinnlos ist, sowie der Schöpfungsperspektive hervorgehoben, aus der dieselbe Natur – für den, den's angeht, nämlich uns alle – einen Kosmos anschaulicher, sinnreicher Verkörperungen einer bedingungslosen Liebe bildet, bis hinunter zu der Schneeflocke, die auf der warmen Hand des Betrachters dahinschmilzt und stirbt.

Aber das Wort „bedingungslose Liebe" ist eine Chiffre, die aufzuhellen, ohne sich zum Narren zu machen, schwerfällt, jedenfalls dann, wenn man sich nicht von vornherein dazu bekennen möchte, dass man an den Gott glaubt, der die Liebe *ist*. Haben wir also, indem wir einer Trinität von Glück, Lebendigkeit und Ehrfurcht das Wort redeten, die Schwelle zur religiösen Propaganda überschritten? Wandeln wir, statt uns mit gebührender Objektivität als Philosophen zu betätigen, bereits auf den Pfaden des Christentums, der paulinischen Agape? Eine, wie ich denke, respektable Antwort wäre: Warum eigentlich nicht? Doch *das* ist nicht akkurat die Antwort, die hier gegeben wird. Zwar denke ich, dass es einen unauflösbaren Zusammenhang zwischen dem Glück im Sinne des Gefühls, lebendig zu sein, und der Liebe gibt; aber ich denke gleichzeitig, dass dieser Zusammenhang auf einer *fundamentaleren* Ebene angesiedelt ist als der eines religiösen Bekenntnisses, einer Konfession. Es geht – mit einer Terminologie gesprochen, die sich Kant verdankt – um *die Bedingung der Möglichkeit* des guten Lebens und insofern um einen transzendentalen Rahmen, der noch unser kleines Alltagsglück auf einen Horizont hin öffnet, von dessen Existenz wir uns vielleicht nur selten oder überhaupt nie Rechenschaft ablegen.

Es ist daher, aus Gründen größerer Klarsicht, nicht bloß ein nutzloser Umweg, sich zu vergegenwärtigen, wie der Begriff der bedingungslosen Liebe von einem der heute führenden Repräsentanten dessen, was man katholische Geistigkeit nennen könnte, verwendet wird, um damit einer Modernität des Katholizismus das Wort zu reden. Dass Charles Taylors Werke zu den höchst beeindruckenden Leistungen der zeitgenössischen Ideen- und Mentalitätsanalyse gehören, braucht keiner besonderen Erwähnung. Die *Quellen des Selbst* und *Ein säkulares Zeitalter* – die Originale wurden 1989 und 2007 publiziert, ihre deutschen Übersetzungen bewegen sich um die magische 1000-Seiten-Grenze und darüber hinaus – sind praktisch mit ihrem Erscheinen zu modernen Klassikern geworden. Ihr deklariertes Ziel ist es, die persönliche Religiosität des Autors zugunsten einer möglichst differenzierten Sichtweise der Entstehung neuzeitlicher Identität und Weltlichkeit im Hintergrund zu belassen. Das dient der Wissenschaftlichkeit des Werks, aber ich gestehe freimütig, dass mir über Strecken manches an der Fülle der Darstellung vielleicht sogar zwingender erschienen wäre, hätte sich das christliche Selbst des Autors stärker bemerkbar gemacht.

Wenn ich Taylor recht verstehe, dann ist er, wie schon bedeutende Autoren vor ihm, an der *Transformation des Glaubens* in der Vielfalt des Sozialen und Kulturellen interessiert, und zwar gerade auch in jenen Etappen, die sich mehr oder weniger explizit durch eine Abwendung von der religiösen Tradition des Abendlandes bestimmen. Das ist eine andere Strategie als jene, die darin besteht, die *Substanz des Glaubens* gegenüber den weltlichen Prozessen und deren zunehmendem Druck in der Neuzeit zu akzentuieren, um derart die Grenzlinien zwischen Freund und Feind, Rechtgläubigkeit und Häresie besser ziehen zu können. Während die eine Strategie dazu führen mag, dass man vor lauter Bäumen den Wald nicht mehr sieht (irgendwann beginnt sich die religiöse Substanz in der Vielfalt der Erscheinungen zu verlieren), führt die andere Strategie leicht dazu, dass man vor lauter Wald   oder „Waldheit" – die Bäume in ihrem Eigenwert kaum noch zu würdigen vermag (man sieht gleichsam immer nur den Grad der Abweichung von der religiösen Substanz).

Der *Marianist Award Lecture*, die Taylor an der Daton University im Jahre 1996 gehalten hat, kommt daher eine besondere Bedeutung zu. Ihr Titel: *A Catholic Modernity?* Es geht also um die Frage einer katholischen Modernität. Gibt's die? Taylor ist ausdrücklich daran gelegen, zwischen „katholischer Modernität" und „modernem Katholizismus" zu unterscheiden.[73] Denn von Letzterem zeigt sich der Autor nicht sonderlich überzeugt, was die Fähigkeit betrifft, christliche, namentlich katholische Inhalte lebendig zu erhalten.

Der Grund dafür ist leicht zu benennen: Steht vor dem Wort „Katholizismus" das Wort „modern", so wird damit nur allzu oft der Überzeugung Ausdruck gegeben, dass es sich um eine Form des Katholischen handelt, die ihren Vorläufern in der Geschichte irgendwie überlegen sei. Aber, wie Taylor argumentiert, diese Sicht der Dinge kommt der Jagd nach einer Chimäre gleich. Denn es gehört zum Wesen des Katholischen – so die Offenbarungsgewissheit –, dass es keinen „neuen, besseren, höheren" katholischen Glauben geben kann als eben den unwandelbar katholischen.

Das bedeutet, dass der Glaube in seiner Substanz durch alle Transformationen hindurch unverändert erhalten bleibt. Hier, denke ich, haben wir nun das Prinzip, das für Taylors bemüht objektive Schriften erkenntnisleitend ist. Nichts, was in der Geschichte der Menschheit an neuen Formationen auftrat, war jemals in der Lage, an der Substanz des Katholischen, oder des wahren Christentums, etwas dergestalt zu ändern, dass die Substanz selbst verbessert worden wäre. Was also ist katholische Modernität? Ich denke, die Antwort im Sinne Taylors lautet, schematisch gesprochen: Es handelt sich um die immer gleiche, überhistorische, ja überzeitliche, weil transzendente Substanz des Katholischen in jener Form, die auch noch unter dem Vorzeichen der Moderne als *authentisch* zu gelten hat. Aber was ist das für eine Substanz?

Die Antwort darauf verbindet Taylors Konzept der katholischen Modernität unmittelbar mit den Motiven, die ich hier verfolge. Die Substanz des Katholischen lässt sich für Taylor mit dem Begriff der *bedingungslosen Liebe Gottes zu seiner Schöpfung* benennen. Und wenn er der Meinung Ausdruck verleiht, dass in eben jenem Begriff die *Modernität* des Katholischen wurzelt, dann wird offensichtlich, dass es hier um eine Art von Lebendigkeit geht, die – das ist Taylors persönliches Credo – der Substanz des Christentums in ausgezeichneter, singulärer Weise eignet und daher eine exklusiv *belebende Wirkung* auf die Moderne und Postmoderne (und alles, was danach noch kommen mag) entfaltet. In dem Ausmaße, in dem sich Glück durch das Gefühl manifestiert, lebendig zu sein, würde also die katholische Modernität, verstanden als das wahre Christentum, auch einen unverzichtbaren Beitrag für die rechte Form des Glücks leisten, nach der unsere Zeit nie aufgehört hat zu fragen und sich zu sehnen (und nach der solange gefragt werden wird, als die sehnsuchtstaube Herrschaft der letzen Menschen Nietzsches aussteht ...).

**

Wollen wir im Detail verstehen, was Taylor meint – oder jedenfalls meinen könnte –, dann müssen wir zunächst einen Argumentationsgang durchlaufen, bei dessen Ausfaltung sich Taylor selbst in den Rücken zu fallen scheint. Hier die zentrale Stelle:

Der Standpunkt, den ich gerne verteidigen möchte, lautet – auf eine kurze Formel gebracht –, dass sich in unserer modernen, säkularisierten Kultur authentische Entwicklungen des Evangeliums, d.h. einer christlich inspirierten Lebensweise, vermischen mit einer Tendenz zur Gottlosigkeit, durch die das Evangelium negiert wird. Mein Punkt ist dabei Folgender: Indem die moderne Kultur mit den Strukturen und Glaubensinhalten des Christentums bricht, führt sie doch gewisse Facetten des christlichen Lebens weiter, und zwar in einer Art und Weise, wie das innerhalb der Kirche selbst unmöglich gewesen wäre. Im Vergleich mit früheren Formen der christlichen Kultur müssen wir bescheiden anerkennen, dass der Ausbruch aus dem Christentum eine notwendige Bedingung seiner Entwicklung war.[74]

Der erste Teil des Zitats ist gewissermaßen trivialer Gelehrtenkonsens. Ja, im modernen säkularen Leben finden wir beides: Entwicklungen des Evangeliums aus echt christlichem Geist einerseits, agnostische und atheistische Haltungen, welche die Frohe Botschaft negieren, andererseits. Der zweite Teil des Zitats jedoch bringt einen Punkt zur Sprache, der einigermaßen gewagt anmutet. Es wird nämlich gesagt, dass sich gewisse Aspekte der christlichen Lebensanschauung innerhalb des Christentums als Institution, im Rahmen der Klerus- und Vorsteherkirche, nicht hätten entfalten können. Die Christen müssen demnach laut Taylor bescheiden zur Kenntnis nehmen, dass bloß über den Umweg des nichtchristlichen Humanismus eine Entwicklung möglich wurde, welche die Substanz des Glaubens, in diesem Fall also: die katholische Substanz, voll zur Geltung und Entfaltung brachte.

Taylors Hauptbeleg sind die Menschenrechte. Denn es ist die moderne, liberale, westliche Kultur, die dadurch charakterisiert ist, dass sie bestimmte fundamentale Rechte als universal und unbedingt erachtet. „Universal" bedeutet, dass es sich um Rechte handelt, die ausnahmslos jedem Menschen eignen, und „unbedingt" bedeutet, dass sie jedem Menschen ohne Rücksicht auf irgendwelche Nützlichkeitserwägungen zukommen. Und Taylors Behauptung ist nun, dass diese Form *nichtkonditionaler Universalität* niemals erreicht worden wäre, hätte sich die Gesellschaft nicht vom institutionalisierten Christentum strukturell, in ihrer Basisverfassung, durch die Trennung von Kirche und Staat, aber auch durch weniger formale Charakteristika abgelöst – eine Behauptung, deren Geltung Taylor keineswegs bloß für die angestammten christlichen Kirchen beansprucht, sondern auch für jene zumeist protestantischen Ableger, die „non-denominational churches", die sich in der Frühzeit der USA konstituieren.

Das provoziert natürlich die Frage, inwiefern gerade diese Entwicklung – in Taylors Worten – *carried certain facets of Christian life further than they ever were taken or could have been taken within Christendom*. Ist die Entwicklung einer universalistischen Moral und der Gedanke einer allgemeinen Menschenwürde, von der es im deutschen Grundgesetz heißt, sie sei „unantastbar" (GG, Art. 1,1), dem klerikalen Widerstand, ob katholisch oder protestantisch, nicht unter schweren Kämpfen und vielen Opfern *abgerungen* worden? Von welchen *facets of Christian life*, historisch manifesten Facetten des christlichen Lebens, redet Taylor dann eigentlich? Man denke an die Auseinandersetzungen seit dem 18. Jahrhundert, die Gewissens-, Meinungs- und Religionsfreiheit betreffend, aber auch hinsichtlich anderer bürgerlicher Grundfreiheiten, die der hierarchischen, theozentrisch begründeten Ordnungsidee des Christentums entgegenstanden. Wie man weiß, ist bis heute das Verhältnis des Vatikans zu den Menschenrechten ein – zurückhaltend gesprochen – sensibles, unbeschadet des Umstandes, dass sich katholische Organisationen immer wieder für die Opfer von Menschenrechtsverletzungen in den diversen Diktaturen der Welt einsetzen.

Schon der simple Gleichheitsgrundsatz, wonach das Geschlecht einer Person unter keinen Umständen zu diskriminierenden Akten führen darf, wird für den gesamten Sakralbereich der katholischen Kirche bislang – wir leben im 21. Jahrhundert *post Christum* – kategorisch verneint. Frauen dürfen keine priesterlichen Funktionen ausüben. Jesu Stellvertretung auf Erden läuft exklusiv über die männliche Linie. Ob das ein akzeptabler innerreligiöser Rechtfertigungsgrund ist, mag dahingestellt bleiben; jedenfalls resultiert daraus, *gerade weil es sich um einen religiösen Grund handelt* – der Grund ist Petrus, der Fels, auf den laut Matthäus

(16,18) der „Menschensohn" seine Kirche bauen wollte[75] –, die stärkste vorstellbare Weigerung, eine Gleichheit aller Menschen, einschließlich der Frauen, zu akzeptieren.

Gemäß Taylor sieht sich also das moderne Christentum mit einer paradox anmutenden Dialektik konfrontiert. Um die religiöse Substanz des christlichen Glaubens entfalten zu können, bedurfte es seiner Gegner. Diese haben erreicht, was innerhalb der christlichen Kirchen nicht möglich gewesen wäre, seit das Christentum begonnen habe – so Taylor – *to marry the faith with a form of culture and a mode of society*[76]. Denn dadurch wurden zwei zentrale Glaubensaxiome institutionell und politisch verengt, zugleich auch ideologisch blockiert. Das eine Axiom besagt, dass jeder Mensch (nicht bloß jeder Jude oder Christ) ein „Abbild Gottes" ist, das zweite, dass Gott Mensch wurde (und nicht bloß Jude oder Christ).

Auch wenn es nach christlichem Glauben bloß *eine* Heilsgeschichte gibt, so umfasst diese doch die *Vielfalt der menschlichen Herzen und Kulturen*. Der Gott des christlichen Glaubens ist kein exkludierender, ausschließender Gott, sondern ein einschließender: Er ist der Gott aller Menschen.[77] Deshalb kann auch seine Liebe nur universal gedacht werden, und das Wirken des Heiligen Geistes darf nicht so verstanden werden, als bliebe dessen Gnadenlicht den Christen und jenen vorbehalten, die sich zum Christentum bekehren ließen.

Ist dies erst akzeptiert, dann wird Taylors Gedanke, dass sich die Substanz des christlichen Glaubens nicht hätte entfalten lassen, ohne die Fessel des institutionalisierten Christentums zu sprengen, wohl kaum noch schockieren. Ein Restschock mag allenfalls die damit zusammenhängende Behauptung auslösen, dass das Sprengen der Fessel gleichbedeutend damit war, einen Humanismus voranzutreiben, der sich breitflächig als antiklerikal positionierte und sich darüber hinaus in wichtigen seiner Vertreter als nicht-christlich, ja sogar als ausdrücklich atheistisch begriff. Eher schon werden die humanistisch gesinnten Kritiker des Christentums gegen die Zumutung opponieren, sie seien unwillentlich ein Vehikel der Entfaltung christlicher Glaubenssubstanz gewesen. Das kann man ihnen kaum verdenken. Denn der Eindruck einer gewissermaßen metaphysischen Instrumentalisierung liegt auf der Hand.

Der weltliche Humanismus seinerseits ist, könnte man sagen, eine Art Quasireligion. In deren Mittelpunkt steht der „Glaube an den Menschen", das heißt der Glaube daran, dass der Mensch als ein Vernunftwesen seine Angelegenheiten am besten selbst in die Hand nimmt, statt sie irgendeiner übernatürlichen Instanz anzuvertrauen. Darin liegt beschlossen, dass der Mensch eine einzigartige Würde hat, die daraus folgt, dass er, mit Kants Worten, ein „Zweck an sich" ist.

In seiner Vorlesung erwähnt Taylor Kant nicht, dennoch kommt dem wohl wirkmächtigsten aller Aufklärer bei der Besprechung des säkularen Humanismus eine Schlüsselposition zu. Denn zweifellos war sich Kant dessen bewusst, dass die Idee der menschlichen Würde, sofern sie nicht an einer religiösen Quelle festgemacht wird (der Mensch als „Imago Dei"), in der Luft hängt. Es sei denn, an die Stelle der religiösen Quelle tritt eine andere, über deren rechtfertigende, bedingungslos würdestiftende Kraft nicht irgendwelche menschlichen Neigungen, Bedürfnisse oder Interessen, kurz gesagt: Akte der menschlichen Willkür, zu entscheiden vermögen. *Die „aufgeklärte" Lösung Kants setzt die Vernunft an die Stelle Gottes.*

Dazu muss der Philosoph aber die empirische, psychologisch erforschbare – und insofern wertfreie – Vernunft in einen Bereich hinein überhöhen, der noch einmal als legitime Quelle eines von menschlicher Willkür unabhängigen Sollens gelten darf. Dieser Bereich ist (ich sage das jetzt, ohne viel Federlesens zu machen) ein herbeigeschriebenes Konstrukt, das nur deshalb so viele Anhänger gewinnen konnte, weil es die freigewordene Stelle göttlicher Normsetzung übernahm. Es handelt sich um das rätselhafte „transzendentale Subjekt", das laut Kant nicht nur dem menschlichen Ich, gedacht als das „Ich denke, das alle meine Vorstellungen muss begleiten können", zugrunde liegt, sondern letzten Endes auch aller moralischen Pflicht.

Das transzendentale Subjekt ist ein philosophisches Postulat, nicht mehr; es ist, wie Kant selbst einräumt, als nichtempirische Quelle der ichhaften Einheit all unserer empirischen Erlebnisse sowie als Quelle des uns bindenden Sollens eine Art Leerstelle, ein „prädikatenloses X". Über seine Natur, sein Wesen lässt sich inhaltlich nichts aussagen. Das provoziert über kurz oder lang die Frage, ob es denn dann nicht besser wäre, auf diesen „Quellgrund" zu verzichten, weil er nämlich, genau betrachtet, wegen seiner Leerheit gar keinen wirklichen Erklärungswert haben kann. Er ist weniger als eine leere Bühne (als welche bereits Hume unser Ich halbherzig charakterisierte), denn immerhin lässt sich auch eine Bühne, die leer ist, in der Art und Weise ihres Leerseins beschreiben.

Hinzu kommt, dass die kantische Konstruktion ein zentrales Anliegen moderner Humanität behindert: Die Vorstellung der menschlichen Gleichheit darf nicht daran gebunden werden, ob ein Mensch hinreichend Vernunft oder Moral besitzt, um als ethisches Subjekt gelten zu dürfen. Vor diesem Hintergrund wird ohne Weiteres plausibel, warum Taylors Charakterisierung moderner Humanität, die sich gegen jeden religiösen und metaphysischen Hintergrund (einschließlich Kants Reich des Transzendentalen) konstituiert, zwiespältig ausfällt: Es handle sich um eine Art *lofty humanism*, der ein Janusgesicht habe.[78]

Denn auf welche Quelle der Rechtfertigung könnte sich der hochgemute, auch hochmütige und dabei freischwebende Humanismus noch stützen? Zweifellos ist es ihm zu verdanken, wenn die Zuschreibung universaler und unbedingter Rechte in allen zivilisierten, demokratischen Staaten der Welt heute im Grunde als selbstverständlich gilt. Und es ist ebenfalls Ausdruck der typisch modernen „Menschlichkeit", dass sich mitmenschliches Wohlwollen zunehmend in globalisierter Form äußert. Dies beweisen, um aus der Vielzahl möglicher Beispiele zwei herauszugreifen, Organisationen wie *Amnesty International* und *Médecins Sans Frontières* („Ärzte ohne Grenzen") eindrucksvoll.

Aber, noch einmal gefragt, was genau ist denn die Quelle unserer Humanität, das heißt, der unbedingten Gleichheit und Würde aller Menschen und der darauf gegründeten universellen Solidarität? Man wüsste, wenn man ehrlich ist, keine andere Antwort zu geben als eine zirkuläre: Die Quelle unserer Humanität ist eben unsere Menschlichkeit! Das drückt sich häufig in der rhetorischen Frage aus: „Sind wir denn nicht alle Menschen?" Zyniker pflegen darauf zu antworten: „Ja schon, na und?"

Auch lässt sich nicht leugnen, dass der freischwebende Humanismus problematische Einschlüsse und Folgen hat, die das Gesicht der modernen Welt tiefgreifend geprägt haben, und zwar keineswegs so, dass man stets unbedenklich von „Fortschritt" sprechen dürfte. Der Mensch, der beginnt, sich selbst als oberste Richtinstanz, als höchsten Gesetzgeber in eigenen Angelegenheiten zu inthronisieren, neigt dazu, seine Rolle im Weltganzen gottähnlich zu sehen. Die ganze Schöpfung will er sich zu Diensten machen, die Natur, die Tiere, bis er, auf den Geschmack des absoluten Herrschens nicht mehr aus religiösem Antrieb[79], sondern aufgrund rationaler Überlegenheit gekommen, die schwer errungene Freiheit wieder schrittweise durch Technisierung, Organisation und Kontrolle einzuschränken beginnt.

Die Ökonomisierung der Freiheit im Kapitalismus verstärkt diesen Prozess, statt ihn zu unterlaufen. Denn die Freiheit am weltweit entgrenzten Markt bedeutet – bei permanent drohender Auslöschung – die Unterordnung unter einen Konkurrenzbetrieb, der die Spielregeln

der Evolution simuliert. Es geht nicht um Freiheit, Gleichheit, Brü-
derlichkeit, sondern um das Überleben des Stärkeren, Schnelleren,
Schlaueren, Rücksichtsloseren. Die Folge ist eine rasch wachsende
Ungleichheit des allgemeinen Wohlstandes der Nationen und der individuellen Vermögen, eine Ungleichheit, die das Humanitätsprojekt
„mitmenschliche Solidarität" zum Hilfsprojekt für die bis hin zum
Hungertod benachteiligten Völker und Kontinente werden lässt.

Lofty humanism: Natürlich vergisst Taylor nicht zu erwähnen, dass
das, was historisch mit dem hochgemuten und hochmütigen Selbst-
bestimmungs- und Selbstrechtfertigungsglauben der menschlichen
Existenz beginnt, in seiner politischen Umsetzung immer wieder in
wüste Tyrannei umschlägt. Der Mensch, der sich mit humanisti-
schem Elan an die Stelle Gottes setzte, um der Religionsknechtschaft
zu entgehen, verknechtet schon bald in der Gestalt von Führungska-
dern und Führern die Massen jener, die, weil zu dumm und noch
immer dem Mythos ergeben, unfähig sind, sich bei den eigenen Haaren aus dem Sumpf der Tradition zu ziehen, um durch das reinigende
Blutbad der Revolution auf die Lichtung des Fortschritts hinauszu-
treten ...

Und wie kommt von hier aus das Christentum wieder ins Spiel,
sodass es angemessen scheint, von einer katholischen Moderne zu
sprechen? Taylors Antwort steckt in der folgenden Passage:

Ist da also ein Ausweg?

*Hier gibt es keine Garantie, es handelt sich um eine Sache des Glau-
bens. Doch klar ist, dass die christliche Spiritualität einen Ausweg weist.
Er kann auf zweierlei Weise charakterisiert werden: entweder als eine
Form der Liebe oder Zuwendung, die bedingungslos ist – das heißt, unabhängig vom Gebaren des Empfängers –, oder als der Umstand, dass jeder Mensch grundlegend ein Wesen nach dem Bild Gottes ist. [...] Unser
gottesebenbildliches Sein ist auch unser Mitsein mit anderen im Strom
der Liebe, die jene Facette des göttlichen Lebens repräsentiert, welche wir,
sehr unangemessen, zu erfassen versuchen, indem wir von der Dreieinig-
keit reden.*

*Nun, es macht einen gewaltigen Unterschied, ob man denkt, dass diese
Form der Liebe für uns Menschen eine Möglichkeit darstellt. Ich denke,
sie ist möglich, aber nur in dem Maße, in dem wir uns selbst zu Gott hin
öffnen, was faktisch bedeutet, dass wir die Grenzen überschreiten müssen,
die uns theoretisch durch den reinen Humanismus gesetzt sind. Wenn
man daran glaubt, dann hat man der Moderne etwas sehr Wichtiges zu
sagen: etwas nämlich über die Zerbrechlichkeit dessen, was wir alle, ob
gläubig oder ungläubig, an der Moderne am höchsten wertschätzen.*[80]

In diese Abschnitte verpackt Taylor seine Minitheologie dessen, was er als katholische Modernität betrachtet. Entsprechend kompakt fallen sie aus, und es ist wohl nicht weiter verwunderlich, dass sie auf den ersten Blick mehr Fragen provozieren, als sie zu beantworten scheinen.

Auf die Frage, ob es einen Ausweg gebe aus der geschilderten Dialektik, von den historisch nachweisbaren Unmenschlichkeiten des Christentums bis zur Formulierung einer radikalen, alle Menschen ohne Ansehen der Person umfassenden Humanität, die freilich immer wieder in ihr Gegenteil umkippt – auf diese Frage antwortet Taylor: Darauf gebe es keine sichere Antwort, wohl aber eine des Glaubens. Und diese Antwort könne auf zweifache Weise gegeben werden, die jedoch letzten Endes auf *einen* Glaubenspunkt hinauslaufe. Der Mensch, so heißt es in der Bibel, ist nach dem Bilde Gottes geschaffen. Das bedeutet, erstens, dass der Mensch als Geschöpf zugleich *Empfänger* der unbedingten Liebe Gottes ist. Und es bedeutet darüber hinaus aber, zweitens, dass der Mensch, indem er an der göttlichen Liebe teilhat – Gott ist Mensch geworden, und Gottes Geist ergießt sich bei der Taufe in den Menschen –, selber dazu befähigt wird, unbedingte Liebe zu *verkörpern*. Der Mensch ist, als Abbild Gottes, nicht nur Empfänger, sondern auch Spender einer *love or compassion that is unconditional*.

Wenn ich Taylor recht verstehe (und ich wüsste nicht, wie man ihn anders verstehen könnte), so besteht die *Hoffnung* des christlichen Glaubens darin, dass der *außerhalb des Christentums* erreichte Durchbruch zur Anerkenntnis einer unabdingbaren Menschenwürde (auf der Basis der an keine Merkmale gebundenen Gleichheit aller Menschen und der darauf gegründeten unbedingten Geltung der Menschenrechte) schließlich von allen Menschen, *einschließlich aller Christen*, dauerhaft respektiert und anerkannt wird. Denn es handelt sich um einen Durchbruch, der in einer transzendenten Beziehung gründet: der liebenden Beziehung Gottes zu seiner Schöpfung und ihren Geschöpfen. Wenn man *das* glaubt, sagt Taylor – und er zielt damit auf das Zentrum der katholischen Modernität –, dann hat man unserer modernen Zeit etwas sehr Wichtiges mitzuteilen, etwas über die Zerbrechlichkeit der Dinge, die wir Moderne am höchsten wertschätzen, ob wir nun Gläubige sind oder nicht.

***

Halten wir inne. Überlegen wir, was bisher gesagt wurde. Im Zentrum der katholischen Modernität Taylors steht die Idee der unbedingten Liebe. Diese Idee bezeichnet einen absoluten Wert. Ich schlage vor, diesen Wert als *Eröffnungspotential* zu charakterisieren. Denn das, was wir mit dem Begriff der unbedingten Liebe meinen, schwebt uns nicht erst vor, wenn wir an Gott denken, sondern – so meine Vermutung – er ist als regulative Idee, als Absoluthorizont, unserer menschlich-alltäglichen Vorstellung von Liebe bereits immanent, falls wir darunter nicht bloß ein sinnliches Faktum, sondern ein Sehnsuchtsziel verstehen.[81]

Zwei Menschen, die einander *wahrhaftig* lieben, sind von der Idee beseelt, ihre Liebe durch alle kontingenten Umstände, alle Wechselfälle des Lebens hindurch aufrechtzuerhalten und zu bereichern. Da sie aber Menschen sind, wissen sie zugleich, dass ihre Liebessehnsucht unerfüllbar bleiben wird; sie werden einander nicht in jedem Moment ihres Lebens so lieben können, wie sie es möchten und sollten. Dennoch definiert sich ihr Verhältnis dadurch, dass die Sehnsucht nach der Vollkommenheit ihrer Liebe all ihre unvollkommenen Bestrebungen mit einem *Bedeutungsüberschuss* erfüllt: Die unvollkommene, durch die Wechselfälle des Lebens in ihrer Fülle bedingte und beschränkte reale Liebe erscheint den einander Liebenden, als ob sich in ihr ein unendliches Potential eröffne, hin zu etwas Absolutem und daher in menschlichen Begriffen Unausdrückbarem – der unbedingten, vollkommenen Liebe, die erreicht zu haben *bedeuten* würde, *erlöst* zu sein.

Wenn wir also sagen, dass Gott die unbedingte Liebe ist, dann handelt es sich dabei, denke ich, nicht um einen primären Glaubenssatz. Ein primärer Glaubenssatz würde es erfordern, dass man zuerst glaubt, um dann, in der Gnade des Glaubens stehend, vielleicht begreifen zu können gemäß der Formel: *Credo ut intelligam.* Zwar mag in Liebesdingen die Gnade eine unabdingbare Rolle spielen, aber die Bedeutung dessen, was wir unter wahrer Liebe verstehen, verweist uns eben auf einen Horizont der Erfüllung, nach dessen Erreichung wir uns in all dem, was wir als einander wahrhaft Liebende tun, unablässig sehnen, ohne doch unsere Sehnsucht in positive Begriffe fassen zu können – und es ist dieses unsere menschliche Liebe kennzeichnende Modell, das wir auf Gott übertragen, wohl wissend, dass wir für Gottes Wesen ebenso wenig taugliche Begriffe haben wie für den Absoluthorizont unserer Liebe. Gott, der die Liebe *ist*, und jener Horizont sind im Grunde ununterscheidbar, weil eins. *Wenn die Christen sagen, dass Gott in Jesus Mensch wurde, dann deuten sie an, dass die*

menschliche Liebe als Wertbegriff ein Eröffnungspotential repräsentiert,
das in seiner vollkommenen Entfaltung und „Gestalt" mit der göttlichen
Liebe zusammenfiele.

Man könnte sich natürlich fragen, ob unsere Auffassung der Liebe
als eines Wertes, den wir um seiner selbst willen anstreben (und der
als solcher, als *intrinsischer Wert* unseres Lebens[82], den Unterschied
zwischen faktischer und wahrer, bedingter und unbedingter Liebe
einschließt), nicht ursprünglich auf einem *spezifisch* religiösen Rechtsgrund aufruht: auf der Vorstellung Gottes als eines Wesens, über das
hinaus – gemäß der Formulierung des Anselm – sich nichts Voll-
kommeneres denken lasse. Doch dafür gibt es keine durchschlagen-
den Gründe. Der Gott des Jesus unterscheidet sich bereits wesentlich
von dem alttestamentlichen Patriarchengott. Dieser trägt noch Züge
einer tyrannischen Lokalgottheit und konnte von den christlichen
Gnostikern für den Teufel gehalten werden, der die Welt erschuf.

Schließlich hat Jahwe nicht nur eine Welt erschaffen, die voller
Schmerzen und Trübsal, kurz, ein Jammertal ist, sondern er springt
mit seinen Geschöpfen auch um, dass einem Hören und Sehen vergeht: Von der Sintflut bis zur Neo-Archaik der Johannesapokalypse
pflastern Leichen seinen Weg. Da ist von jener Liebe, jener *Agape*, die
den jesuanischen Gott charakterisiert, der sich sorgend um die Lilien
auf dem Felde bemüht, kaum etwas zu bemerken. Und es wird erst
der missionarische Erweiterungsschub des Paulus sein, der aus einem
Gott der Juden jenen Menschheitsgott werden lässt, für den das
Größte die Liebe ist.

Ich will also sagen: Unsere Vorstellung von der unbedingten Liebe
Gottes ist das Ergebnis sich über lange Zivilisationsstrecken entfal-
tender Wertpotentiale, darunter Glück, Autonomie, Gerechtigkeit,
auch Schönheit. Unter ihnen ist für unseren Zusammenhang die Liebe der zentrale Wert, aber seine Entfaltung geht Hand in Hand mit
einer allgemeinen Verfeinerung des Gefühlslebens, einer Bildung des
Herzens, die im anderen Menschen ein Subjekt gleicher Würde zu
sehen vermag, was aus der zunächst persönlichen Agape mehr oder
minder institutionalisierte Formen der Nächstenliebe bis zur rechtlichen Festschreibung der Menschenrechte werden lässt.

Diese Entwicklungen lassen auch unsere Vorstellung davon, was
die Liebe Gottes *bedeutet*, nicht unberührt. Wenn wir heute an Gott
denken, dann nicht an den Hierarchen, dessen kosmisches, natur-
rechtliches Herrschaftsideal einst die soziale Ungleichheit unter den
Menschen rechtfertigte. Wir denken ebenso wenig an einen Gott, der
durch Naturkatastrophen laufend Menschen ins Elend und in den

Tod stürzt. Wir denken uns Gott vielmehr nach dem Modell der wahrhaften Liebe, wobei dieses Modell seinerseits ohne Zweifel durch die religiöse Strahlkraft des Agape-Christentums mitbestimmt wurde, auch wenn – worauf Taylor großen Wert legt – christliche Motive erst im säkular humanistischen Kontext voll wirksam werden.

Geht man vom Konzept der Liebe als eines intrinsischen Werts unseres Lebens und zugleich davon aus, dass derartige Werte ein Eröffnungspotential repräsentieren (der Weg, den die Liebe eröffnet, führt von der faktischen zur unerreichbar wahren Liebe, deren vollkommene Gestalt sich unserer Begrifflichkeit entzieht), dann stellt sich die Besorgnis über das spezifisch religiöse Legitimationsdefizit der modernen Humanität als unbegründet heraus. Denn die Entfaltung dessen, was der Gläubige als den Schatz seiner Religion, die Substanz seines Glaubens behütet wissen möchte, ist nicht denkbar ohne die Entfaltung der intrinsischen Werte. Sie erst lassen aus Jahwe, aus dem eifernden, zürnenden Gott des Judentums, den Gott aller Menschen werden, dessen Liebe als streng universal und unbedingt gedacht werden muss.

Zugegeben, die Sorge um das Legitimationsdefizit der Moderne ist nur insofern unbegründet, als – in einem letzten, radikalen Säkularisierungsschub – nicht auch noch die Idee der intrinsischen Werte verworfen wird, wie das für alle Spielformen des Subjektivismus, Relativismus und Naturalismus typisch ist. Doch diese sind eben nur Spielformen der Moderne, und zwar solche, die sich, konsequent gedacht, allen Ableitungen aus dem Gedanken der Existenz eines Unbedingten, ob der bedingungslosen Liebe, der unantastbaren Würde oder den absolut geltenden Menschenrechten, verweigern müssen. Der immer gleiche Grund: Metaphysikverdacht! Der immer gleiche Gegengrund: Man soll nicht weniger Dinge zwischen Himmel und Erde gelten lassen, als notwendig sind, damit – um es mit Horkheimer und Adorno auszudrücken – nicht am Ende sogar der Mensch vorm Menschen zum Anthropomorphismus wird ...

Ich möchte Charles Taylor also in zwei Punkten widersprechen (obwohl ich die Vermutung hege, dass ich zumindest halboffene Türen einrenne):

Erstens, die Frage der unbedingten Liebe ist keine Frage des Glaubens an einen Gott der unbedingten Liebe. Nichtsdestoweniger denke ich, dass die Entfaltung des Konzepts liebender Unbedingtheit zwanglos in eine religiöse Haltung einmündet oder jedenfalls in eine Haltung, die man als „religiös" zu bezeichnen hätte, richtet sie sich doch auf den begriffslosen Horizont der Erfüllung/Erlösung. Ob diese Haltung dann freilich im Kern „katholisch" wäre, hängt von der Verwendung des Wortes ab. Mit dem Dogma gleichen Namens und seiner kirchlichen Repräsentanz darf sie jedenfalls nicht gleichgesetzt werden.

Das bringt mich zum zweiten Punkt: der Frage einer katholischen Modernität. Wer A sagt, muss B sagen, das gilt auch in religiösen Belangen. „Unser gottesebenbildliches Sein ist auch unser Mitsein mit anderen im Strom der Liebe ..." Es entspricht christlicher Tradition, dass durch die Menschwerdung Gottes und die Begnadung mit dem Heiligen Geist die unbedingte Liebe Gottes sich nicht nur am Menschen bewährt, sondern direkt durch ihn hindurch wirkt. Aber da der Mensch seit jeher den Übeln der Welt, die er nicht selbst verursachte, unterworfen ist, wirft das Dogma der unbedingten Liebe Gottes seit jeher dieselbe Rätselfrage auf: Wie ist diese Liebe mit Hungersnöten, Kriegen, Naturkatastrophen, Krankheiten und Tod vereinbar? Darauf muss die katholische Moderne eine Antwort geben, wenn sie möchte, dass sie als metaphysischer Rechtfertigungsgrund für die Unabdingbarkeit der Würde, die Unbedingtheit der Menschenrechte und, darüber hinaus, einer universalen Solidarität ernstgenommen wird.

Der Verfechter einer katholischen Moderne kann nicht sagen, dass die Fragen der Theodizee einem anderen Jahrhundert vorbehalten waren, aber heute nicht mehr aktuell sind. Im Gegenteil, mit der Inanspruchnahme der göttlichen Liebe zur Rechtfertigung ihrer universalmenschlichen Formen (Agape) wird die Frage, ob sich das Konzept der unbedingten göttlichen Liebe widerspruchsfrei entfalten lasse, erst recht akut – wobei es wenig hilft, sich auf die Unbegreiflichkeit und das Geheimnis zu berufen. Denn sollte die Liebe Gottes tatsächlich unbegreiflich sein in dem geheimnisvollen Sinne, *dass an ihr nichts, was in der Welt passiert, etwas zu ändern vermöchte,* dann könnte jene Liebe auch nicht mehr als Rechtfertigungsgrund für alle rechtfertigungsbedürftigen Formen der menschlichen Liebe in Anspruch genommen werden.

Wenn Gott der unbedingt liebende Gott ist, dann muss sich dieser Umstand – möchte man glauben – in Gottes Schöpfungswerk irgendwie widerspiegeln. Zum Jahreswechsel 2004/05 stand die Welt unter dem Eindruck einer Erdbeben- und Flutkatastrophe, die über 250.000 Menschenleben forderte, von den Opfern der Nachfolgeereignisse (Hunger, Krankheiten, Seuchen) ganz zu schweigen. Jenes Ereignis würdigte der Wiener Kardinal Christoph Schönborn, der eben erst weltweites Aufsehen wegen seiner Parteinahme für die moderne Form des Kreationismus, „Intelligent Design", erregt hatte, in einem Kommentar der österreichischen *Kronen Zeitung* zum Fest der Heiligen Drei Könige (6. Januar 2005): „Hier in Indonesien hat mich beeindruckt, wie alle Überlebenden, mit denen ich sprechen konnte, ob Muslime oder Christen, die Sprache Gottes aus den Ereignissen vom 26. Dezember [dem Tag der Flut] herausgehört haben. Der Sinn all dieses Leidens ist nicht immer und jedem sofort klar. Dazu ist der Schmerz zu groß. Aber wie berührend ist es, überall dem Vertrauen zu begegnen, dass Gott in all diesem Leid zu finden ist."

Dem als sanftmütig geltenden Kardinal ging es nicht bloß darum, dass sich Gott in großen Naturkatastrophen „ausspricht". Es ging ihm vielmehr darum, dass die katastrophische Aussprache zugleich einen machtvollen Ausdruck der Liebe Gottes bildet. Die göttliche Demonstration soll dazu führen, dass die Menschen, die in ihrem Glauben erlahmt oder von ihm abgefallen sind, umkehren, auf den rechten Weg zurückfinden, sich bekehren. All die vielen Opfer waren demnach erforderlich, damit wir, die Überlebenden, den Ruf zur Bekehrung nicht nur vernehmen, sondern auch gebührend ernst nehmen. Wenn man der frommen Betrachtung des Wiener Kardinals, die hier bloß pars pro toto steht, eines entnehmen kann, dann dies: Gott wollte, indem er mehr als eine Viertelmillion Menschen in der Flut umkommen ließ, *ein Zeichen unbedingter Liebe setzen.*

Dazu äußerte ich mich vor einigen katholischen Foren, und zwar mit Worten, denen ich möglichst große Klarheit zu geben wünschte, so zum Beispiel bei den Salzburger Hochschulwochen 2006, wo ich sagte: „Ich gestehe, dass ich angesichts der Möglichkeit eines solchen Gottes Grauen empfinde – und das Bedürfnis, mich umzudrehen und wegzugehen. Fände es das Christentum heute wieder notwendig, einen derart mythologischen Gott anzubeten, dann fänden es die meisten aufgeklärten Christen wohl unmöglich, dieser Religion noch innerlich anzuhängen."[83]

Womit ich nicht gerechnet hatte, war der teilweise aufgebrachte Widerstand gegen diese meine Sicht der Dinge. Nicht wenige meiner katholischen Zuhörer beharrten darauf, dass es gerade die großen Menschheitskatastrophen seien, in denen sich Gottes Anwesenheit am eindrucksvollsten manifestiere. Ja, es war auch die Rede von den Geißeln, deren die erbsündige Menschheit, die immer wieder in Sündhaftigkeit zu versinken drohe, nicht entbehren könne – Geißeln, zu denen, mehr oder minder klammheimlich, Aids gezählt wurde.

Ist das katholische Modernität? Taylor würde mit „Nein" antworten. Aber hat er recht? Wer bei der Begründung der menschlichen

Würde, der Menschenrechte und der weltweiten Solidarität *den Glauben als einzig haltbare Quelle der Legitimation* ins Spiel bringt, der gibt damit nolens volens zu erkennen, dass er Gott als Quellgrund aktiv sieht: Indem Gott in uns und durch uns wirkt, werden jene Werte aktuell und wirksam, die wir Moderne am meisten wertschätzen. Gott ist ein aktiver Gott, der in die Schicksale der Kulturen und Menschen eingreift, und zwar, das ist der Glaubenspunkt, als ein unbedingt liebender Gott, dessen Liebe sich in jedem Aspekt der Schöpfung widerspiegelt. Deshalb drängt es den Gläubigen, aus allem, von der Evolution über die Naturkatastrophen bis hin zu Krankheit und Tod, die – wie Kardinal Schönborn sagte – *Sprache Gottes herauszuhören.*

Wenn also „katholische Modernität" nicht ein Deckwort dafür sein soll, dass der Neotheismus eine neue Form der katholischen Archaik mit sich bringt, dann stellt sich die Frage: Was ist das für eine Art von Modernität, falls in ihr nicht entweder das Moderne oder das Katholische auf der Strecke bleiben soll? Ich denke, dass sich diese Frage mit innerkatholischen Begriffen, wie immer von christlichem Geist durchdrungen, nicht lösen lässt, und mit solchen von außen schon gar nicht. Ich würde stattdessen für eine alltagsliturgische Kultur plädieren, die, bei Anerkennung der Existenz intrinsischer Werte als Eröffnungspotentiale auf einen Sehnsuchtshorizont zu, gleichzeitig eine Haltung der „Kapitulation" – für den, den's nicht abstößt: der demütigen Kapitulation – mit sich führt: Dass Gott die unbedingte Liebe ist, daran kann kein Zweifel bestehen; aber ebenso zweifelsfrei scheint festzustehen, dass wir, die endlichen Wesen, *nicht begreifen können, was das bedeutet* – Gottes unbedingte Liebe.

Denn diese Liebe steht, als Schöpfungsmacht, auch hinter all jenen Übeln, die wir, *als Wesen der Agape*, angehalten sind, im Rahmen des Menschenmöglichen von unseren Mitmenschen *fernzuhalten.* Wir müssen an diesem paradoxen Punkt vor dem Mysterium kapitulieren. Wir können das Paradox nicht auflösen, es nur, mit mehr oder weniger Ehrfurcht, zur Kenntnis nehmen. Das ist freilich etwas ganz anderes, als das Unbegreifliche, nämlich Gottes bedingungslose Liebe, zur Rechtfertigung unserer Humanität – und für die, die's angeht, zur Rechtfertigung ihrer katholischen Modernität – benützen zu wollen.

***

Unter den Vollkommenheitsattributen Gottes findet sich traditionell die Liebe. Ja, es heißt, jedenfalls im Christentum: Gott *sei* die Liebe. Das bedeutet, dass der Liebe Gottes das Moment der Unbedingtheit eignet. Doch ich kenne keine Theologie, die auf analoge Weise behaupten wollte, dass Gott glücklich sei. Glücklich zu sein gehört, soweit ich sehe, nicht zu den Wesensmerkmalen und daher auch nicht zu den Vollkommenheitsattributen Gottes. Gehörte es dazu, Gott müsste *bedingungslos* glücklich sein, egal wie die Schöpfung, deren Urheber er selbst ist, sich im Einzelnen gestaltet, ob wir nun annehmen wollen, der Mensch habe einen freien Willen oder sei in seinem Wollen und Handeln prädestiniert.

Was ist es eigentlich, das so anstößig an der Vorstellung des seinem Wesen nach glücklichen Gottes wirkt, während die Vorstellung des Gottes, der die Liebe *ist*, nicht anstößig zu wirken scheint? Im Gegenteil, die Vorstellung des Gottes, der *nicht* die Liebe wäre, sondern ein distanzierter, kalter oder gar übelwollender Gott, ist für uns schon lange unerträglich geworden und keinesfalls verträglich mit der Idee des Gottes aller Menschen, als welcher auch der christliche Gott aus einer humanistischen Perspektive zwingend erscheint. Wenn also der liebende Gott, warum nicht zugleich der glückliche?

Hat Gott – nach der Formulierung des Leibniz – nicht notwendig (weil seinem Wesen gemäß) die „beste aller möglichen Welten" geschaffen und daher allen Grund, glücklich zu sein? Der biblische Gott, der seine Schöpfung betrachtet, sieht, dass alles sehr gut geworden ist (Genesis 1,31). Zwar weiß der Bibelleser, dass dieser Umstand Gott nicht davon abhalten wird, auf die Menschen, die er nach seinem Bilde schuf, immer wieder böse zu werden, ja, ihnen sogar mit Vernichtung zu drohen. Hier ist jedoch zunächst entscheidend: Gott schwebt der judäochristlichen Tradition von Anfang an nicht als ein fühlloses, abstraktes geistiges Prinzip vor, ähnlich der Idee des Guten bei Platon, sondern als ein lebendiges Wesen mit Gefühlen. Dieser Umstand hat anfänglich zur Folge, dass sich Gott durch Affekte auszeichnet, die wir, in menschlichen Begriffen gedacht, keineswegs als tugendhaft, geschweige denn als Ausdruck einer Vollkommenheit begreifen könnten. Wenn aber Gott zu Gefühlen fähig ist – und wie anders ließe er sich als die Quelle allen Lebens denken? –, dann erzwingt eine aufgeklärt-ethische Sicht des göttlichen Wesens dieses all jener dem Mythos verpflichteten Negativaffekte zu entledigen, welche die Vollkommenheit des Schöpfers nicht bestätigen, sondern vielmehr in Frage stellen: Zorn, Wut, Eifersucht, auch Mordlust, für die Jahwe schon von Moses erfolgreich getadelt wird.[84]

Es gibt also eine Entwicklungslogik des religiösen Denkens und Fühlens. Sie führt immer weiter weg von der Vorstellung eines Gottes, der in seinem unbändigen Zorn das Böse will, weg vom Gott, der willkürlich begnadigt oder zur ewigen Höllenqual verdammt, weg vom strafenden Gott, dem gegenüber in erster Linie Furcht und Zittern angebracht sind. Immer stärker tritt die Vorstellung in den Vordergrund, dass man auf Gott unbedingt vertrauen, ihm das eigene Schicksal getrost anvertrauen darf, und zwar gerade deshalb, weil er nicht bloß die Kälte der Gerechtigkeit ausstrahlt, sondern vor allem die Wärme der Liebe.

Nun ist es mit der Liebe nicht dasselbe wie mit dem Glück, und doch sind beide innig miteinander verbunden. Denn es ist das Wesen der Liebe, besorgt zu sein, und zwar in der Art und Weise, die für den geliebten anderen immer nur das Beste möchte. Indem man liebt, möchte man, dass der andere glücklich ist, und das Glück des Liebenden besteht bei aller Schmerzlichkeit, die mit der liebenden Zuwendung verbunden sein mag, darin, dem Glück des geliebten Wesens zu dienen. Das hat zur Folge, dass die einander Liebenden, während sie einander glücklich zu machen versuchen, alles Leid und allen Schmerz, der mit der liebenden Zuwendung zum jeweils anderen verbunden sein mag, doch als eine Art unüberbietbares Lebensglück empfinden werden. Es gibt kein größeres Glück als jenem Wesen zu Diensten sein zu dürfen, von dem man aufrichtig geliebt wird.

Dieses *Modell der wahren Liebe*, das Liebesglück und Liebesleid ineinander aufgehen lässt, bis an den Extrempunkt des Liebestodes, funktioniert nur, weil sich in der Liebe das Moment der Lebendigkeit am intensivsten verkörpert. Und es ist daher kein Zufall, dass die wahre Liebe nicht eine Sache ist, die bloß zwischen den einander Liebenden angesiedelt wäre (obwohl die einander Liebenden in ihren liebevollsten Augenblicken vollständig ineinander versunken sein mögen). Nein, die wahre Liebe wird immer zugleich als „heilig" erfahren. Sie ist deshalb ein Modus höchsten Lebendigseins, weil und insofern die einander Liebenden das Gefühl haben, ihre Liebe werde aus der tiefsten Quelle allen Lebens gespeist. Das macht die wahre Liebe stets und notwendig zu einer religiösen Erfahrung. Und in dieser Erfahrung steckt das beglückende Gefühl, ein Geschöpf zu sein, das begnadet wird und empfängt. Deshalb sind die wahrhaft Liebenden nicht anders denkbar denn als ehrfürchtig Dankbare. Sie danken, indem sie einander ihre Liebe bezeugen, zugleich dafür, dass sie Geschöpfe sind – *Geschöpfe des Ursprungs, also jenes universalen Lebendigseins, das die Quelle aller Lebendigkeit durch das Medium der Liebe ist.*

Klingt das zu hochgeschraubt? Bewege ich mich auf dem Niveau einer existenziellen Überspanntheit, die aus einem menschlichen Plänomen – der Liebe mit ihren Höhen und Tiefen, ihrer Fragilität und Grobschlächtigkeit – einen religiösen Popanz macht? Das kommt darauf an, worauf man hinauswill. Ich will hier nicht sagen, *so* lieben die Menschen, denn die Menschen lieben einander auf die unterschiedlichsten Arten, manche sind hochfliegend wie Brechts Kraniche, die im Flug beieinanderliegen, und andere erinnern in ihren Zärtlichkeiten an Mills glückliche Schweine. Beides mag seine eigene Schönheit und Würde haben, mir liegt hier jedes Urteil fern, es wäre in jedem Fall einseitig und ungerecht. Aber es wäre einseitig und ungerecht, weil die Kraniche wie die Schweine Verkörperungen *einer* Idee, *eines* Begriffs, *einer* Wahrheit sind. Sie sind Verkörperungen eines Wertes, des Zentralgestirns aller Werte, nicht des Wahren, Guten oder Schönen, sondern der Liebe. Die Liebe ist kein Faktum, sie ist immer ein Potential, dessen Horizont uneinholbar bleibt. Denn dieser Horizont ist absolut, bedingungslos – es ist der Horizont, der die Kraniche wie die Schweine im Innersten ausrichtet, ob das Ziel nun der Sekundenorgasmus oder der geschlossene Sehnsuchtsbogen am Ende der Welt ist.

Nur in der Liebe dürfen wir beanspruchen, das Abbild Gottes zu sein, obwohl wir unsere Abbildhaftigkeit erst sehen, begrifflich einsehen könnten, wenn wir am Horizont der Liebe angekommen und daher bereits im Gnadenstand der Erlösung wären. Wir sind aber nicht dort; wir, die endlichen Wesen, sind unfähig, unsere Lage bis dorthin auszudehnen, und sei es nur in Gedanken. Das ist auch der Grund, warum uns die Vorstellung des Höchsten – eine Vorstellung, von der wir keine Vorstellung haben – als eine kalte, leere Abstraktion anmutet, sobald wir sie zu fixieren versuchen. Gewiss, im Zustand der Vollendung fallen Glück und Liebe zusammen, wie könnten sie nicht? In diesem Zustand *müssen*, der Logik der Vollkommenheit entsprechend, Glück und Liebe und Leben *eins* sein.

Aber noch während wir so denken, fühlen wir, dass wir nichts mehr fühlen. Wir verwenden zwar noch immer dieselben Begriffe, die uns im endlichen Leben das Höchste bedeuten: „Liebe", „Glück", „Leben", aber indem wir sie nicht mehr als Potentiale nehmen, sondern als das Höchste in Vollendung, sind sie hölzern geworden und tot. Nichts in dem, was uns als das Wertvollste gilt, unser tiefstes Glück, unsere einzige Liebe, das Leben der Schneeflocke, die auf unserer warmen Hand dahinschmilzt, nichts von all dem leuchtet uns noch aus dem Höchsten in Vollendung entgegen. Sagen wir, dass Gott die Liebe, das Leben *und* das Glück ist, dann reden wir von Gott, als ob er tot wäre; als ob er uns nichts anginge: als ob er gar nicht existierte.

Es ist wahr, wir können uns Gott nicht anders *denken*: Er ist der Vollkommene. Aber wenn wir so denken, weil wir so denken *müssen*, dann nur in der rechten Art und Weise, indem wir an seiner Vollkommenheit gleichsam vorbeischauen. Schauen wir gleichsam hin und versuchen mit all der geistigen Anstrengung, die uns zur Verfügung steht, Gott in seiner Vollkommenheit zu fixieren, dann scheint er zu verschwinden ebenso wie jene Sterne am Himmel, die so schwach leuchten, dass wir, um eine Ahnung von ihrer Existenz zu bekommen, an ihnen vorbeischauen müssen (damit nämlich ihr Licht den lichtempfindlichsten Fleck unserer Netzhaut, die *Fovea centralis*, treffen kann). Wie alle Vergleiche für unsere religiöse Situation, so trägt auch dieser nicht weit. Gottes Licht ist nicht schwach; es ist überall und deshalb kann von einem Vorbeischauen im wörtlichen Sinn gar nicht die Rede sein. Es geht eher darum, „an der Unendlichkeit vorbeizuschauen", das heißt, ihre Hintergrundstrahlung in den endlichen Figuren und Konfigurationen unseres Lebens aufzuspüren. Deshalb der Zwang, Gottes Vollkommenheit zu „verderben", sie zu „verschmutzen", indem wir ihr menschliche Züge beimischen – Züge dessen, was uns in unserem fühlsamen Leben als das Höchste vorschwebt.

In *Process and Reality* (1929), dem großen metaphysischen Entwurf von Alfred North Whitehead, der zusammen mit Bertrand Russell die bahnbrechenden *Principia Mathematica* schrieb, findet sich folgende schöne Bemerkung über die Liebe: „Liebe herrscht weder, noch ist sie unbewegt; auch ist sie ein wenig nachlässig gegenüber der Moral."[85] Wenn wir also ernsthaft über den Gott der Liebe – über den Gott, der die Liebe *ist* – sprechen, dann müssen wie dieses Moment übernehmen: eine Bewegtheit auf uns zu, die ein wenig nachlässig ist gegenüber dem, was das Pflichtgesetz in jedem Fall erforderte. Der Gott der Liebe ist zugleich ein Gott des Mitleidens und des Erbarmens. Das scheint der christlichen Vorstellung derart natürlich, dass ihr nicht zum Anstoß wird, dass so ein Gott *in einer bestimmten Hinsicht* unvollkommen sein *muss*: Durch seine liebende „Nachlässigkeit" lässt er es an moralischer Folgerichtigkeit und damit an Gerechtigkeit fehlen.

Das fällt zunächst nur deshalb nicht auf, weil wir, die zur endlichen Liebe Befähigten, uns denen gegenüber, die wir wahrhaft lieben, in einem besonderen Naheverhältnis befinden. Dieses, ob es sich nun um die Beziehung zum Liebespartner oder zu den eigenen Kindern, zu guten Freunden oder nahen Verwandten handelt, lässt es nicht nur verständlich erscheinen, sondern fordert unter bestimmten Umständen sogar, dass man das Gebot der Liebe über das Gebot der Moral stellt. Im Gelingen der Liebe steckt ein lebendiges Wohlwollen, dessen Bindungswirkung sich vor allem darin bewährt, dass man dem anderen keinen Schmerz zufügen, ihn vor Leid bewahren, ihn *behüten* will, selbst dann, wenn die Pflicht eine abweisende oder gar strafende Reaktion erforderte. Der biblische Rat, man solle, wenn man sein Kind liebe, mit der Rute nicht geizen, klingt in unseren Ohren nur noch grausam.

Doch zwischen uns, soweit wir einander in Liebe verbunden sind, und Gott gibt es einen Unterschied, der die Sachlage prinzipiell verändert: Niemand von uns wird ernsthaft sagen dürfen, er liebe die ganze Menschheit, wenn damit nicht einer bloß abstrakten Philanthropie Ausdruck verliehen werden soll. Gott hingegen liebt alle seine Geschöpfe, und er liebt sie alle gleich; jedenfalls ist das die Art und Weise, wie wir den Gott aller Menschen *denken* – und ihn anders zu denken sind wir außerstande. Doch steht dem gegenüber, dass ein Gott, der den Folterknechten rund um den Globus ebenso liebend zugetan wäre wie ihren ewigen Opfern, uns mit Abscheu erfüllen müsste. *Das könnte nicht der Gott sein, zu dem wir beten, weil er der Gott der Liebe ist.*

Man sieht nicht recht, was man aus all dem lernen könnte, wenn nicht das Folgende: Vor dem Absoluten müssen wir unsere intellektuellen Segel streichen, unsere Begriffe einholen und uns damit begnügen, dass unsere religiöse Sehnsucht bloß hässlichen Unsinn ergibt, solange wir sie zu einem Bild – dem Bild des liebenden Gottes aller Menschen – zusammensetzen wollen. Immerhin verstehen wir, warum unter den Vollkommenheitsattributen Gottes zwar die bedingungslose Liebe auftaucht, aber nicht das Glück. Das hat mit dem *Paradox der Liebe* zu tun, das zugleich Element einer Logik des Glücks bildet. Wer – so ließe sich fragen – könnte glücklicher sein als der Liebende, der wiedergeliebt wird und dabei doch voller Schmerz sein mag, sei es aus einer erzwungenen Trennung oder einer Situation unabwendbaren Leidens auf der Seite des geliebten anderen? Denn der sich geliebt fühlende Liebende ist durch alles Liebesleid hindurch derjenige, der am tiefsten lebt.

Aber das alles gilt nur, solange wir an die Beziehung zwischen konkreten Wesen denken, deren Beziehung ebenso eng wie zerbrechlich ist, vor allem jedoch: eine Beziehung zwischen prinzipiell Gleichen. Im absoluten Bild Gottes, das uns notwendigerweise nicht widerspruchslos gelingt, haben wir mit keiner Beziehung zu einem irgendwie Gleichen zu tun. Gottes Glück wäre immer eines vom höchsten Thron herab und daher, angesichts der Leiden, welche die Schöpfung kennzeichnen, ein unerträglicher Zynismus oder Ausdruck einer noch unerträglicheren Fühllosigkeit des Höchsten. Der lebendige Gott, der die Liebe sein soll, ist nicht vorstellbar als der in seinem Glück Ruhende oder sich glücklich in den Schöpfungsprozess Entäußernde. Der lebendige Gott ist nur vorstellbar als der sich mitfühlend konkretisierende. Vom Thron Gottes herab führt nur *eine* liebende Bewegung zu uns Menschen, ohne dass darin Züge einer unerträglichen Grausamkeit zum Vorschein kämen: Es ist die Bewegung des Anteilnehmens, Mitleidens, der Tröstung und des Hoffnungsspendens, auch der Barmherzigkeit – die Bewegung weniger der Gnade als der liebenden Umarmung auch jener, die verloren zu sein scheinen.

Wir haben es also mit einer Bewegung der Konkretisierung zu tun. Es handelt sich nicht um eine gleichsam abstrakte Bewegung, hin zu einer anonymen Masse, der Menschheit. Und deshalb ist der *lebendige* Gott, der die *bedingungslose* Liebe ist, auch weniger ein Rechtfertigungsgrund für die absolute Geltung der Menschenrechte, die Unantastbarkeit der menschlichen Würde oder eine universale Solidarität. Er ist nicht in erster Linie Taylors Gott der katholischen Moderne. In erster Linie handelt es sich um die Idee des persönlichen Gottes. Denn die Liebe, die wir kennen und die, falls es sich um wahrhaftige Liebe handelt, unser höchstes Glück in sich birgt, ist stets die Liebe zwischen konkreten Wesen, zwischen einander liebenden Personen.

Aber das Moment der Bedingungslosigkeit hebt Gottes Liebe über die Grenzen der Konkretisierung und damit Verendlichung hinaus. Gott ist, was immer er für uns in erster Linie sein mag, immer noch mehr. Er ist der Schöpfer. Er ist das Prinzip des Lebens, das Licht und das Wort, das die ganze Schöpfung, ob Urknall, Tsunami oder Charles Taylor, durchwaltet. Über IHN können wir nur in Metaphern sprechen, die bloß anzeigen, dass alle unsere Begriffe dahinschmelzen. Und es ist diese sich unseren Begriffen entziehende Absolutheit, die Gottes Liebe zugleich unansprechbar abstrakt und dann doch, über die Vorstellung, wir seien nach dem Bilde Gottes geschaffen, zum Quellgrund unserer unabdingbaren Würde werden lässt. An ihm haben wir alle gleichermaßen teil, aus ihm erfließen die absoluten Rechte und Pflichten der Gleichheit.

An dieser Stelle schließt sich ein großer Bilderbogen und der abendländische Ideenkreis. Wie wir indes gesehen haben, schließt er sich nicht immer so, dass wir das Gefühl hätten, kraft der heiß ersehnten, schwer erkämpften, spät errungenen Gleichheit lebendiger geworden zu sein. In ihr steckt auch ein Element der Lähmung, der existenziellen Entropie, die wir als das Gefühl der Leblosigkeit im Frieden kennengelernt haben. *War is better than Monday morning ...* Dieses Gefühl lässt sich nicht anders überwinden als dadurch, dass wir eine alltagsliturgische Kultur befördern. Wir sollten all jene Möglichkeiten unseres Lebens kultivieren, die uns dafür empfänglich machen, dass wir Geschöpfe in einem Kosmos sind, in dem wir am zeitlosen Vollzug der Schöpfung als zeitgebundene, endliche Wesen teilhaben.

Das damit einhergehende Glück – das Glück, lebendiger Teil eines lebendigen Ganzen zu sein – ist, so will ich annehmen (denn alles andere führt in den Abgrund der Inhumanität), als Potenzial auch noch in jenen Formen des Glücks enthalten, vor denen uns, isoliert betrachtet, graut: dem in sich krummgeschlossenen Glück der Menschen, die keine Sehnsucht kennen und keinen Stern, den sie gebären wollten; die ohne Gestern, ohne Morgen in der Sonne sitzen und blinzeln und dabei ihre Lage rühmen: „Wir haben das Glück erfunden."

NACHSPIEL
IM STADTPARK

10. Glücksvogerlphilosophie – eine Farce

Für A. K.,
in dankbarer Erinnerung
an die Wege (Holz- & andere),
auf denen wir einander kreuzten …

WAS LIEGT, DAS PICKT. – Lächerlicher Tag. Man gibt mir wieder einmal den gutgemeinten Rat, ich solle den Tatsachen endlich ins Gesicht schauen – „Endlich!" –, wozu ich mir wie immer denke, dass Tatsachen kein Gesicht haben.

Später dann, dieser Tag ist noch nicht zu Ende, treffe ich auf ein Gesicht, das auszuschauen vorgibt, als ob es tatsächlich eine Tatsache wäre. Ich schaue neutral mit einem bemühten Ansatz ins Freundliche, um nicht bemerkbar werden zu lassen, dass ich mich abwende. Mir ist zum Lachen zumute, so lächerlich ist dieses Gesicht, das nichts als eine Tatsache sein will. Also wende ich mich ab, innerlich, versteht sich, man will ja nicht unhöflich sein.

Und mitten in der Nacht fällt mir dann ein, dass es nicht hilft, sich abzuwenden, aber mir fällt nicht ein, warum es nicht hilft. Und doch, und doch: Da ist noch etwas, ich spüre es, so, wie man jahrelang aus den Augenwinkeln etwas sieht, das man nicht erkennen kann, bis man eines Tages hinschaut, willens, den Tatsachen ins Gesicht zu schauen. Und dann, plötzlich, weiß man nicht mehr, was es war, von dem man dachte, man würde andauernd daran vorbeischauen, weil man sich fürchtete, den Tatsachen ins Gesicht zu schauen. Es fällt einem nicht ein und es ist auch nichts da, was einem weiterhelfen könnte.

Das Gesicht, das sich bemühte auszuschauen, als ob es tatsächlich eine Tatsache wäre, nun, wie schaute es denn aus? Vielleicht sollte ich hinzufügen, dass es das Gesicht eines jener Gutmeinenden war, die mir immer wieder einmal den Rat geben, den Tatsachen endlich ins Gesicht zu schauen: „Weich nicht aus! Rede nicht von Dingen, die nicht da sind! Umgib dich nicht mit Gespenstern! Mit Ausflüchten! Hör auf, dir Wunder vorzumachen! Es ist, wie es ist! Was liegt, das pickt!" Jetzt fällt mir wieder ein, wie das Gesicht ausschaute, nein, genauer, sich auszuschauen bemühte. Ich vergesse ja immer öfter auf das Entscheidende. Ich werde senil, aber jetzt fällt's mir wieder ein. Dieses Gesicht bemühte sich auszuschauen, als ob es ein Was-liegt-das-pickt-Gesicht wäre. Haben Sie schon einmal so ein Gesicht gesehen?

Das typische Was-liegt-das-pickt-Gesicht wäre eines, in dem die einzelnen Teile – Haare, Stirn, Augen, Nase, Wangen, Mund, Kinn – keinen lebendigen Zusammenhalt mehr ergäben, sondern sich bloß äußerlich aufeinander bezögen, ganz so, als wären sie Teile einer Marionette oder, besser noch, eines Insektenkörpers, regiert von der Mechanik lebloser Gesetze. Und nun stellen Sie sich vor, ein Mensch mit allem Drum und Dran, mit einem lebendigen Gesicht und einer seelenvollen Physiognomie, setzt seinen Ehrgeiz darein, ein Was-liegt-das-pickt-Gesicht aufzusetzen, und zwar des absurden Zwecks wegen, dem dummen Sprichwort, wonach man den Tatsachen ins Gesicht schauen sollte, ein Gesicht, nämlich das eigene, sozusagen als Beleg zur Verfügung zu stellen. Ist das nicht vollkommen lächerlich?

Er heißt Heinz. Eben ist mir sein Name wieder eingefallen. Er hatte dieses Gesicht aufgesetzt, extra für mich, zu meiner Belehrung. Seine Frau heißt Clarissa. Heinz und Clarissa, beide Schöngeister wie ich, die sich jahrzehntelang der Forschung in einem jener Universitätsfächer hingaben, die, früher in hohem Ansehen stehend, nun als „Orchideenfächer" belächelt und vorerst auf akademischem Boden noch geduldet werden, geben mir immer wieder einmal den Rat, den Tatsachen endlich ins Gesicht zu schauen. Heinz ist Realist, Clarissa Romantikerin. Das ist schon seltsam.

Aber noch seltsamer ist, dass Heinz, den ich seit meiner Schulzeit kenne, nie anders als Heinz ausgesehen hat. Ein mildes Gesicht, rundlich, mit einem Hang zur Tagträumerei, was sich daran ablesen lässt, dass er mitten in den scharfsinnigsten Gesprächen zu summen und zu brummen beginnt, so wie es Leute tun, die ihre Aufmerksamkeit einer Sache schenken, in der sie sich, während sie ganz bei sich selbst sind, verlieren können. Umso lächerlicher, wenn akkurat mein Freund Heinz anfängt, sein Was-liegt-das-pickt-Gesicht zu arrangieren, indem er Glupschaugen zu machen versucht, von denen er offenbar möchte, dass sie ausschauen wie Geleekügelchen, bloß nicht wie Spiegelchen einer freundlichen Seele – bloß nicht! –, und dabei außerdem versucht, die anderen Teile seines Gesichts rund um die Augen anzuordnen, zu glätten, zu fälteln und wegzustrecken, als ob sie miteinander überhaupt nur deshalb zu tun hätten, weil sie sich den gleichen Hautüberzug teilen müssen (und wohl auch die darunterliegende Ordnung der Muskelfasern).

Was soll ich sagen, er ist mein Freund, er meint es gut mit mir. Er kann den Tatsachen ins Gesicht schauen, ich nicht. Er schaut den Tatsachen ins Gesicht und sagt: „Na also!" Das ist überhaupt seine liebste Art, sich mit den Tatsachen abzugeben – ihnen ins Gesicht schauend einen Schlussstrich unter sie zu ziehen: „Na also!" Mich irritierte das anfangs enorm, es war mir nicht zu dumm, Heinz herauszufordern, indem ich schnappte: „Was heißt, na also?", worauf ich kurzerhand dahingehend abgefertigt wurde, ich solle gefälligst selber lernen, den Tatsachen ins Gesicht zu schauen, gefolgt von einer Was-liegt-das-pickt-Pause, in der wir uns beide anschwiegen.

Das nahm ich mir natürlich zu Herzen, denn Heinz war mein bester Freund, und er ist es noch, ich werde nur langsam vergesslich (manchmal vergesse ich, dass Heinz mein bester Freund ist; ich halte ihn dann, in solchen Momenten, für einen Glupschaugen imitierenden, phrasendreschenden Wichtigtuer). Deshalb gab ich mir anfangs alle erdenkliche Mühe, den Tatsachen ins Gesicht zu schauen. Mitten hinein ins Gesicht der Tatsachen wollte ich schauen. Aber, wie schon gesagt, sie hatten keines. Nie, niemals so richtig ein Gesicht, höchstens, im Rahmen einer optischen Täuschung, den Anflug einer Physiognomie, so wie einem aus manchem Mauerwerk groteske Landschaftsbruchstücke entgegenzuwachsen scheinen.

Bloß ein einziges Mal machte ich den ernsthaften Versuch, Heinz auf mein Problem im Umgang mit den Tatsachen aufmerksam zu machen, nicht ohne hinzuzufügen, dass ich darin kein Problem zu erkennen vermochte, beim besten Willen nicht. Doch Heinz blieb vollkommen unbeeindruckt, ja, ich hegte sogar den Verdacht (und ich hege ihn noch immer), dass Heinz nicht verstand, was ich ihm zu sagen versuchte. Denn als ich ihm sagte, dass ich den Tatsachen nur dann ins Gesicht schauen könnte, wenn sie tatsächlich eines hätten, da lachte er und sagte: „Na also!" So als hätte ich gesagt, ich könnte die Erde nur dann für eine Kugel halten, wenn sie tatsächlich eine wäre.

***

TRAUMAFFEN. – Auf all das konnte ich mir keinen Reim machen, zumal Clarissa ihrem Heinz, wie sie es formulierte, „aus innerstem Wesen" zustimmte. Ich fand diese Ausdrucksweise doch einigermaßen gekünstelt, obwohl ich wusste, dass die beiden, im Zustande hoher Verliebtheit, sich gerade in Hochzeitsvorbereitungen befanden. Man weiß ja, dass schöngeistige Akademiker, die im Begriffe sind, Dinge zu tun, die sie, als zugleich kritische Geister, sogenannte Intellektuelle, im Grunde zu verachten vorgeben, dann nicht einfach als die einfachen Dinge des Lebens zu akzeptieren imstande sind. Nein, es muss sich dann regelrecht um Hochämter des Gefühls handeln, um Singularitäten, die aus dem Grau-in-Grau konventioneller Bindungen wie der leibhaftige Urknall herausplatzen.

Also, Clarissa stimmte ihrem Heinz aus ihrem innersten Wesen zu, was mir nicht nur gekünstelt, sondern geradezu grotesk vorkam, bekannte sie sich doch gerne als Romantikerin, ja als „Radikalromantikerin", und zwar mit Blick auf ihren Heinz, der sich als „Radikalrealist" verstand. „Wie geht das zusammen?", werden Sie vielleicht fragen. Soviel ich herausfinden konnte, gar nicht, außer eben, dass Heinz und Clarissa nicht müde wurden zu betonen, wie wichtig es sei, den Tatsachen ins Gesicht zu schauen, wolle man am Leben nicht vorbeileben (ich weiß nicht, wie das möglich sein sollte, solange man lebt).

Selbstverständlich hatte ich den Verdacht, dass das notorische Liebespärchen sich in einer Sache, die es abgrundtief trennte, und zwar sowohl ontologisch als auch gefühlsmäßig, ganz besonders innig verbunden zu sein glaubte, sozusagen bei gänzlich unterschiedlichen Überzeugungen an der Oberfläche aus seinem innersten Pärchenwesen heraus. Clarissa nämlich predigte, man müsse den Tatsachen ins Gesicht schauen, weil Clarissa radikalromantisch dachte, die Tatsachen hätten eines – ein „Antlitz", eine „Physiognomie" –, während Heinz predigte, man müsse den Tatsachen ins Gesicht schauen, weil Heinz radikalrealistisch dachte, nur so sei es möglich, sich der Tatsache aller Tatsachen zu stellen, die darin bestehe, dass keine Tatsache ein Gesicht habe, keine Physiognomie und schon gar kein Antlitz.

Was mich betraf, so stimmte ich mit Heinz überein, aber aus Gründen, die denen von Heinz entgegengesetzt waren. Tatsachen hatten auch für mich kein Gesicht. Aber das lag daran, dass ich mir Tatsachen nicht anders vorstellen konnte denn als Konstruktionen, die man sich aus wissenschaftlichen Gründen begrifflich zurechtgeschnitten hatte. Dabei war aus dem lebendigen Stoff, der mich im Alltag umgab, aus der anschaulichen Gegenwart der Dinge, der tote Stoff der Erkenntnis geworden. So sah ich das, und ich glaube, so sehe ich das noch immer, ja jetzt, wo ich dabei bin, aus Senilität hellsichtig zu werden, besonders klar und deutlich, oder um es mit Descartes lateinisch zu sagen, wodurch laut Doderer aus einem Traumaffen erst ein Mensch wird, fähig zur wirklichen Wirklichkeit: „clare & distincte".

Bin also auch ich ein Romantiker, gar ein Radikalromantiker? Ach nein, in meinem Alter muss man sich vor den Tiefen des Herzens ebenso in Acht nehmen wie vor den Abgründen des schwärmerischen Geistes. Beide vertragen sich nur schlecht mit Knochenerweichung und Oberschenkelhalsbrüchen. Nein, für mich sind die Dinge meines Lebens Tatsachen, nicht weil sie ein Gesicht oder keines haben, sondern weil sie, sachlich gesprochen, Wunder sind. Und sie sind Wunder, weil sie da sind und weil sie, indem sie da sind, so sind, wie sie sind. Wäre ich wahrhaft religiös, ich würde sagen, sie sind Spuren Gottes. Ich gebe zu, das klingt ein wenig so, als ob die Tatsachen doch ein Gesicht hätten – und warum sollte es anders klingen? –, aber wenn, dann haben sie ein Gesicht, in das man nicht schauen kann, so wie man in ein Gesicht hineinschaut, aus dem einem der Gesichtsinhaber entgegenschaut.

***

SCHWARZE SONNE. – Was wollte ich gleich sagen? Ach ja, lass deine Anschauung tief werden, aber lass nicht zu, dass die Tiefe deine Anschauung zerstört, sonst wirst du zum Mystiker nicht des Lebens, sondern des Todes. Wollte ich das wirklich sagen? Das klingt, als wäre es gar nicht von mir. Es klingt irgendwie nach einem Weisheitslehrer, der einem seine Weisheit in Rätselworten predigt; ein wenig auch so wie eine jener Sentenzen, hinter denen weniger steckt, als sich der gesunde Menschenverstand träumen lässt. Und es steckt ja auch weniger dahinter, meistens geradezu nichts, vorneweg ein rhetorisches Blähstück und dahinter eine banale Dunkelheit.

Als ich Clarissa zu verstehen gab, dass alles, was ich über die Romantik wusste, vollständig ausschloss, dass ich jemals einer Romantikerin begegnen könnte, die der Meinung wäre, man solle den Tatsachen ins Gesicht schauen, wurde sie regelrecht unflätig: „Soll man ihnen vielleicht in den Hintern schauen?!" Ich wollte ihr schon entgegnen, dass das vielleicht keine schlechte Idee wäre, vorausgesetzt, es wäre der Fall, dass, wenn man einer Tatsache in den Hintern schaute, einem dann in der dort herrschenden Dunkelheit vielleicht ein Leuchten aufginge, als ob man am Ort des Allertatsächlichsten, der banalen Öffnung, des analen Locus communis, durch jenen Spiegel schaute, von dem es beim Apostel Paulus heißt: *Videmus nunc per speculum in enigmate* ... Ich habe dann aber nichts entgegnet. Wozu auch?

Einmal, als sie mir gelegentlich wieder einmal schwungvoll beibringen wollte, wie man den Tatsachen ins Gesicht schaut, nahm mich Clarissa gleichsam bei der Hand und mit hinauf auf unseren Stadtberg, ließ mich ins Tal schauen und fragte mich: „Was siehst du?" Ich kam mir zwar ein wenig dumm vor bei dieser Demonstration, begann aber, ihr so genau wie möglich das Tal zu beschreiben, das ich am Fuß des Berges sich ausbreiten sah. Sie fiel mir gleich ins Wort: „Ja, ja, aber was siehst du?" Da wusste ich, dass es hoffnungslos war. Ich war nicht romantisch genug. Ich konnte nicht sehen, dass das Tal ein Gesicht hatte, eine Physiognomie, die es sprechend machte, die jeden Baum und jedes Haus und jeden Handymast im Tal zu einem Buchstaben werden ließ, und dass sich alle diese Buchstaben zu einem Text formierten, einer ebenso anschaulichen wie freilich unaussprechbaren Botschaft. „Du wirst es verstehen, sobald du es siehst", sagte Clarissa, nachdem sie mich flüchtig geküsst hatte, beiläufig innig, so wie man einen Todkranken küsst, dem man nicht zeigen möchte, dass später keine Zeit mehr sein wird für Liebkosungen. Und schon war sie wieder den halben Berg hinunter, immer Ausschau haltend nach Tatsachen, denen sie ins Gesicht schauen wollte.

Damals dachte ich: Wozu auch? Aber ich habe erst später begriffen, warum ich das dachte. Erst später nämlich lernte ich, dass für Clarissa die Tatsachen entweder ein Gesicht hatten oder aber keines, und dann freilich keine Tatsachen waren, jedenfalls keine „im eigentlichen Sinne des Wortes". Als ich Clarissa der Höflichkeit halber fragte, was denn Tatsachen im nichteigentlichen Sinne des Wortes seien (ehrlich gesagt, ich hielt das Thema für vollkommen akademisch, nicht umsonst war Clarissa eine akademische Schöngeistin), da erhielt ich ein Zitat zur Antwort, das mich doch ein wenig verblüffte. Es lautete nämlich, vorgelesen aus einem Büchlein, das Clarissa zwecks Vertiefung ihres laufenden Seminars über die „Dekonstruktion des abendländischen Blicks im poststrukturalistischen Diskurs" bei sich trug – ich habe den Autor momentan vergessen, er wird mir, hoffe ich, eines Tages wieder einfallen (aber andererseits: Wozu auch?) –, folgendermaßen:

Es gibt eine Angst am Rande des Wahnsinns, die von der Möglichkeit einer Welt handelt, in der das Gesicht des anderen seine Transzendenz verloren hat. Wer einmal diese Angst kennengelernt hat, kennt ihren Schrecken, hat eine Ahnung von der Welt als einem unendlich Dichten – der reinen Substanz – und der Einsamkeit des Subjekts. Die Einsamkeit des Subjekts in der transzendenzlosen Welt ist keine bloß empirische (wie die Einsamkeit Robinson Crusoes, dem durch alle Erfahrungen des Alleinseins hindurch die Möglichkeit Freytags gegeben war); jene Einsamkeit ist vielmehr eine metaphysische. Sie ist nicht ein Zustand des Einsamen in der Welt, vielmehr eine Spiegelung von deren Grenzen: Eine

Welt ohne Gesicht, weil *ohne die Bedingung der Möglichkeit eines Gesichts, verletzt den Blick des Einsamen und zerstört ihn schließlich. Das Gesicht, in dessen Blickfeld die Welt ohne Gesicht, die transzendenzlose Welt, einbricht, ist schon keines mehr. Man kennt diese Dialektik (kennt man sie?) aus den schizoiden Verödungsszenarien. Indem sich einer Person die Welt von den Blicken der Menschen entleert, entleert sich die Person, verdorrt sie, stirbt sie ab, verliert* sie *ihren Blick; sie ist dann Stein in steinerner Mondlandschaft, oder sie wird von dem grellen Licht einer schwarzen Sonne verzehrt; die Person ist dann nichts als Dichte oder nichts als Entäußerung.*

Da war ein Ton in diesen Worten, der mir vertraut klang, obwohl – oder gerade weswegen – das Ganze von einer Wortpatina überzogen schien, „metaphysische Gefangenschaft", „transzendenzlose Welt", „steinerne Mondlandschaft", „schwarze Sonne", wodurch alles irgendwie ein wenig abgestanden wirkte, antiquiert, muffig, auf eine pathetische Weise leblos. Mir fiel ein, dass das nach meiner Jugend klang, nach Emmanuel Lévinas und Ronald D. Laing, nach solchen Stimmen, die längst in irgendwelchen Archiven der Schöngeistigkeit vor sich hin murmelten, am Rande des Vergessens, schon über die Schwelle des Vergessenwordenseins hinausmurmelnd. Und dabei fiel mir ein, dass das Murmeln, das gleichklangliche Geräusch vieler Stimmen, die sich zu einem Diskurs, einem Machtdiskurs formierten, ja auch so eine Denkmode gewesen war. Ihr Meisterdenker Michel Foucault (mir fallen doch noch Namen ein, zumindest die Namen der Denkhelden meiner Jugend) prophezeite uns am Ende seines Buches über die Ordnung der Dinge, dass der moderne Mensch schon bald verschwunden sein werde wie ein Gesicht am Meer im Sand, weggespült von der ewig gleichen, gleichgültigen Bewegung aus Ebbe und Flut.

Clarissa und Heinz, Heinz und Clarissa, das war wie Feuer und Wasser. Konnte Liebe das Wunder der Coincidentia oppositorum vollbringen? Dass sich Gegensätze anziehen, mochte ja noch zu schlucken sein, aber dass die Gegensätze, kaum dass sie unter das zauberische Licht der Liebe getreten sind, sich dann, „aus dem innersten Wesen", als Ausdruck Ein-und-Desselben erweisen sollten, das war entweder mystisch oder einfach nur lächerlich. So dachte ich, während ich mich starrhalsig weigerte, den sprichwörtlichen Tatsachen ins ohnehin nur sprichwörtliche Gesicht zu schauen (obwohl ich, offen gesagt, immer öfter vergaß, worin der Rechtsgrund meiner Starrhalsigkeit lag, außer eben darin, dass meine Starrhalsigkeit schließlich bewirkte, dass ich mit einem starren Hals herumlief).

So dachte ich, bis mir klar wurde, dass die einander liebenden Schöngeister, gefangen in ihren akademischen Begrifflichkeiten, nichts weiter wollten als dies: *sich lebendig fühlen.* Sie fühlten sich von der Leblosigkeit bedroht, die aus den modernen Dingen, aus den postmodernen Tatsachen, auch aus den sogenannten Tatsachen des Lebens, mehr und mehr auszuströmen schien, ein Miasma ohne Geruch, Geräusch und Form.

***

VOM FESTHALTEN DES GLÜCKS. – Alles war wie immer, gerade blühten wieder einmal Goldregen und Glyzinie im Stadtpark, Heinz und Clarissa waren beide Allergiker, sie schauten den Tatsachen ins Gesicht, während ihre Nasen anschwollen und ihre Augen tränten, ich fühlte mit ihnen ... Und dann, plötzlich:

Glauben Sie's oder nicht, eines schönen Frühlingsmorgens sitze ich auf einem Bankerl im Stadtpark, es ist bacherlwarm, von hinten hängen mir Kaskaden von Glyziniendolden in den Hemdkragen, von vorne duftet der Goldregen, dass mir die Duftwimmerln am ganzen Körper zu sprießen beginnen. Und damit nicht genug: Während ich so dasitze und mich frage, wie sich die Schöpfung angesichts der Existenz widerlichster Allergien rechtfertigen lässt (die richtige Antwort lautet: gar nicht!), kommt ein Vogerl geflogen und setzt sich neben mich aufs Bankerl und macht das Schnaberl auf. Ich denke schon, es will ein Bröserl, das arme Vogerl, doch nein, es macht das Schnaberl auf und sagt: „Ich bin das Glück. "

Aha, denke ich, das Glück ist ein Vogerl, und werde gleich ein bisserl traurig, denn dass das Glück ein Vogerl ist, ist ein populärphilosophisches Sprichwort, das bedeutet, dass das Glück kommt und geht, wann es will und wo es will und wie es will. So ist eben das Glück, es lässt sich nicht festhalten. Also stelle ich dem Vogerl die Frage, die ich ihm gemäß Glücksvogerlphilosophie gar nicht stellen dürfte. Ich frage das Vogerl, wie lange es bleiben wird, bei mir auf dem Bankerl, da macht es das Schnaberl auf und sagt: Für immer, wenn ich's bloß festhalten möchte! Denn es habe genug davon, immer das Vogerl sein zu müssen, das das Glück ist, das niemand festzuhalten vermag. Ob ich mir überhaupt eine Vorstellung machen könne, wie frustrierend das sei, von niemandem jemals festgehalten zu werden, bloß wegen des dummen Sprichworts: „Das Glück ist ein Vogerl", ha!

Jetzt schaut mir das Vogerl flehentlich in mein wegen des anhaltenden Goldregenpollchenregens tränenüberströmtes Wimmerlgesicht, während die meinen Hemdkragen prall füllenden Glyziniendolden meine Spiegelneuronen aktivieren, um mir halsabwärts üppige Wimmerldoldenkaska-

den anzuhängen. Keine Ahnung, wie das Vogerl das macht, aber es schaut mich mit beiden Augen flehentlich an und macht das Schnaberl auf und sagt: „Halt mich fest!"

Ich frage Sie, was würden Sie tun, wenn das Vogerl, das das Glück ist, eines schönen warmen Frühlingsmorgens bei Ihnen auf dem Bankerl säße und Sie mit beiden Augen anschaute und sein Schnaberl aufmachte und Sie anflehte, es festzuhalten? Na? Glauben Sie's oder nicht: Ich habe das Vogerl festgehalten! Und jetzt werden Sie mich sicher fragen, was weiter passiert ist, oder?

Ehrlich gesagt, das weiß ich nicht genau, weil die Goldregenpöllchen meine Tränen gelieren und meine Nasenlöcher verschlammen ließen und weil die Glyzinien in meinem Hemdkragen meine Nachhaltigkeitsneuronen aktivierten, sodass sich meine Wimmerldolden halsabwärts mit den über meinen Körper verstreuten Duftwimmerln zu etwas vereinigten, das bereits die nächste Auflage des Pschyrembel – Vorabwerbung: „Garantiert noch mehr Todeskrankheiten!" – als Duftwimmerlganzkörperdolde kennen wird. Trotzdem weiß ich seither, glauben Sie's oder nicht, was die Glücksvogerlphilosophie wirklich bedeutet: nämlich, dass Sie das Vogerl, das das Glück ist, nur dann festhalten sollten, wenn es Ihnen um das Glück des Vogerls geht; denn mit dem Glück, das Ihr eigenes ist, hat das alles herzlich wenig zu tun.

***

WIE PERLEN AN DER SCHNUR. – Und plötzlich, Tage später – man wird eben nicht schneller –, fällt mir die Formel ein, nach der ich die ganze Zeit über gesucht hatte: *Glück ist das Gefühl, lebendig zu sein.* Es ist der Tag nach jener Nacht, in der ich nicht schlafen konnte, weil da noch etwas war, das ich spürte, so, wie man jahrelang aus den Augenwinkeln etwas sieht, das man nicht erkennen kann, bis man eines Tages hinschaut, willens, den Tatsachen ins Gesicht zu schauen.

Heinz spürte, dass das Wunder aus der Welt zu verschwinden drohte, je dichter die bewegliche Matrix der Zeichen wurde, die sich über alle Dinge, die vorstellbaren wie die unvorstellbaren, die vergänglichen wie die unvergänglichen, die relativen wie die absoluten, legte. Zeichenschaum, Zeichenschleim, Zeichenschlamm, das waren für Heinz die großen Bedrängnisse der Zeit, unter denen alles Lebendige an den Dingen langsam erstickte, abstarb, während doch alles immer globaler summte und sirrte, bluffte und blaffte und sich mit greller Schminke gegen den Tod stellte. Den Tatsachen ins Gesicht zu schauen, hieß für Heinz, auf den blutenden Stumpf, die kopflose

Wirrsal, das klirrende Schweigen der Räume, das unförmig Durch-
einanderliegende zu starren: auf das den Zeichen wüst Abgewandte,
schroff Unnennbare.

Das war für Heinz Radikalrealismus. „Was immer das heißen
mag", pflegte Clarissa leichthin zu bemerken. Sie, die Radikalromantikerin, wusste ja, was das heißen mochte, ja heißen sollte. Das Unnennbare zu nennen, das war ihre Passion, denn richtig gewendet war
es die Passion, der keiner entkam, schon gar nicht ihr Heinz. Was der
nicht alles für Unnennbarkeitsnamen parat hatte, lauter Schauerphra-
sen für die Tatsachen, denen er ins Gesicht schaute, nein, starrte, wie
man in einen bodenlosen Schacht hineinstarrt oder auf einem Stern
aufprallt: „blutender Stumpf", „kopflose Wirrsal", „klirrendes
Schweigen". Wer den Tatsachen ins Gesicht schaut, so Clarissa, der
sieht eben das Gesicht der Tatsachen, auch wenn es so ausschaut, als
ob's nie und nimmer eines sein könnte – ein unförmig durcheinan-
derliegendes Was-liegt-das-pickt-Gesicht.

Das Glück des Lebens, nein, besser, des Lebendigseins, so Clarissa
orakelnd, könne auch darin liegen, dass der Himmel nach dem
Himmel, der Abgrund nach dem Abgrund rufe, *abyssus abyssum invo-
cat*. Sie selbst hielt es dann doch lieber mit der Sternseherin Lise im
Gedicht des Matthias Claudius, denn wie diese, so Clarissa, sah sie,
wenn sie den Himmelstatsachen ins Gesicht schaute, die Sterne als
Lämmer auf der Flur, die dort oben hin und her gingen: „zerstreut, in
Rudeln auch und aufgereiht, wie Perlen an der Schnur ..."

Ich widerspreche nicht. Mir ist Heinzens Philosophie so recht wie
die Clarissens. Denn es ist wahr: Wir sehen jetzt durch einen Spiegel
wie durch ein Rätsel, wie durch ein dunkles Wort. Ob wir aber dann
– wann dann? hebt nicht der Tod die Zeitmauer auf? – von Angesicht
zu Angesicht, *tunc autem facie ad faciem*, sehen werden, das weiß ich
nicht. Ich weiß auch gar nicht, ob ich das hoffen sollte. Man soll
nicht hoffen wollen, wovon man sich keine Vorstellung machen
kann. Und doch, und doch: Man wirft mir vor, den Tatsachen nicht
ins Gesicht zu schauen. Ich würde mich, so die Mahnung der Gutmeinenden, in meine Hypochondrie flüchten, mitten im Frühling die
widerlichsten Allergien entwickeln (wann dann, frage ich mich, wenn
nicht im Frühling, wo alles schwillt und nässt?).

Und falls mir dieser Fluchtweg nicht gerade offen stünde, dann
würde ich mich darauf verlegen, den Senilen zu spielen, statt meiner
wahren Senilität, meiner Lebenssenilität, ins Gesicht zu schauen! Ich
würde den Gelegenheitsvergesslichen mimen, dem alles erst gleich
wieder einfallen werde, als ob er am Rande eines riesigen Erinne-

rungsloches umhertriebe, in dem die Tatsachen der Welt bereits weitgehend verschwunden seien.

Ferner: Ich würde mich in sophistische Pseudoexistenzialismen flüchten, zum Beispiel der Philosophie vom Glücksvogerl, das um seines Glückes wegen festgehalten werden möchte, während sich alle anderen der Illusion hingäben, es ginge um ihr eigenes Glück, das sich nicht festhalten lasse. Das (so der Vorwurf) seien immerfort nur Symptome meiner Realitätsflucht, meiner Weigerung, den Tatsachen endlich ins Gesicht zu schauen, um mich, *facie ad faciem*, endlich lebendig zu fühlen.

Ich widerspreche nicht. Warum sollte ich auch? Es ist wahr, das menschenmögliche Glück, das es verdient, diesen Namen zu tragen, besteht darin, sich lebendig zu fühlen. Aber glücklich war ich immer nur, wenn ich nicht versuchte, das Glück festzuhalten. Und am lebendigsten fühlte ich mich, wenn es mir gelang – nein, falsch, ich selber hatte den geringsten Anteil daran –, an den Tatsachen ein wenig vorbeizuschauen. Versuchte ich, den Tatsachen ins Gesicht zu schauen (sie haben ohnehin eines nur für den, der sich in ihnen bespiegelt), dann verschwanden sie, so wie manche Sterne am Himmel in dem Moment verschwinden, in dem man sie mit beiden Augen fixiert.

Aber an den Tatsachen ein wenig vorbeizuschauen: Das ist, wie soll ich sagen, ein Akt der Demut. Denn die Dinge sieht nur, wer in ihnen das Wunder ahnt, das sie sind, nur, wer das Unbegreifliche ihrer Existenz spürt, ihres Seins und Daseins, ihres Entstehens und Vergehens. Tatsachen, ob sprachlos oder geschwätzig, angefüllt mit Bedeutung oder aller Bedeutung ledig, sind stets – wie soll ich sagen? – eine Verhärtung des Lebendigen, das selbst noch im jahrmillionenalten Fossil, als Nachhall und Gegenwart der Schöpfung, glücklich macht. Jede Tatsache ist ein zu Tode gestarrtes Wunder.

***

EIN FEDERLEICHTES POCHEN IN MEINER BRUST. – Wieder sitze ich im Stadtpark auf dem Bankerl, das nun schon seit langer Zeit mein Bankerl geworden ist. Ich habe gerade wieder einmal an Heinz und Clarissa gedacht. Mir ist entfallen, was aus ihnen wurde. Ob sie sich noch immer in der Kunst üben, den Tatsachen ins Gesicht zu schauen? Oder ob sie es bereits überstanden haben? Was mich betrifft, so übe ich mich nicht mehr in der Kunst, an den Dingen vorbeizuschauen, und zu üben gab es da ohnehin nie wirklich etwas. Alles, was machte, dass man sich lebendig fühlte, im Glück wie im Schmerz (der dann auch eine Art Glück sein mochte), war ein unverdientes, anlassloses Geschenk, fiel einem in den Schoß oder aber blieb einfach aus.

Mittlerweile, meine Augen sind müde geworden, sind auch die Dinge nur noch ein Nebel, aus dem zarte, innige Konturen heraustreten wie Erinnerungen an lange Vergangenes. Da spüre ich, wie sich das Glücksvogerl auf mein Bankerl setzt, neben mich hin. Ob es mich mit beiden Augen anschaut? Ob es festgehalten werden möchte? Ich kann es kaum sehen, und hören kann ich es erst recht nicht (es heißt, im Alter verschärfe sich das Gehör nach innen, auch so ein Unsinn). Macht nichts, wir unterhalten uns eben ohne Worte:
– Ob es noch immer festgehalten werden möchte, das Vogerl?
– Wenn ich möchte, dann möchte es auch.
– Ich möchte schon.
– Und warum ich es dann nicht einfach täte? Und ob mir aufgefallen sei, dass der Goldregen blühte und die Glyzieniendolden mir in den Hemdkragen hineinhingen?
– Kaum. (Oder doch, es duftet und kitzelt.)
– Und meine Allergien, wo die wohl geblieben seien? Die Duftwimmerlganzkörperdolde, das sei doch eine pschyrembelreife Leistung gewesen, oder?
– Das schon, aber lächerlich auch.
– Ja, das schon. Ob ich glücklich sei, da, auf dem Bankerl im Stadtpark, mit ihm, dem Glücksvogerl, das noch immer ein wenig festgehalten werden möchte?
– Ja, na ja, Glück ist das Gefühl, lebendig zu sein (ich erinnere mich, so etwas gesagt zu haben, aber mir fällt im Moment nicht ein, was das bedeutet).
– Macht nichts, bis mir wieder einfalle, was das bedeute, solle ich es, mein Glücksvogerl, einfach ein wenig festhalten. (Und da spüre ich eine Wärme zwischen meinen arthritischen Fingern, ein Zausen und Zustern, das ausstrahlt, dahin und dorthin – ich weiß gar nicht, wo das aufhört –, bis sich mein rhythmusgestörtes Herz endlich beruhigt: Ich glaube, jetzt könnte ich den Tatsachen ins Gesicht schauen, jetzt, mit dem zarten, innigen Nebel vor meinen Augen und dem federleichten Pochen in meiner Brust ...)[86]

ENTSTEHUNGSNOTIZ

Am Anfang stand die Frage, wie man dem Phänomen der Lebendigkeit gerecht werden könne in einer Welt, die, so sehr sie vom Leben als biologischem Phänomen fasziniert ist, immer mehr das Gefühl dafür verliert, was es heißt, lebendig zu sein. Seit Langem trieb mich ein Widerspiel um: *Leben vs. Lebendigkeit.* Zuerst verwendete ich, um Tiefenbegriffe verlegen, das Gegensatzpaar „Vivisektion und Verklärung", und zwar aus Anlass einer Begegnung mit dem Dichter Christoph Ransmayr, der mir bei dieser Gelegenheit von seiner Fahrt auf einem Eisbrecher als einer *Lebendigkeitsepisode* erzählte.

Vivisektion und Verklärung: Indem wir das Leben mit den Mitteln der Wissenschaft erforschen und mit denen der Kunst sezieren, zerstören wir das, was lebendig ist; wir zerstören es nicht nur am äußeren Stoff, sondern am ganzen Sein: an der „Schöpfung" überhaupt. Bei dem Weltdichter Patrick White findet sich das Bild von Gott als Vivisektor, wer immer dieser grausame, nur noch der Wahrheit, der Analyse, dem Tiefendrang verpflichtete Gott sein mag. Es handelt sich, natürlich, um den grausamen, weil notdürftigen Menschen selbst in seinen unterschiedlichen, auch unterschiedlich größenwahnsinnigen Verkleidungen, und jedenfalls nicht um den Gott des schönen Scheins – am besten verkörpert im pluralen Bild der himmlisch spielenden Götter. Diese gewähren dem Menschen einen Vorschein, aber eben bloß einen Schein, von Erlösung, indem sie die gewöhnlichen Dinge als verklärte vor die verzückten Sinne treten lassen. *Verklärung und Vivisektion* ist denn auch jener Teil des Buches, der schon vor Jahren, als Nukleus des Späteren, in Alfred Kolleritschs Literaturzeitschrift veröffentlicht wurde.[87]

Um diesen Kern herum lagerten sich im Laufe der Zeit Irritationen an, die ich bei verschiedenen Anlässen, zumeist in Vortragsform, anzusprechen versuchte: „Der Denker auf der Erbse", „Free Schach", „Eine roh gezimmerte Bank". Für eine im Entstehen begriffene Sammelschrift zu Charles Taylor begann ich schließlich, darüber nachzudenken, warum unsere glückshungrige Kultur keinen glücklichen Gott kennt, wohl aber einen, der unter Qualen stirbt, bloß um von den Toten wieder als *jetzt erst wahrhaft Lebendiger* aufzuerstehen, statt sich im Grabe von seiner Schöpfung, die selbst ihn zu Tode marterte, für immer auszuruhen. (Nur einen apokryphen, einen abgedrängten, verbannten Gott, der neben seinem Märtyrerdouble unterm Kreuz steht und lacht, kennt das Christentum; ihm hat Adolf Holl ein ganzes Buch gewidmet.[88])

Entscheidend für meine Ruminationen war endlich, dass sich eines Tages ein Kurzschluss zwischen dem Motiv der Lebendigkeit und dem des Glücks ergab. Auch dieses Mal stand Raimar Zons Pate, indem er gelegentlich die Bemerkung fallen ließ, nach der *Sehnsucht*, dem Buch, das ich gerade beendet hatte, müsse eigentlich das „Glück" an die Reihe kommen. Da fiel mir, als ob es sich dabei um eine lange angestaute Formel handelte, der Satz zu: „Glück ist das Gefühl, lebendig zu sein." Denn wenn ich den vielfachen zeitkritischen Klagen der sensibelsten Schöngeister rund um mich herum Glauben schenken durfte, dann litt unsere postmoderne Kultur daran, dass, je lebendiger sie sich nach außen hin darstellte, aus ihrer trüben Tiefe immer mehr ein Gefühl der Leblosigkeit an die bunte, schrille Oberfläche stieg.

Das war nun mein Thema, ihm wollte ich folgen, auf ausgetretenen Pfaden in abgelegene Winkel. Der geneigte Leser wird, so hoffe ich, den derart spürbaren Zug ins Verzweigte nicht als ärgerlichen Hang zur Abirrung und Verzettelung gegen den Autor wenden, sondern als *ein* aus der Tiefe der Zeit uns erwachsenes Labyrinth erfahren, durch das ihn mein Ariadnefaden geleitet: „Glück ist das Gefühl, lebendig zu sein." Und es wird ihm dabei hoffentlich bemerkbar werden, dass er nach eben dorthin wieder zurückfinden soll, wo er und ich, wo wir beide gemeinsam schon immer waren und doch stets erst hinwollten: hin zu einer *Kultur der Schöpfung*, wo alles, was ist, auch lebt – auch die Schneeflocke, die auf deiner warmen Hand rasch schmilzt und stirbt ...

Abschließend möchte ich noch bemerken, dass ich mir dieses Buch zusammen mit den beiden vorangegangenen, wiewohl jedes für sich eine Einheit bildet, dennoch gerne als eine Art Dreiheit denken möchte: *Die einfachen Dinge des Lebens* (2009), *Sehnsucht* (2010) und *Was ist Glück?* – das sei meine Trilogie der Lebendigkeit.

Graz, im September 2010

ANMERKUNGEN

1 München u. Wien 2004, 12.
2 Scott Turow: *Der letzte Beweis. Roman,* aus dem amerikanischen Englisch v. Ulrike Wasel u. Klaus Timmermann, München 2010, 65. (Kindle County ist ein fiktiver Ort, der, wie Kenner behaupten, für Chicago stehen soll.)
3 Peter Strasser: *Sehnsucht,* München 2010.
4 Daniel L. Everett: *Das glücklichste Volk. Sieben Jahre bei den Pirahã-Indianern am Amazonas,* aus dem Englischen v. Sebastian Vogel, München 2010.
5 Wörtlich: „What should the empirical evidence for religion be? It should produce peaceful, strong, secure people who are right with God and right with the world. I don't see that evidence very often. So then I find myself with the Pirahã. They have all these qualities that I am trying to tell them they could have. They are the ones who are living life the way I'm saying it ought to be lived, they just don't fear heaven and hell." Interview mit Patrick Barkham: *The power of speech* (http://www.guardian.co.uk/world/2008/nov/10/daniel-everett-amazon).
6 Die Äußerung wurde 1966 getan, im Rahmen eines Gesprächs für das Wochenmagazin *Der Spiegel,* dort aber, Heideggers Wunsch entsprechend, erst posthum am 31. Mai 1976 (30. Jg., Nr. 23) veröffentlicht. Wiederabgedruckt in: *Martin Heidegger im Gespräch,* hg. v. Günther Neske u. Emil Kettering, Pfullingen 1988, 81 ff (99 f).
7 *Rumor* hieß eine Langerzählung, die Botho Strauß 1980 veröffentlichte. Seither entwickelte Strauß, der oft als postmoderner Autor beschrieben wurde, zunehmend Sympathien für das Ethos des „Reaktionärs". Das führte schließlich dazu, dass sein Essay *Anschwellender Bocksgesang* in einem Sammelwerk der deutschen Neuen Rechten vorneweg, im Sinne einer intellektuellen Grundsatzerklärung, publiziert wurde. Vgl. *Die selbstbewusste Nation. „Anschwellender Bocksgesang" und weitere Beiträge zu einer deutschen Debatte,* hg. v. Heimo Schwilk u. Ulrich Schacht, 2., veränderte u. erweiterte Aufl., Frankfurt a. M. u. Berlin 1994, 19 ff.
8 Peter Handke: „Die Literatur ist romantisch", in: *Prosa Gedichte Theaterstücke Hörspiele Aufsätze,* Frankfurt a. M. 1969, 273.
9 Abgedruckt in Martin Heidegger: *Bremer und Freiburger Vorträge,* Gesamtausgabe, Bd. 79, Frankfurt a. M. 1994, 27.
10 Don DeLillo: *Der Omega-Punkt. Roman,* aus dem Amerikanischen v. Frank Heibert, Köln 2010, 63.
11 DeLillo, loc. cit., 30.
12 Loc. cit., 51.
13 Michel Foucault: *Die Ordnung der Dinge. Eine Archäologie der Humanwissenschaften,* Frankfurt a. M. 1974, 462. (Original: *Les mots et les choses,* 1966)
14 DeLillo, loc. cit., 46.
15 Walker Percy: *The Last Gentleman,* New York 1999 (Original: 1966), 94.
16 Zu Handkes ästhetischer Entwicklung vgl. meine Abhandlung: *Sich mit dem Salbei freuen. Das Subjekt der Dichtung bei Peter Handke,* in: *manuskripte,* hg. v. Alfred Kolleritsch, „Peter Handke zum 60. Geburtstag", Jg. 52, H. 158 (2002), 36–45; wiederabgedruckt in: *Die Dichter und das Denken. Wechselspiele zwischen Literatur*

und Philosophie, hg. v. Klaus Kastberger u. Konrad Paul Liessmann, Reihe: Profile, Magazin des Österreichischen Literaturarchivs der Österreichischen Nationalbibliothek, Jg. 7, Bd. 11, Wien 2004, 117–138.

17 Peter Handke: *Das Gewicht der Welt. Ein Journal (November 1975–März 1977)*, Frankfurt a. M. 1979, 8.

18 Percy, loc. cit., 355.

19 Blaise Pascal: *Über die Religion und über einige andere Gegenstände (Pensées)*, Fragment 139, übertragen u. hg. v. Ewald Wasmuth, 8. Aufl., Heidelberg 1978, 77.

20 Cf. Peter Handke: *Abschied des Träumers vom Neunten Land. Eine Wirklichkeit, die vergangen ist: Erinnerung an Slowenien*, Frankfurt a. M. 1991.

21 Friedrich Nietzsche: *Also sprach Zarathustra I–IV*, kritische Studienausgabe, hg. v. Giorgio Colli u. Mazzino Montinari, Neuausgabe, München 1999, 19.

22 Nietzsche, loc. cit., 19 f.

23 „Vom besten Zustand des Staates oder von der neuen Insel Utopia" (*De optimo statu rei publicae deque nova insula* [Utopia]) nannte sich das Werk, das wohl nicht zur Gänze eine Satire darstellt, aber doch in gewissen Passagen literarische Züge und Verweise trägt, die darauf hindeuten, dass sie von Thomas Morus ironisch gemeint waren. Die Passage über die „aktive Sterbehilfe" könnte hierher gehören.

24 John Stuart Mill: *Der Utilitarismus*, Übersetzung, Anmerkungen u. Nachwort v. Dieter Birnbacher, Stuttgart 1976, 14. (Erstdruck 1861)

25 Mill, loc. cit., 18.

26 Loc. cit., 16.

27 Zu Nietzsches vertrackter psychologischer Situation, „der Lebensangst seiner fast kindlich sensiblen Natur", vgl. Werner Ross: *Der ängstliche Adler. Friedrich Nietzsches Leben*, München 1984.

28 Diese Konsequenz war das Gegenteil von dem, was Feyerabend mit seiner Kampfschrift *Wider den Methodenzwang* (Frankfurt a. M. 1975) beabsichtigt hatte. Dennoch wurde er zu einem der Vordenker der demokratischen Alternativbewegungen politischer, ökologischer und esoterischer Provenienz.

29 Pascal, loc. cit., 115.

30 Vgl. mein Buch: *Dunkle Gnade. Willkür und Wohlwollen*, München 2007, namentlich den Abschnitt „Das Gotttabu", 23 ff.

31 Rudolf Burger: „Wie frei ist unser Wille", in: *Die Presse*, „Spectrum", 26. 9. 2009, 1 f.

32 Erschienen als Beitrag zu meiner Kolumne „Die vorletzten Dinge", in: *Die Presse* (Feuilleton), 7. 10. 2009, 25.

33 *They did not grasp the extent of his need to express* some thing. *Otherwise how could he truly say: I exist.* (Harmondsworth, Middlesex, England 1969, Nachdruck 1988, 82.)

34 Fjodor M. Dostojewskij: *Der Idiot*, deutsch v. Arthur Luther, Nachwort v. Ludolf Müller , 3. Aufl., München u. Zürich 1964, 823.

35 Dostojewski(j), loc. cit., 287.

36 Loc. cit., 537 f.

37 Vgl.: *Die Kunst des Abendlandes. Von der Antike bis zur Gegenwart*, hg. v. Denise Hooker, Freiburg/Basel/Wien 1991, 170.

38 Patrick White: *The Vivsector*, London 1994, 307.

39 White, loc. cit., 7 (dt. v. P. S.).

40 Zu einer ausführlichen Erörterung des genannten Psalms vgl. den Abschnitt „Der Abgrund, der nach dem Abgrund ruft" meines Buches *Sehnsucht*, München 2010.

41 Arthur C. Dantos *The Transformation of the Commonplace* erschien auf Deutsch unter dem Titel *Die Verklärung des Gewöhnlichen. Eine Philosophie der Kunst*, Frankfurt a. M. 1984.

42 Von Warhol stammt die Bemerkung, jeder/jede/jedes könne dank der Allpräsenz der Medien eine Viertelstunde lang berühmt sein. Nun, wie man heute, im Zeitalter von Facebook und anderen Internetplattformen, ohne Weiteres sieht, ist Warhols Bemerkung nicht bloß ein Intellektuellen-Aperçu geblieben, sondern hat vorausgedacht, dass noch das allergewöhnlichste, durchschnittlichste Individuum eine Form der Außergewöhnlichkeit wird erfahren dürfen, durch die ihm eine bisher unbekannte Form, lebendig zu sein, vermittelt wird. Analoges trifft auf die Glücksmöglichkeiten zu, die durch Massenwerbung und Konsumismus entstehen: Jeder/jede/jedes findet im Supermarkt garantiert seine höchsteigene Brillo-Box, und es wäre schnöde gelogen, wollte man die Aura bestreiten, die das Stück der Ware für den Konsumenten hat, der sie, indem er von ihr Besitz ergreift, zugleich als ein Stück verklärten Alltags erfährt. – Es ist also einzugestehen, dass meine vorgängigen Bemerkungen über die Oberflächlichkeit von Warhols Pop-Universum mehr der Entgegensetzung und Konfrontation als einer Gerechtigkeit, die tiefer zu sehen hätte, verpflichtet sind. Dies nachträglich bemerkt zu haben, verdanke ich einer brieflichen Äußerung von Raimar Zons (17. September 2010): „Warhols Theodizee der Ware, der zufolge der Hamburger, den jetzt gerade die Königin von England isst, um keinen Deut besser schmeckt als der, den ich mir gerade bei McDonald's gekauft habe, wird dadurch nicht entwertet, dass Hamburger ja überhaupt eigentlich scheußlich schmecken. ‚Simulacren der Verklärung' heißt ja auch: Auch ich finde Aufmerksamkeit, nicht nur die Götter – und da ist eine Viertelstunde gar nicht so schlecht."

43 Peter Handke: *Die Innenwelt der Außenwelt der Innenwelt*, Frankfurt a. M. 1969, 105.

44 Updike aus Anlass von Peter Handkes *The Weight of the World*, übersetzt v. Ralph Manheim, New York 1990. Cover-Text (dt. v. P. S.).

45 Arthur C. Danto: *Kunst nach dem Ende der Kunst*, München 1996, 154 ff.

46 Zum Konzept einer solchen Ästhetik vgl. Christopher Ebner: *Steiner, Murdoch, Strauß – Elemente einer Ästhetik des Absoluten*, Graz 2009.

47 Peter Handke: *Die Stunde der wahren Empfindung*, Frankfurt a. M. 1975, 153.

48 Peter Handke: *Die linkshändige Frau. Erzählung*, Frankfurt a. M. 1981, 131.

49 Peter Handke: *Langsame Heimkehr*, Frankfurt a. M. 1979, 199.

50 Bret Easton Ellis: *American Psycho. A Novel*, London 1991, 360.

51 Christoph Ransmayr: *Morbus Kitahara. Roman*, Frankfurt a. M. 1995, 351.

52 Ransmayr, loc. cit., 350.

53 Loc. cit., 406.

54 Loc. cit., 349 f.

55 Loc. cit., 438 f.

56 In den folgenden Absätzen übernehme ich einige Formulierungen aus meinem Buch *Sehnsucht*, loc. cit. (Anm. 3), 195 f. Es ist charakteristisch für Heideggers Begriffs- und Metaphernwelt, dass in ihr die Stimmungsmodalitäten der Sehnsucht gegenüber denen der „Sorge" weitestgehend keine Rolle spielen. Dieser Umstand – so meine Vermutung – blockiert die Sensibilität des Philosophen für die ontophänomenologische Bedeutung des Gefühls, lebendig zu sein. An die Stelle jenes Gefühls, dem stets die sehnsüchtige Differenz zwischen dem Leben und dem guten Leben beigegeben ist, tritt so etwas wie *Seinsinnewerdung*. Deren mystischer Kern, *moment of being*, mutet eigentümlich statisch und daher leblos an. Der Ausdruck Handkes dafür ist „eingesonnen".

57 *Der Feldweg* von Heidegger ist bei Vittorio Klostermann, Frankfurt a. M., als kleines Heftchen erschienen, sicherlich der meistverbreitete „Sonderdruck" der deutschen Literatur (10. Aufl., 56.–65. Tausend, 1998).

58 Wiederabgedruckt zusammen mit einigen anderen kleinen Werken findet sich *Der Feldweg* in: Martin Heidegger: *Zum 80. Geburtstag von seiner Heimatstadt Meßkirch,* Frankfurt a. M. 1969, 11 ff.

59 *Der Feldweg,* s. o. Anm. 57, 5.

60 Loc. cit., 3 f.

61 Loc. cit., 4 f.

62 Ibid.

63 Die Wendung, er sei religiös unmusikalisch, wurde von Jürgen Habermas mehrfach zur Selbstcharakterisierung verwendet. Damit stellte er sich bewusst in die Tradition Max Webers, der in einem Brief an seinen Kollegen Ferdinand Tönnies bereits 1909 davon gesprochen hatte, dass er religiös absolut unmusikalisch sei und daher weder Bedürfnis noch Fähigkeit habe, „irgendwelche seelischen ‚Bauwerke' religiösen Charakters in mir zu errichten". (Zitiert nach Michael Sukale: *Max Weber. Leidenschaft und Disziplin,* Tübingen 2002, 90)

64 Peter Strasser: *Die einfachen Dinge des Lebens,* München 2009, 89 f.

65 Vgl. Morris Beja: *Epiphany in the Modern Novel,* London 1971.

66 Martin Heidegger: *Bremer und Freiburger Vorträge,* Gesamtausgabe, Bd. 79, Frankfurt a. M. 1994, 40.

67 Videos auf YouTube unter *Martin Heidegger: Der Fedweg 1/3, 2/3* u. *3/3.* (Der Vortrag wurde am 12. Dezember 1952 im Südwestdeutschen Rundfunk gesendet.)

68 Strasser: *Die einfachen Dinge des Lebens,* loc. cit., 87.

69 Vgl. John Bayley: *Elegy for Iris,* New York 1999; ferner: *Iris and Her Friends. A Memoir of Memory and Desire,* New York u. London 2000. Canetti hatte seine Beziehung zu Murdoch in dem posthum erschienenen Band seiner autobiografischen Aufzeichnungen *Party im Blitz – Die englischen Jahre* (München 2003) geschildert. Das Porträt seiner jahrelangen Geliebten ist durch Eifer- und Rachsucht, einen „nachträglichen Kampf am Futtertrog um dichterische Aufmerksamkeit" entstellt (so Harry Nutt in der *Frankfurter Rundschau* vom 16. 8. 2003).

70 Johann Peter Eckermanns *Gespräche mit Goethe in den letzten Jahren seines Lebens* erschienen 1836, vier Jahre nach Goethes Tod. Sie gehören heute zur klassischen Goethe-Literatur (vgl. die Ausgabe im Insel-Verlag, hg. v. Fritz Bergemann, Frankfurt a. M. u. Leipzig 1992).

71 Albert Schweitzer: *Gesammelte Werke in fünf Bänden,* Bd. 5, München o. J., 128 ff.

72 Schweitzer, loc. cit., 124.

73 *A Catholic Modernity? Charles Taylor's Marianist Award Lecture, with responses by William M. Shea, Rosemary Luling Haughton, George Marsden, Jean Bethke Elshtain, edited and with an Introduction by James L. Heft, S. M.,* New York u. Oxford 1999.

74 Taylor, loc. cit., 16 (deutsch v. P. S.).

75 *Vulgata:* Et ego dico tibi: quia tu es Petrus, et super hanc petram aedificabo ecclesiam meam, et portae inferi non praevalebunt adversus eam.

76 Taylor, loc. cit., 17.

77 Peter Strasser: *Der Gott aller Menschen. Eine philosophische Grenzüberschreitung,* Graz, Wien u. Köln 2002.

78 Taylor, loc. cit., 32.

79 Häufig wird Genesis 1,26 ff als Belegstelle dafür zitiert, dass die Herrschaft des Menschen über die Natur gottgewollt sei: „... und macht sie euch untertan!" Doch die ganze Stelle spiegelt eine hierarchische Ordnungsidee wider, in der die Pflan-

zen den Tieren von Gott zur Nahrung übergeben werden; ebenso übergibt Gott alle Tiere und Pflanzen dem Menschen, damit es ihm wohlergehe und er sich vermehre; im Gegenzug soll der Mensch, den Gott nach seinem Bilde geschaffen hat, auf seine Weise dienstbar sein, indem er die göttlichen Gebote befolgt und Gott als väterlichen Herrn und Schöpfer verehrt. In dieser Ordnung der Dinge ist der Mensch keinesfalls ein absoluter Herrscher über die Natur, sondern ein *Beliehener*, dem Pflanzen und Tiere zum gottgefälligen Gebrauch *übergeben* wurden.

80 Taylor, loc. cit., 35 (deutsch von P. S.).

81 Zum Folgenden vgl. Peter Strasser: *Gut in allen möglichen Welten. Der ethische Horizont*, 2., verbesserte Aufl., Paderborn 2004; außerdem: *Sehnsucht*, München 2010.

82 Ich verwende den Begriff „intrinsisch" auf folgende Weise: Intrinsische Werte sind Universalien, deren Verkörperung in Dingen, Beziehungen, Erlebnissen derart ist, dass wir die sie verkörpernden Eigenschaften, ob physisch oder mental, „um ihrer selbst willen" anstreben. Die Eigenart solcher Werte besteht außerdem darin, dass sie sich notwendig in unterschiedlicher Qualität und Komplexität verkörpern, sodass die Unterscheidung zwischen ihrem faktischen Realsein (z.B. dem faktischen Glück, der faktischen Schönheit, der faktischen Freiheit) und der Realisierung ihres wahren Gehalts (des wahren Glücks, der wahren Schönheit, der wahren Freiheit) zwingend ist. Deshalb spreche ich davon, dass intrinsische Werte weniger Gegebenheiten als Eröffnungspotentiale repräsentieren, deren vollkommene Realisierung sich unserer begrifflichen Fixierung entzieht: Worin besteht die *wahre* Liebe, der *wahre* Glaube etc.? Um dieses Potential ausdrücken zu können, müssten wir erlöst sein von den Beschränkungen, die uns als endlichen, unvollkommenen Wesen auferlegt sind. Aber wenn wir erlöst wären, würden wir *diesen Zustand* dann seinerseits in Begriffe fassen können? Worum wir uns im Leben bemühen, bemühen können und sollten, ist indes, uns der idealen Verkörperungsform eines intrinsischen Werts *anzunähern*. Wir können zwar nicht positiv formulieren, was es bedeutet, bedingungslos zu lieben – unser Sehnsuchtsziel bleibt hinter dem Schleier des Absoluten verborgen –, doch das hindert uns nicht daran, danach zu streben, unsere faktische Liebe tiefer und reicher werden zu lassen. *Denn dieses Streben ist ein Element des intrinsischen Wertes selbst.* Solange wir wahrhaft lieben, werden wir um die Bedeutung der wahren, bedingungslosen Liebe besorgt sein und sehnsüchtig danach streben, ihr möglichst nahezukommen. Zu den Details vgl. die beiden oben erwähnten Bücher, *Gut in allen möglichen Welten* und *Sehnsucht*.

83 Dokumentiert in: *Gott im Kommen*, hg. v. Gregor Maria Hoff, Innsbruck u. Wien 2006, 41. Zum Kontext vgl. Peter Strasser: *Warum überhaupt Religion? Der Gott, der Richard Dawkins schuf*, München 2008, 49 ff.

84 Nach der götzendienerischen Anbetung des „Goldenen Kalbs" durch sein Volk will Jahwe dieses zunächst vernichten. Daraufhin wird er von Moses im Gebet zurechtgewiesen: „Lass ab von deinem glühenden Zorn, und lass dich das Böse reuen, das du deinem Volk antun wolltest." (Exodus 32,12) Das nimmt sich Gott zu Herzen, er empfindet tatsächlich Reue über das Böse (!), das er seinem Volk antun wollte (32,14).

85 Alfred North Whitehead: *Prozess und Realität. Entwurf einer Kosmologie*, 2. Aufl., Frankfurt a. M. 1984, 612 f.

86 Nachweis der Eigenzitate: *Es gibt eine Angst am Rande des Wahnsinns* ...: *Die verspielte Aufklärung*, Frankfurt a. M. 1986, 76. *Glauben Sie's oder nicht, eines schönen Frühlingsmorgens* ...: „Die vorletzten Dinge", *Die Presse* (Feuilleton), 26. Mai 2010, 24.

87 „Verklärung und Vivisektion. Extreme des ästhetischen Blicks", in: *manuskripte. Zeitschrift für Literatur*, 44. Jg., 166. Heft d. Gesamtfolge, 2004, 128–135.
88 Adolf Holl: *Der lachende Christus*, Wien 2005.